suhrkamp taschenbuch
wissenschaft 1205

W0056944

Hans Krämer hat mit seinem systematischen Hauptwerk *Integrative Ethik* die in den siebziger Jahren einsetzende Rehabilitierung der praktischen Philosophie und Ethik in ein neues konstruktives Theorieprogramm überführt. Gegen den Monopolanspruch der normativ ausgerichteten Moralphilosophie über eine von der Antike bis in die Aufklärung hinein dominierende Tradition teleologisch akzentuierter Güter- oder Glücksethiken zielt Krämers Ansatz auf eine Verabschiedung tradierter Problemstellungen und Oppositionen. Durch eine Restrukturierung und Reformulierung strebens- und sollensethischer Argumente sucht er die festgefahrene Diskussionslage zwischen neo-kantianischen Grundlegungen, neo-aristotelischen Entwürfen und zeitgenössischen Lebenskunstlehren in einem *mehrdimensional* angelegten dritten Typus ethischer Theorie zu überwinden. Dabei geht es ihm um eine erneute Heranführung des komplexen Argumentationspotentials der praktischen Philosophie und Ethik an die alltägliche Lebensführung in praxisleitender Absicht.

Die Beiträge des Bandes diskutieren diesen Ansatz der *Integrativen Ethik* in historischer, begriffsgeschichtlicher und systematischer Hinsicht. Sie werden durch eine umfangreiche Replik Hans Krämers abgerundet, die über die versammelten Arbeiten hinaus auf die gesamte bisherige Auseinandersetzung um seinen Entwurf kritisch Bezug nimmt.

Martin Endreß arbeitet als Redakteur der *Alfred Schütz-Werkausgabe* und lehrt Soziologie an der Friedrich-Alexander-Universität Erlangen-Nürnberg.

# Zur Grundlegung
# einer integrativen Ethik

Für Hans Krämer

Herausgegeben von
Martin Endreß

Suhrkamp

Die Deutsche Bibliothek – CIP-Einheitsaufnahme
*Zur Grundlegung einer integrativen Ethik* :
für Hans Krämer /
hrsg. von Martin Endreß. –
1. Aufl. – Frankfurt am Main :
Suhrkamp, 1995
(Suhrkamp-Taschenbuch Wissenschaft ; 1205)
ISBN 3-518-28805-9
NE: Endreß, Martin [Hrsg.]; Krämer, Hans: Festschrift; GT

suhrkamp taschenbuch wissenschaft 1205
Erste Auflage 1995
© Suhrkamp Verlag Frankfurt am Main 1995
Suhrkamp Taschenbuch Verlag
Alle Rechte vorbehalten, insbesondere das
des öffentlichen Vortrags, der Übertragung
durch Rundfunk und Fernsehen
sowie der Übersetzung, auch einzelner Teile.
Satz und Druck: Wagner GmbH, Nördlingen
Printed in Germany
Umschlag nach Entwürfen von
Willy Fleckhaus und Rolf Staudt

1 2 3 4 5 6 – 00 99 98 97 96 95

# Inhalt

# Martin Endreß
# Einleitung

Konzeptionelle Bescheidenheit und ein geschärfter Realitätssinn figurieren unter den Vorzeichen einer der ›Metaerzählungen‹ verlustig gegangenen Zeit zunehmend als Gütekriterien Praktischer Philosophie und Ethik. Denn weder eine umgreifende Ordnung des Kosmos noch die Annahme eines die Welt in souveräner Freiheit beherrschenden Menschen können gegenwärtig noch als Koordinaten der Reflexion handelnden Weltumgangs und praktischer Problemlösungskompetenzen angesehen werden. Die erforderliche postmetaphysische und postteleologische Typik philosophischen Argumentierens nötigt deshalb auch die Praktische Philosophie und Ethik zur kritischen Bestandsaufnahme der eigenen Traditionen und zur grundsätzlichen Revision eingefahrener systematischer Vorlieben und Optionen.

Nach wie vor jedoch behauptet die normativ ausgerichtete Moralphilosophie seit Kants Zuspitzung der praktischen Philosophie auf die unbedingte Sollensforderung des Kategorischen Imperativs einen Monopolanspruch über die von der Antike bis in die Aufklärungszeit hinein dominierende Tradition der Güter- oder Glücksethiken. Beide Ansätze werden seither als grundsätzlich selbständige Alternativen der Theoriebildung in Sachen Ethik gehandelt. Diese im Gefolge der Karriere des Kantischen Theorieprojekts eingetretene oppositionelle Zuspitzung und konzeptionelle Vereinseitigung ist auch durch die in den siebziger Jahren sowohl im angelsächsischen als auch im deutschen Sprachraum einsetzende ›Rehabilitierung‹ der praktischen Philosophie und Ethik nicht nachhaltig korrigiert worden. Und ebenso im Zuge der erneuten Renaissance primär an Aristoteles und Hegel orientierter Theorieoptionen in ethicis verharrt die Debatte – ungeachtet vereinzelter Integrationsbemühungen – in der polarisierenden Abgrenzung moralphilosophischer und eudämonistischer Ansätze, wie sie im deutschen Sprachraum prototypisch in der ›neo‹-kantianischen Diskursethik und einer ›neo‹-aristotelisch orientierten Ethik bspw. des Wohlwollens begegnen. Die Kontroversen reduzieren sich häufig auf den Austausch entsprechender Etikettierungen und reflexartiger theoriestrategischer Abwehrbewegungen, ohne daß die Positionen sich wechselseitig der komplexen Phänomenalität praktischer Problemfelder in fortgeschrittenen Gesellschaften stellen würden. Inzwischen allerdings sind die unter dem Begriffspaar »Moralität und Sittlichkeit« geführten Kontroversen philologisch festgefahren und ihre Hypostasierung zu theoretisch eigenständigen Positionen wird als grundlegendes Mißverständnis einsichtig. Insgesamt fehlt es jedoch nach wie vor an innovativer systematischer Theoriebildung zur Überwindung dieses konzeptionellen Dilemmas.

In dieser Situation hat Hans Krämer 1992 unter dem Titel *Integrative Ethik* die Exposition eines auf die beschriebene Problemlage zugeschnittenen Theorieprogramms vorgelegt und darin für eine konzeptionelle Neuorientierung plädiert, die sich im Perspektivenwechsel von der tradierten oppositionellen Grundstellung zur einer lediglich typologischen Differenzierung und epochenspezifischen Akzentuierung der unter den Titelbegriffen der Moralität und der Sittlichkeit verhandelten Positionen konkretisiert. Der konzeptionelle Ansatz der *Integrativen Ethik*[1] zielt auf eine nicht additive, sondern rekonstruierende Zusammenführung strebens- und sollensethischer (moralphilosophischer) Argumente, die die festgefahrene Diskussionslage durch einen *dritten* und entsprechend *mehrdimensional* angelegten Typus ethischer Theoriebildung zu überwinden sucht (75, 78, 91, 94 f., 119, 393 ff., 399 ff.). Vorrangige Bedeutung kommt in diesem Rahmen dem Anliegen zu, das komplexe Argumentationspotential der praktischen Philosophie erneut an die alltägliche Lebensführung und ihre konkreten Problemlagen und Aporien in praxisleitender Absicht anzubinden (39, 79, 202 f., 323, 325, 328, 341 f., 366, 402). Dieser bisher einzigartige Versuch zur *Profilierung eines dritten Weges ethischer Theoriebildung* (127, 191, 199, 269) ist nicht nur von einer grundsätzlich postteleologischen Perspektive geleitet (88, 96, 110), sondern enthält sich ebenso konsequent jedweder metaphysischer oder religiöser Anleihen (11 f., 58 f., 87, 209). Angesichts der Dominanz moralphilosophischer Positionen und der damit einhergehenden verbreiteten Skepsis an der Theoriefähigkeit der Fragen des praktischen Selbstverhältnisses liegt ein

---

[1] Einfache Seitenangaben verweisen nachfolgend auf die *Integrative Ethik* (1992).

Schwergewicht der *Integrativen Ethik* auf der Ausarbeitung der strebensethischen Dimension einer postteleologisch komplexen Ethik. Neben diesen theoriepolitischen sind es auch systematische Gründe, die für Krämer eine entsprechende Schwerpunktsetzung nahelegen. Sein Plädoyer geht dahin, daß die Strebensethik »die elementare Ethikformation« ist (90), insofern »zwischen beiden Ethiktypen nicht nur Äquidignität besteht, sondern eine extensive und qualitative Asymmetrie und Pluridignität zugunsten der Strebensethik« (253).[2] Leitend bleibt gleichwohl die Intuition einer prinzipiellen Zweigleisigkeit, einer »dualen Struktur« des Ansatzes einer integrativen Ethik (120, 122). Gefordert ist eine Komplettierung der Moralphilosophie durch eine zeitgemäße Strebensethik (368), d. h. ihre *Re*-Etablierung und *Re*-Integration (79, 128). Im Zuge dieser »systematischen Einholung der Tradition der Strebensethik in eine zeitgenössische ›Dritte Ethik‹« (191) sollen der antike ethische Grundbegriff *Glück* und sein neuzeitliches Pendant, der Begriff der *Freiheit*, im neuen, postteleologisch adäquaten Grundbegriff *Können* vermittelt werden (247): Können, so Krämer, ist »das Primärgut des erfüllten Lebens« (247). Und der gelingende Zusammenhang von Selbst und Welt markiert das Gute der Strebensethik (295/96).

Diese Neuorientierung des historisch-systematischen Zugriffs impliziert eine Umakzentuierung der Frage der Zuordnung von antiker und moderner Ethik.[3] In der Theorieanlage einer integrativen Ethik wird die in der Regel unterstellte systematische Differenz als aspektive Gewichtung bzw. Vereinseitigung historischer Formationen einsichtig. Geht es demzufolge weder um eine prinzipielle Bestreitung des relativen Rechts sittlichkeits- und mo-

---

2 Insonderheit die Frontstellungen der *Integrativen Ethik* gegenüber der Quasi-Metaphysik eines abstrakten Sollens der Materialen Wertethik (M. Scheler, N. Hartmann) und der aktuellen Dominanz des moralphilosophischen Neokantianismus der Diskursethik (K.-O. Apel, J. Habermas, W. Kuhlmann) einerseits sowie gegenüber strebensethischer Klassik in Gestalt von Tugend- (A. MacIntyre) oder Sympathieethik (R. Spaemann) und neonaturalistischen Restitutionsbemühungen (Ph. Foot, U. Wolf, M. Zimmerman, R. Bittner) andererseits sind für diese Positionsbestimmung leitend (vgl. 1992, 22 ff.).

3 Vgl. im Unterschied dazu die Beiträge von Ilting (1977), Tugendhat (1980) und auch Steinvorth (1990). Zum Thema schon früh: Krämer (1983a).

ralitätszentrierter Perspektiven noch lediglich um »die Anstük-kung einer Strebensethik an die herrschende Moralphilosophie« (1994 b, 629), sondern um die Ausarbeitung eines konzeptionell umgreifenden, die jeweiligen Optionen kontextspezifisch gewich-tenden Theorierahmens, dann wird das Verhältnis von Moralität und Sittlichkeit allererst als eines unterschiedlicher, konzentrisch einander zugeordneter geltungstheoretischer Horizonte einsich-tig (48 f.)

Die systematisch erforderliche Verabschiedung alter Problemstel-lungen und Oppositionen wird von Hans Krämer bereits durch die Einführung des Begriffs der »Strebensethik« signalisiert sowie in kritischer Abgrenzung vom aristotelischen und auch hegel-schen Modell verdeutlicht: Weil dort der Konflikt zwischen indi-viduellen Interessen und dem Gemeinwohl »harmonistisch über-spielt« (40), die historische Irrealität eines sittlichen Staates nicht gesehen (40), eine heute nicht mehr haltbare Teleologisierung der Praxis vorgenommen (94) und nicht zuletzt ein auf Gruppenmo-ralen positivistisch verengtes Ethikkonzept propagiert wird, kann sich die Ausarbeitung einer zeitgenössischen Strebensethik weder formal noch material auf eine schlichte Restitution der antiken Ethik beschränken. Das verdeutlicht sich nicht zuletzt in der »Sprengung« des Autarkiebegriffs der älteren Ethik (128), in der Abgrenzung von ihrem »naiven Freiheitsbegriff« (129) sowie in der gebotenen Umkehrung der Akt-Potenz-Relation (162).

Aufgrund ihrer historisch-systematisch vermittelnden Option plädiert die *Integrative Ethik* vorrangig für Lösungsansätze einer konstruktiven Mittellage. Diese Favorisierung mittlerer Positio-nen ist in metatheoretischer, grundbegrifflich-konzeptioneller, geltungstheoretischer und konsiliatorischer Hinsicht zu verzeich-nen:

In *metatheoretischer* Hinsicht konzentriert sich ihr argumentati-ver Zugriff weder auf Singularität noch auf Uniformität, sondern auf Typizität, d. h. auf die Explikation typologischer Allgemein-heiten (85 f., 186 f.). Das zielt zunächst auf die ausschließlich ide-altypisch zu verstehende Abgrenzung sollens- und strebensethi-scher Komponenten im Rahmen des mehrdimensionalen Aufbaus einer integrativen Ethik (21 f., 72, 126, 371). Für ihren Bezug auf alltägliche Lebenserfahrungsbestände gilt aber das nämliche: We-der das Punktuelle (Punktualität) noch das vermeintlich Überzeit-liche (Universalität), sondern das relativ Konstante gelte es aufzusuchen (132). Leitend ist der phänomenale Befund, daß »streng Individuelles ... nur als Grenzfall« auftritt, der »Regelfall ... das Generelle und Typische« ist (82). Die Univozität der älteren und die Rigidität der neuzeitlichen werden durch die Typizität einer aktuellen Ethik abgelöst. Beide Gesichtspunkte sind Ausdruck des übergeordneten begründungstheoretischen Bezugspunktes, demzufolge für eine zeitgemäße Ethik weder – mit Aristoteles – eine Naturteleologie noch – mit Kant – eine Vernunftteleologie angestrebt werden kann, sondern eine prinzipiell postteleologische Argumentationsperspektive als Maxime zu dienen hat (44, 59).

In *grundbegrifflich-konzeptioneller* Hinsicht konkretisiert sich die angestrebte mittlere Position zunächst in den Verortungen der moralischen Forderung zwischen Gewalt bzw. Zwang und Eigenwollen (30, 42) und strebensethischer Ratschläge zwischen Unifizierung und prinzipieller Individualisierung (85 f.). Ihren Ausdruck findet sie sodann insbesondere in den beiden Formeln: weder Egozentrik noch Alterzentrik, sondern Soziozentrik, d. h. einem »Sollen, das vom Wollen der Anderen ausgeht« (84), sowie der zweiten, daraus folgenden Bestimmung: weder strenge Autonomie noch prinzipielle Heteronomie, sondern – aufgrund des Plädoyers für eine externalistische Moralauffassung – Sozionomie des moralischen Selbstverhältnisses (28, 337). Entsprechendes gilt für die grundsätzliche Berechtigung eines basalen Hedonismus, der weder als autonome ethische Theorie, noch nur als methodische Perspektive für phänomenologische Einzelanalysen, sondern als partielles Moment einer integrativen Ethikkonzeption aufzunehmen ist (142).

Auf *geltungstheoretischer* Ebene impliziert das konzeptionelle Plädoyer die Absage an jede Form eines universalistischen Fundamentalismus ebenso wie an gruppenspezifische Moralpositivismen zugunsten einer Konzentrik von Geltungshorizonten (64). Entsprechend bestimmt sich die kriteriale Stellung epochaler Übergruppenmoralen (63 f.): weder also eine Selbstrelativierung im Partikulären noch strikte Totalitätsansprüche, sondern eine kulturspezifische Polyzentrizität, d. h. die Aufstufung geltungstheoretischer Horizonte entlang einer Zentrum–Peripherie–Achse ist angezielt (375).

Entsprechende Optionen leiten schließlich auch die Entfaltung der *konsiliatorischen* Dimension: Hier ist weder die Vorstellung eines paritätischen Sichmiteinanderberatens und konsensuellen Beschließens noch der Gedanke einer strikten Weisungsgebundenheit leitend, sondern die Favorisierung eines asymmetrischen Beratungsverhältnisses (86, 195, 324); d. h. weder praktischer Diskurs, noch moralische Direktiven, sondern die Typik des situativen Ratschlags (324). Und für die institutionelle Reflexionsebene der Konsiliatorik heißt das: Es ist weder ein theoretizistischer Intellektualismus der Schulphilosophie noch eine sich autark wähnende Philosophische Praxis, sondern ein wechselseitiges Forderungsverhältnis von Ethiktheorie und Philosophischer Praxis anzuzielen (335), wobei letztere zudem in »arbeitsteiligen oder korepräsentativen Koordinationsverhältnissen« mit den Formen nicht-philosophischer Beratungsangebote steht (362).

Wenn Hans Krämer mit diesen Positionsbestimmungen für einen »vervollständigten, nicht-restriktiven und nicht-reduktionistischen Begriff von Ethik« plädiert (9), so ist das Verdienst der *Integrativen Ethik* nicht zuletzt darin zu sehen, gegen die diskursethische Behauptung eines reduktionistischen prozeduralistischen *ethischen* Paradigmas Einspruch zu erheben. Im genauen Gegenzug zu der im Rahmen der Diskursethik mit modernitätsspezifischen und gesellschaftstheoretischen Argumenten vollzogenen Beschränkung auf ein verfahrensethisches Minimum vermag Krämers Entwurf einer integrativen Ethik zu zeigen, daß es gerade der aufmerksame Blick auf die Komplexität moderner Lebensverhältnisse ist, der umgekehrt zu einer Komplexitätssteigerung auch des ethischen Argumentationsdesigns führen muß (121). Gerade also die Kennzeichnung unserer aktuellen ethischen Argumentationssituation als durch universalistische und postkonventionelle Züge geprägt, wird hier zum Argument gegen eine strikte prozeduralistische Formalisierung der ethischen Argumentationstypik. Gleichwohl aber führt die Einsicht in die Unmöglichkeit einer schlichten Restitution der strebensethischen Klassik zu Formalisierungserfordernissen. Die »zeitgemäße Formalität der Theorienbildung« in der Ethik (186: Anm. 30) betrifft danach jedoch (a) das Konzept der Strebensethik selbst, aufgrund der zu berücksichtigenden Pluralität von Praxistypen (131, 127), (b) entsprechend die Bestimmung ihres Grundgutes (150 f. – wie auch das der Moral: 408), sie betrifft (c) das Konzept der Praktischen Intelligenz (168 f.), (d) die Bestimmung der anthropologischen Invarianten aufgrund der zunehmenden Vielfalt ihre konkreten Ausformungen (255) sowie schließlich (e) die Bestimmung des Basiskonzepts der Haltung als Disposition im Gegenzug zu älteren Tugend-Laster-Katalogen (378) und (f) die Bestimmung von Volition und Rationalität (379).

Diese Konsequenzen der erforderlichen Reflexion einer postteleologischen Perspektive (374) für den Grundriß einer aktuellen ethischen Theorie lassen sich in soziologisch-zeitdiagnostischer Optik als Reflex der Diskussion um die forcierten Individualisierungsschübe in den Gesellschaften der fortgeschrittenen Moderne bestimmen. Die entsprechende Argumentationskette der *Integrativen Ethik* geht aus von einer Vergegenwärtigung der postteleologischen Grundsituation, reflektiert in handlungstheoretischer Optik mit den Begriffen Pluralisierung, Wahl, Entscheidung und Offenheit die damit verbundene Zunahme an Weltmöglichkeiten, denen ein experimentierender Handlungstypus zu entsprechen hat, und führt diese Überlegungen zusammen in der Feststellung des gestiegenen und weiter steigenden Selbstreflexions- (202: Anm.) und Beratungsbedarfs einer schon weitgehend »beratenen Gesellschaft« (324, 343). Entsprechend zieht der systematische Zugriff Hans Krämers kategoriale Innovationen nach sich, die zu einer grundsätzlichen Revision der Kompositionspartitur ethischer Theoriebildung einladen. Zu diesen Grundbegriffen gehören die bereits genannten der Vorzugswahl und der Beratung, die Trias: Können – Möglichkeit – Könnensoptimierung, sowie die Akzentuierung von Selbstaffirmation, Erfahrungsbezogenheit und Lebenstechnik (184, 185, 207, 292), von temporaler Reflexion (197, 198) und Lebensbilanz. Schließlich zählen dazu in metatheoretischer Perspektive die Betonung der Hypothetizität, Situativität, Typizität, Historizität, Pluralität und Funktionalität des integrativ-ethischen Argumentationsansatzes.

Während Hans Krämer seine Beiträge zur antiken Philosophie und Platonforschung[4] im Vorwort zur *Integrativen Ethik* als »immer nur historisch« orientiert einstuft, verbindet sich mit den Arbeiten zur Praktischen Philosophie und Ethik eine systematische Intention. Ihr Autor sieht in der *Integrativen Ethik* vorrangig »eine eigene philosophische Position zum Ausdruck« kommen (7). Dabei hat Krämer die unterschiedlichen Gewichtungen dieser

---

4 Vgl. dazu die Bibliographie der Schriften von Hans Krämer am Ende dieses Bandes.

beiden Werkbereiche nicht nur rückblickend vermerkt, sondern reflexiv begleitet und in wiederum systematischer Absicht thematisiert.[5] Zwar sieht Krämer den eigenen Übergang von historischen zu systematischen Fragestellungen bereits im Rahmen der Platonforschung mit der Arbeit zum Problem der Philosophenherrschaft bei Platon präfiguriert (1967), aber seine eigentliche Publikationstätigkeit zur Praktischen Philosophie und Ethik beginnt 1976 mit einer Arbeit zur Grundlegung einer »Kategorienlehre des richtigen Lebens«. Und nicht zufällig entsteht im unmittelbaren zeitlichen Zusammenhang die grundlegende Arbeit »zur Kooperation zwischen historischen und systematischen Wissenschaften« (1978). Dabei ist es wichtig zu sehen, daß der konzeptionelle Zugriff sich in beiden Werkbereichen dem nämlichen metatheoretischen Impuls verdankt: Ist es in der Frage der Behandlung der Historischen Wissenschaften, zu denen auch die einzelnen Spezialhistorien im Rahmen der geistes- und sozialwissenschaftlichen Disziplinen zu zählen sind, die Einsicht, daß eine traditionelle Ausrichtung der metatheoretischen Überlegungen auf Methodenreflexion und Begründungsfragen angesichts des prinzipiellen Fragwürdigwerdens des »Faktums der Historie« unzureichend bleibt und deshalb »mit Vorrang pragmatische Funktionszusammenhänge ins Blickfeld« zu rücken sind (1978, 321), so plädiert Krämer ebenso im Bereich der Praktischen Philosophie für systematische Reflexionen angesichts der phänomenalen Unterbestimmtheit der dominierenden moralphilosophischen Positionen und ihrer damit einhergehenden konjunkturellen Krise, um die Ethik vom »Bann des Begründungszwangs« zu befreien (10, 29, 95 f.). In der Konsequenz liegt die vorstehend skizzierte Notwendigkeit einer komplexeren Anlage des an praktischen Problemhorizonten zu orientierenden integrativen Funktionszusammenhangs verschiedener Typen ethischer Theorie. Von dieser historisch-systematischen Reflexion her versteht sich die primär metatheoretische Argumentationsausrichtung der *Integrativen Ethik* (373 f.).

Der vorliegende Band versammelt die teilweise überarbeiteten Beiträge, die – mit einer Ausnahme – im September 1994 auf einer Tagung anläßlich des 65. Geburtstages von Hans Krämer in Stutt-

---

5 Vgl. zum Verhältnis von historischer und systematischer Reflexion die angeführten Abhandlungen Krämers von 1974, 1978, 1985a und 1989.

gart vorgetragen wurden. In der Absicht, die Bedeutung des von ihm vorgelegten Entwurfs zur ethischen Theoriebildung in historischer und systematischer Perspektive kritisch zu würdigen und seiner Bestimmung der Konsequenzen der postteleologischen via moderna für die Grundlegung einer zeitgemäßen Ethik nachzudenken, nehmen sie die *Integrative Ethik* – ganz im Sinne ihres Verfassers – in unterschiedlicher Akzentuierung als progressives Theorieprojekt auf. So problematisieren Werner Stegmaier, im Ausgang von einem an Nietzsche geschulten (1992), interpretativ-perspektivisch zugeschnittenen Orientierungsbegriff (1994), und Helmut Fleischer, in Aufnahme seiner Bestimmungen des gelebten Ethos (1987), zunächst die Gesamtanlage der *Integrativen Ethik*. Ihrem zentralen Kapitel zur Grundlegung einer Theorie der praktischen Subjektivität[6] gelten sodann die Analysen von Reiner Wimmer (vgl. auch ders., 1993) und von Hans-Ludwig Ollig, der seinen Beitrag im Anschluß an frühere Untersuchungen (1990, 1993) auf das Thema ›Subjektivität und Metaphysik‹ zuspitzt. Jeweils einem Zentralbegriff der Ethik Hans Krämers wenden sich Wilhelm Schmid und Christoph von Wolzogen in ihren Beiträgen zu. Die Vereinseitigungen positiver (Spaemann) und negativer (Schulz) Anthropologien sucht Krämer durch den Rekurs auf das Anthropinon der »Hemmbarkeit« fundamentalanthropologisch aufzuheben, da sich nur auf diesem Weg gleichermaßen Verständnismöglichkeiten sowohl für die Chancen gelingenden Lebens als auch für die fortwährenden Grenzen, Brüche und Inversionen menschlicher Lebensvollzüge eröffnen. Diese Kategorie der ›Hemmung‹ beleuchtet v. Wolzogen mit Blick auf Heidegger und Levinas unter dem Titel der ›Störung‹, während Schmid dem für die Ausarbeitung einer modernen Strebensethik grundlegenden Begriff der ›Selbstsorge‹ historische Tiefenschärfe gibt und damit das Lebenskunstthema (vgl. ders. 1991 sowie zuvor bereits Kamlah (1972)) neu perspektiviert. Der Beitrag des Herausgebers schließlich sucht in metatheoretischer Perspektive die sozialtheoretische Grundlegung einer integrativen Ethik zu skizzieren. In seiner abschließenden Replik nimmt Hans Krämer nicht nur auf die in diesem Band versammelten Arbeiten, sondern auf die gesamte bisherige Auseinandersetzung um seinen Entwurf

---

6 Seine diesbzgl. Überlegungen hat Krämer mittlerweile in zwei weiteren Arbeiten erweitert und vertieft: vgl. 1994a sowie 1995.

Bezug[7] und erweitert seine Überlegungen zur Konturierung eines *mehrdimensional* angelegten, die festgefahrene Diskussionslage zwischen ›neo‹-kantianischen Grundlegungen, ›neo‹-aristotelischen Entwürfen und zeitgenössischen Lebenskunstlehren überwindenden *integrativen Typus* ethischer Theorie.

Als Dokumentation des Hohenheimer Symposions ist dieser Band Hans Krämer gewidmet. Der *Akademie der Diözese Rottenburg-Stuttgart* danken wir für die Möglichkeit, in ihrem Tagungshaus in Stuttgart-Hohenheim zu Gast gewesen sein zu können. Für ihre freundliche Unterstützung besonders gedankt sei Anni Weiß und Franz Josef Klehr ebenso wie Michael Wörz für seine organisatorische Mitwirkung bei der Vorbereitung und Durchführung der Tagung. Dem *Stifterverband für die Deutsche Wissenschaft* danken wir für die großzügige Unterstützung des Gesamtunternehmens aus seinen Sondermitteln.

## Literatur

Caysa, Volker (1993), Rezension der *Integrativen Ethik*, in: *Deutsche Zeitschrift für Philosophie* 41, 1993, S. 172-175.

Fleischer, Helmut (1987), *Ethik ohne Imperativ. Zur Kritik des moralischen Bewußtseins*, Frankfurt/M.: Fischer 1987.

Horster, Detlef (1993) Die Suche nach der Gerechtigkeit in neuesten Publikationen, in: *Archiv für Rechts- und Sozialphilosophie* 79, 1993, S. 557-561.

Ilting, Karl Heinz (1977), Antike und moderne Ethik, in: *Gymnasium* 84, 1977, S. 149-167.

Kamlah, Wilhelm (1972), *Philosophische Anthropologie. Sprachkritische Grundlegung und Ethik*, Mannheim / Wien / Zürich : B.I. Wissenschaftsverlag NA 1973.

7 Vgl. dazu u.a. die Beiträge von v. Wolzogen (1992), Werner (1992), Wenzel (1992) sowie Caysa (1993), Horster (1993), Moser (1993), Pieper (1993) und Seel (1993). Zur unzureichenden Einordnung der *Integrativen Ethik* als einer »Theorie der Lebenskunst« (Seel, Werner) vgl. bereits den Hinweis ihres Autors (1992, 185). Zu den metadiskursiven Bemerkungen Piepers (1994a, 1994b) vgl. die direkte Antwort Krämers (1994b).

Krämer, Hans (1967), Das Problem der Philosophenherrschaft bei Platon, in: *Philosophisches Jahrbuch* 74, 1966/67, S. 254-270.

Krämer, Hans (1974), Zur Ortsbestimmung der historischen Wissenschaften, in: *Zeitschrift für allgemeine Wissenschaftstheorie* 5, 1974, S. 74-93.

Krämer, Hans (1976), Prolegomena zu einer Kategorienlehre des richtigen Lebens, in: *Philosophisches Jahrbuch* 83, 1976, S. 71-97.

Krämer, Hans (1978), Grundsätzliches zur Kooperation zwischen historischen und systematischen Wissenschaften, in: *Zeitschrift für philosophische Forschung* 32, 1978, S. 321-344.

Krämer, Hans (1983a), Antike und moderne Ethik?, in: *Zeitschrift für Theologie und Kirche* 80, 1983, S. 184-203.

Krämer, Hans (1983b), *Plädoyer für eine Rehabilitierung der Individualethik*, Amsterdam: B. R. Grüner 1983.

Krämer, Hans (1985a), Funktions- und Reflexionsmöglichkeiten der Philosophiehistorie. Vorschläge zu ihrer wissenschaftstheoretischen Ortsbestimmung, in: *Zeitschrift für allgemeine Wissenschaftstheorie* 16, 1985, S. 67-95.

Krämer, Hans (1985b), Neue Wege der philosophischen Ethik, in: *Salzburger Jahrbuch für Philosophie* 30, 1985, S. 87-96.

Krämer, Hans (1989), Das Verhältnis von Philosophie und Philosophiehistorie. Vorschläge zur systematischen Ortsbestimmung der Philosophiehistorie, in: *Dialektik* 18, 1989, S. 144-163.

Krämer, Hans (1992), *Integrative Ethik*, Frankfurt/M.: Suhrkamp 1992.

Krämer, Hans (1994a), *Überlegungen zu einer Anthropologie der Kunst*, Tübingen: Musarion 1994.

Krämer, Hans (1994b), Erwiderung: »Autistisches« oder parasitäres Philosophieren?, in: *Ethik und Sozialwissenschaften* 5, 1994, Heft 4, S. 629-630.

Krämer, Hans (1995), Überlegungen zu einer Religionsanthropologie, in: *Philosophisches Jahrbuch* 102, 1995, S. 156-161.

Moser, Peter (1993), Integrative Ethik: Hans Krämers Rehabilitation der Strebensethik, in: *Information Philosophie* 22, 1994, Heft 2, S. 97-105.

Ollig, Hans-Ludwig (1990), Das unerledigte Metaphysikproblem. Anmerkungen zur jüngsten Metaphysikdiskussion im deutschen Sprachraum, in: *Theologie und Philosophie* 65, 1990, S. 31-68.

Ollig, Hans-Ludwig (1993), Die Aktualität der Metaphysik. Perspektiven der deutschen Gegenwartsphilosophie, in: *Theologie und Philosophie* 68, 1993, S. 52-81.

Pieper, Annemarie (1993), Rezension der *Integrativen Ethik*, in: *Zeitschrift für philosophische Forschung* 47, 1993, S. 312-317.

Pieper, Annemarie (1994a), Moralphilosophie kontrovers. Zur Verwilderung der Sitten im Diskurs über das Sittliche, in: *Ethik und Sozialwissenschaften* 5, 1994, Heft 3, S. 363-370.

Pieper, Annemarie (1994b), Replik: Brauchen Moralphilosophen (k)ein

Ethos?, in: *Ethik und Sozialwissenschaften* 5, 1994, Heft 3, S. 415-422.

Schmid, Wilhelm (1991), *Auf der Suche nach einer neuen Lebenskunst. Die Frage nach dem Grund und die Neubegründung der Ethik bei Foucault*, Frankfurt/M.: Suhrkamp [2]1992.

Schulz, Walter (1989), *Grundprobleme der Ethik*, Pfullingen: Neske 1989.

Seel, Martin (1993), Philosophie. Eine Kolumne: Theorien der Lebenskunst, in: *Merkur* 47, 1993, Heft 536, S. 980-988.

Spaemann, Robert (1989), *Glück und Wohlwollen. Versuch über Ethik*, Stuttgart: Klett-Cotta 1989.

Stegmaier, Werner (1992), Nietzsches Perspektivierung der Moral, in: *Theologie der Gegenwart* 35, 1992, S. 91-106.

Stegmaier, Werner (1993), Der Rat als Quelle des Ethischen. Philosophische Grundzüge, in: ders. / G. Fürst (Hg.), *Der Rat als Quelle des Ethischen. Zur Praxis des Dialogs*, Stuttgart: Akademie der Diözese Rottenburg-Stuttgart 1993, S. 13-33.

Stegmaier, Werner (1994), Praktische Vernunft und ethische Orientierung, in: *Internationale Zeitschrift für Philosophie* 1994/1, S. 163-173.

Steinvorth, Ulrich (1990), *Klassische und moderne Ethik. Grundlinien einer materialen Moraltheorie*, Reinbek: Rowohlt 1990.

Tugendhat, Ernst (1980), Antike und moderne Ethik, in: ders., *Probleme der Ethik*, Stuttgart: Reclam 1984, S. 33-56.

Wenzel, Uwe Justus (1992), Integrative Ethik? Zu Hans Krämers gleichnamigem Buch, in: *Süddeutsche Zeitung* vom 06. 11. 1992.

Werner, Jürgen (1992), Formen geglückten Daseins. Zwischen Sollen, Wollen und Können: Hans Krämers Ethik sucht Lebenskunst in unübersichtlicher Welt, in: *Frankfurter Allgemeine Zeitung* vom 13. 10. 1992.

Wimmer, Reiner (1993), Zur Eigenart moralischer Beurteilungen und ihrer anthropologischen Begründung, in: J.-P. Wils (Hg.), *Orientierung durch Ethik? Eine Zwischenbilanz*, Paderborn u. a.: Schöningh 1993, S. 149-167.

Wolzogen, Christoph von (1992), Die Wiederentdeckung der Lebenskunst. Neuerscheinungen zur Philosophie, in: *Neue Zürcher Zeitung* vom 01. 06. 1992.

# Werner Stegmaier
# Ethik als Hemmung und Befreiung

Nachdem in der Gegenwart der Wunsch nach Ethik dringlicher, deren herkömmliche Sinngebung aber zunehmend zweifelhaft geworden ist, versuchen Ethiker neu und radikaler zu fragen, was Ethik überhaupt für das Leben bedeuten kann. Hans Krämers Integrative Ethik setzt hier einen Markstein. Sie teilt die Reserve gegen überlebte Ideale, abstrakte Grundregeln, einfache Imperative, kanonische Tugendkataloge, geschlossene Wertordnungen; all dies scheint vor unserem modernen Leben naiv geworden zu sein. Ethik kann im ganzen nurmehr ein Anhaltspunkt des Lebens unter anderen sein, Anhaltspunkt einer Orientierung, die mehr berücksichtigt als nur sie. Solche Anhaltspunkte können stets durch andere zur Disposition gestellt werden; es liegt beim Einzelnen und seiner Situation, ob, wie und wie weit er ihnen folgen will. So bewahren wir uns Freiheit auch gegenüber der Ethik, wie immer sie bestimmt sein mag. Ethik ist immer eine bestimmte Ethik. Sie beruft sich auf bestimmte Plausibilitäten, denen andere gegenübergestellt werden können, und Plausibilitäten wechseln mit der Zeit. So rechnen wir in der Ethik – wie auch in der Philosophie im ganzen – nicht mehr mit einem festen Fundament, auf das sich unbeirrt bauen ließe, mit Grundsätzen, denen man unbedingt folgen könnte. Wir stellen, mit einem Wort, nicht mehr die Ethik über das Leben, sondern, in gesunder Skepsis gegen Absolutheitsansprüche jeder Art, das Leben über die Ethik. Soll Ethik für das Leben noch etwas bedeuten, muß sie mit dem Leben mitgehen, sich mit ihm verändern und erneuern können. Ethik ist mißverstanden und wird lebensfern, wenn sie als Theorie der Praxis auftritt, die sich als Theorie genug ist. Hans Krämer insistiert nachdrücklich darauf, daß sie ihren Sinn nur in der Praxis hat und sich darum auf deren dauernd veränderliche Bedingungen einstellen muß. Kann sie das, ist sie selbst »gelebtes Leben« (97).[1]
Kenner werden bemerkt haben, daß ich in dieser einleitenden Positionsbestimmung drei bezeichnende Begriffe gebraucht habe:

[1] Seitenangaben im Text beziehen sich auf Hans Krämer, *Integrative Ethik*, Frankfurt am Main: Suhrkamp 1992.

Orientierung, Freiheit und Leben. Ich will sie im folgenden zum Leitfaden nehmen und ihnen entlang zu entfalten versuchen, wie Ethik sich in der Gegenwart gestalten könnte. Ich werde dabei in der Nähe von Hans Krämers Integrativer Ethik ansetzen, dann aber einen Weg einschlagen, von dem aus eine fruchtbare Auseinandersetzung mit ihr möglich werden könnte. Von den drei leitenden Begriffen, die ich nannte, Orientierung, Freiheit und Leben, ist Leben der vertrauteste, philosophisch aber der irritierendste. Beginnen wir darum bei ihm und mit einer

*1. These: Ethik muß, um dem Leben zu entsprechen, erneuerbar und darum nicht nur Hemmung, sondern auch Befreiung sein.*

Leben ist einer der Begriffe, die man ohne weiteres versteht, die für jedermann plausibel sind, solange man nicht fragt, was sie bedeuten. Fragt man, was sie bedeuten, lösen sie sich in eine Vielzahl möglicher Bedeutungen auf, unter denen keine Einheit mehr zu stiften ist, es sei denn durch Akte der Willkür. Was aber bedeutet es dann, daß sie plausibel sind? Plausibel sind Begriffe dann, wenn man sie nicht mehr bestimmen und begründen zu müssen glaubt und sie darum ohne weiteres zur Bestimmung und Begründung anderer Begriffe verwenden kann, Begriffe also, bei denen man zu bestimmen und zu begründen aufhört und mit denen man zu bestimmen und zu begründen anfängt. Man sieht sofort, daß alle Bestimmungen und Begründungen plausible Begriffe voraussetzen – Bestimmungen und Begründungen könnten sonst nie aufhören und nie anfangen.[2] Auch Letztbegründungen sind davon nicht ausgenommen: sie unterscheiden sich von anderen Begründungen nur dadurch, daß ihre letzten Begriffe, die Begriffe, bei denen zu begründen aufgehört bzw. angefangen wird, nicht nur als plausibel, sondern als selbst zwingend begründet gelten sollen. Doch diese zwingende Begründung setzt dann natürlich wiederum plausible Begriffe voraus.[3]

2 Vgl. Ludwig Wittgenstein, *Über Gewißheit*, § 150 u. § 192: »Muß ich nicht irgendwo anfangen zu trauen? D. h. ich muß irgendwo mit dem Nichtzweifeln anfangen; und das ist nicht, sozusagen, vorschnell aber verzeihlich, sondern es gehört zum Urteilen.« – »Es gibt freilich Rechtfertigung; aber die Rechtfertigung hat ein Ende« (Werkausgabe, Bd. 8, Frankfurt am Main 1984, 151).

3 Zur Möglichkeit universaler Begründungen in der Ethik überhaupt vgl. das skeptische Resultat von Reiner Wimmer, *Universalisierung in der*

Leben nun ist insofern ein für jedermann plausibler Begriff, als das Denken beim besten Willen »hinter das Leben nicht zurückgehen« kann, wie Wilhelm Dilthey es formuliert hat.[4] Das bedeutet nicht, daß das Leben vom Denken letztlich zu begreifen wäre. Leben ist im Gegenteil gerade der Begriff für das, was nicht zu begreifen ist, für eine Voraussetzung des Denkens, die immer seine Voraussetzung bleibt. Es macht das Leben aus, daß man es nie ganz in den Griff bekommt, daß es immer wieder überraschen kann. Und das gilt auch und ganz besonders für uns selbst. Durch uns selbst können wir am meisten überrascht werden, auch wir selbst sind für uns ein Stück Leben, das wir nur begrenzt beherrschen können. Wir können noch nicht einmal hinreichend unterscheiden, was an uns das Beherrschende und was das Beherrschte ist, und können es im Fortgang der Wissenschaften vom Menschen immer weniger. Für die Tradition sollte das Beherrschende die Vernunft sein. Aber wie man sich im Verlauf des 19. Jahrhunderts deutlich machte, dient auch die Vernunft dem Leben, sie wird auf eine niemals ganz durchschaubare Weise von ihm beherrscht, so daß Nietzsche sie schließlich »ein kleines Werk- und Spielzeug« nennen konnte.[5]

Ziehen wir daraus die philosophische Summe, so ist Leben ein Begriff, durch den alle übrigen Begriffe, bis hin zum Begriff der Vernunft, zur Disposition gestellt werden können, der uns aber selbst nicht zur Disposition steht. So ist er kein metaphysischer Begriff, zu dem ihn manche späteren Vertreter der Lebensphilosophie gemacht haben, sondern ein kritischer Begriff, kritisch ge-

*Ethik. Analyse, Kritik und Rekonstruktion ethischer Rationalitätsansprüche*, Frankfurt am Main: Suhrkamp 1980, 358-360: Danach erweist sich keines der »Universalisierungsprinzipien«, die »als Verfahren zur Erzeugung und Begründung materialer Moralprinzipien oder -normen« vorgeschlagen wurden, als hinreichend. »Dies bedeutet, daß sich ethische Argumentationen nicht durch Rückgriff auf allgemein anerkannte Verfahren vereinfachen lassen, sondern daß man nach wie vor auf die von den Moraldisputationen des Alltags her geläufigen, mehr oder weniger vollkommen praktizierten Methoden dialogisch-argumentativer Suche nach moralischer Übereinstimmung angewiesen bleibt.«

4 Wilhelm Dilthey, *Gesammelte Schriften*, v 5. Vgl.: v 196, VIII 22, 180, 189, x 46 u. ö.

5 Friedrich Nietzsche, *Also sprach Zarathustra*, Teil I: Die Reden Zarathustras, Von den Verächtern des Leibes.

gen die Begrifflichkeit selbst.[6] Er hält offen, daß wir nichts letztlich begreifen, sondern alles immer nur zu begreifen versuchen können.

Die Konsequenz daraus ist, daß wir die Frage, was Ethik für das Leben bedeuten kann, in Gestalt ihrer Umkehrung weiterverfolgen müssen, als Frage, was das Leben für die Ethik bedeutet. Leben ist dann als das vorausgesetzt, in das Ethik in irgendeiner Weise regelnd einzugreifen versucht, was aber seinerseits ihre Regeln immer wieder überraschend zur Disposition stellt. Sich darauf nicht einzustellen, hieße, die Ethik lebensfern, lebensfremd zu machen, sie gegen das Leben zu verhärten.

Aber was kann Ethik dann gegen die Überraschungen des Lebens ausrichten? Sie kann sie durch Regeln einzudämmen versuchen, und weil sie nur bei den Individuen angreifen kann, wird sie das Leben der Individuen durch Regeln einzudämmen versuchen. So wirkt sie als Hemmung der Individuen. Wir wollen diese Hemmung, weil wir nicht mit zu vielen gegenseitigen Überraschungen leben wollen und können. Wir fassen sie in Normen, die die Ethik dann, so weit es geht, in einen systematischen Zusammenhang und auf letzte Prinzipien zu bringen versucht, um ihnen das Moment der Willkür zu nehmen. Ihnen das Moment der Willkür zu nehmen, bedeutet noch einmal, sie gegen die Überraschungen des Lebens zu wappnen. Aber eben dadurch, durch ihre Anstrengungen um Prinzipiierung und Systematisierung, gerät die Ethik dann erneut in die Gefahr, sich gegen das Leben zu verhärten. Ihr Problem ist ein Skylla-und-Charybdis-Problem.

Hans Krämer hat, um es zu lösen, zum ersten Mal die Kategorie der Hemmung zum Ausgangspunkt der Ethik gemacht.[7] Er weist sie als anthropologische Kategorie aus: Der Mensch ist ein hemmbares Wesen. Damit läßt sich die uns vertraute Ethik als eine einseitige Ethik fassen, als eine Ethik, die es sich zur Aufgabe gemacht hat, den Menschen zu hemmen, nämlich so zu hemmen, daß er mit seinen Mitmenschen auf eine für alle annehmbare Weise zusammenleben kann. Krämer nennt sie »Moralphilosophie«. Sie ist »Hemmungsethik« im Interesse des Allgemeinen (242). Ihr

---

6 Vgl. vom Verf., *Philosophie der Fluktuanz. Dilthey und Nietzsche*, Göttingen 1992, 162-171.
7 Krämers Impuls ist, das Leben dezidiert auf das Handeln auszurichten. Nicht-Handeln gilt als Quietismus (vgl. 28 u. ö.).

muß darum eine »Enthemmungsethik« (242) zur Seite gestellt werden, eine Ethik, die auf die Befreiung von Hemmungen angelegt ist und so dem Leben wieder zu seinem Recht verhilft. Krämer nennt sie im Anschluß an antike Ansätze »Strebensethik«; sie soll in neuer, zeitgemäßer Gestalt eine »Güter-, Glücks-, Klugheits-, Selbstethik« im Interesse des Einzelnen werden.

So kommt in der Ethik wieder zur Geltung, was aus begreiflicher Furcht vor den Überraschungen des Lebens bis heute leicht vergessen wird: daß wir, zumindest von Zeit zu Zeit, auch die Überraschungen des Lebens wollen. Wir wollen in der Regel das Leben nicht nur steuern, nicht nur beherrschen, wir wollen uns von ihm auch überraschen und mitreißen lassen, wir suchen Abenteuer im großen und kleinen, und das muß in einer Ethik, die dem Leben nahe bleiben will, ebenfalls zur Geltung kommen. Sie muß darum so konzipiert werden, daß sie sich mit dem Leben erneuern, daß sie wohl Hemmung, aber immer auch Befreiung der Individuen sein kann.

Befreiung bedeutet hier in erster Linie die Wiederherstellung der Freiheit des Einzelnen gegen das Allgemeine. Ethik als Hemmung, als strikte Bindung der Einzelnen an das Allgemeine, hat im 20. Jahrhundert ein furchtbares Gesicht bekommen. Menschen *haben* sich bis in ihr Denken hinein gleichschalten lassen und konnten so mit gutem Gewissen die erschreckendsten Verbrechen ausführen; Konzentrations- und Vernichtungslager wurden zu Extremen gesellschaftlicher Ordnung.[8] Wir haben erfahren müssen, daß Ethik, einseitig als Hemmung gefaßt, keinen Widerstand gegen Totalitarismen hat. Die Ethik muß darum so angelegt werden, daß sie nicht nur für die Bindung der Individuen durch das Allgemeine, sondern auch für die Freiheit der Individuen gegen alle Bindungen durch das Allgemeine Sorge tragen kann. Die Aufgabe scheint paradox. Die Ethik muß versuchen, Begriffe zu entwickeln, die ihr das Paradoxe nehmen.

Hans Krämer konzipiert in dieser Absicht die Ethik nach dem Vorbild der Medizin als eine Ethik der Praxis, die gezielt in einer institutionellen Praxis angewandt werden kann. Er schlägt eine therapeutische Ethik vor, deren oberstes Ziel es ist, den Individuen, die in ihren Hemmungen ratlos geworden sind, zu neuen

---

8 Vgl. Wolfgang Sofsky, *Die Ordnung des Terrors. Das Konzentrationslager*, Frankfurt am Main [2]1993.

Lebensmöglichkeiten zu verhelfen. Die Arbeit des Ethikers ist, Rat für die Individuen bereitzustellen. Er wird weiterhin versuchen, dort Hemmungen nahezulegen, wo sie zu einer befriedigenden und achtbaren Lebensführung notwendig sind, aber dort Befreiungen zu erwirken, wo die Hemmungen drückend werden. Maßstab der Maßnahmen ist das Lebenkönnen des Individuums.

Zugleich hält Hans Krämer jedoch daran fest, daß Ethik als Wissenschaft über die Bedürfnisse des Einzelnen hinausgehen und allgemeinverbindlich bleiben muß. Beide Anforderungen, die Hilfe für das Individuum und das Recht des Allgemeinen, bringt er in dem Programm zusammen, ein ethisches Dispositionswissen aufzubauen, das allgemeine Geltung hat, ohne darum in allem für alle gelten zu müssen: ein Wissen, das nicht hierarchisch, sondern topologisch strukturiert ist, so daß stets von den Individuen abhängt, welche seiner Topoi für sie in Frage kommen. Die Freiheit der Individuen gegenüber dem Allgemeinen wird als Freiheit ihrer Auswahl aus dem Allgemeinen gedacht und gesichert. Das ethische Dispositionswissen muß dann so reich sein, daß es jedem Einzelfall gerecht werden kann, und in der Tat breitet die Integrative Ethik schon in ihrer programmatischen Fassung eine Topologie von außerordentlichem phänomenologischem und systematischem Gewinn aus. Ihr »vordringlicher Zweck« ist, so Hans Krämer, »die möglichst effiziente und weitreichende Regulierung von Praxis« (342). Je reicher sie wird, desto weiter wird sie reichen, und je weiter sie reichen wird, desto weniger wird ihr Dispositionswissen selbst wieder zur Disposition stehen. So darf die Ethik dann wieder den »Mut haben, eine prinzipielle All-Kompetenz zu beanspruchen« (338). Die Integrative Ethik versucht, dem Leben mit einem in sich so vielfältigen Dispositionswissen gerecht zu werden, daß es selbst dem Leben nicht mehr zur Disposition steht.

Damit ist ein starker Anspruch erhoben und eine starke Voraussetzung gemacht: der Anspruch, daß ein solches all-kompetentes Dispositionswissen zunächst in seiner ganzen Breite erstellt, und die Voraussetzung, daß es dann auch auf all-kompetente Weise gebraucht werden kann. Die Erstellung eines solchen Wissens wird, wie leicht zu sehen ist, höchst lebenserfahrene und dadurch höchst überlegene Ethiker voraussetzen, Ethiker, denen nichts Menschliches fremd ist, denen alle Lebensmöglichkeiten vertraut sind, für die kein anderes Leben mehr ein anderes Leben ist, kurz, wie wiederum Nietzsche sie genannt hat, »souveräne Individuen«.[9] Sofern das ethische Dispositionswissen aber in Buchform, für jeden und jederzeit abrufbar, vorgelegt werden soll, setzt es auf der andern Seite einen Ratsuchenden voraus, der es ebenso souverän zu gebrauchen versteht, der immer schon weiß, welchen Rat er sich an welcher Stelle zu holen und wie er ihn in die Tat umzusetzen hat.

Hans Krämer macht hier selbst eine Einschränkung, wenn auch nicht genau zu diesem Punkt:[10] Beratung kann »Beratung *über* Beratung« notwendig machen. Beratung, zumal in schriftlicher Form, bedarf häufig wieder der Beratung, wie diese Beratung zu verstehen ist, zuletzt also individueller Beratung. Wir kennen das Problem von jeder Gebrauchsanweisung für technische Geräte; um so schwerer wird es wiegen, wo es um die Lebensgestaltung im ganzen geht. Individuelle ethische Beratung aber bringt den Ethiker selbst ins Spiel, als das Individuum, das er ist, das selbst Hemmungen und Freiheiten mitbringt, das in seinen Freiheiten selbst der Hemmungen und in seinen Hemmungen selbst der Befreiungen bedarf. Nur in äußerster Idealisierung wird er Repräsentant eines unbegrenzten ethischen Dispositionswissens sein können. Und er sollte es noch nicht einmal sein. Beratung setzt, schon in technischen, noch mehr aber in Lebensdingen, Vertrauen voraus, Vertrauen aber ein Individuum, das als Individuum erkennbar ist, das man einschätzen kann in seinen Stärken und Schwächen, in seinen Hemmungen und Freiheiten.

Die Beratung, die Befreiung aus einer Handlungsnot, vielleicht einer verzweifelten Lebensnot, ist selbst ein ethisches Geschehen.[11] Sie ist, worauf Hans Krämer wieder energisch aufmerksam gemacht hat, die Beziehung, in der Ethik erst ethisch, weil prak-

9 Friedrich Nietzsche, *Zur Genealogie der Moral*, II 2.

10 Vgl. 354. Krämer geht es hier um den »manipulativen Mißbrauch der Beratung«, der eine »Beratung *über* Beratung« notwendig machen könne, »auf prinzipieller Stufe auch die beratende Anleitung und Schulung der eigenen Urteils-, Wahl- und Entscheidungskompetenz des Adressaten, die ihn befähigt, Berater und Beratungsinhalte kritisch zu taxieren und distanziert und differenzierend damit umzugehen«.

11 Vgl. Werner Stegmaier / Gebhard Fürst (Hg.), *Der Rat als Quelle des Ethischen. Zur Praxis des Dialogs*, Stuttgart: Akademie der Diözese Rottenburg-Stuttgart 1993 (Hohenheimer Protokolle, Bd. 45).

tisch und konkret werden kann. Wenn sie sich in ihrer ganzen Konkretion aber unter Individuen vollzieht, den Ratsuchenden auf der einen und den Ratgebenden auf der andern Seite, so haben wir daraus die Konsequenz zu ziehen, die Ethik im ganzen beim Verhältnis von Individuen, beim inter-individuellen Verhältnis anzusetzen. Daraus folgt die

*2. These: Das ethisch Hemmende, aber auch Befreiende ist das andere Individuum.*

Sie führt zu einem andern als dem gewohnten Moralbegriff, der dann wiederum die Ethik in eine andere als die gewohnte Richtung führt. Ethik nach ihrem heute allgemeinen Begriff ist Befassung mit Moral, wobei Befassung Analyse, Begründung oder Reflexion der Moral bedeuten kann. Moral als das, was von der Ethik analysiert, begründet oder reflektiert wird, ist dann das, was von ihr – und dann auch von der Psychologie, Soziologie, Ethnologie, Biologie – schon vorgefunden wird und sich, in welcher Weise auch immer, von sich aus geltend macht. Nehmen wir das ernst und setzen wir hier an. Moral ist danach selbst etwas Gegebenes. Sie ist, noch vor aller Artikulierung durch die Ethik, das Ensemble der Wertschätzungen sei es eines Einzelnen, einer Gruppe, einer Gesellschaft oder einer Kultur, in jedem Fall von etwas Individuellem, sie ist ein individuelles Ensemble von Wertschätzungen.

Als individuelles ist sie, wie alles Individuelle, nur in einer Differenz zu anderem Individuellen erkennbar. Wir sind in der Philosophie und den Wissenschaften gewohnt, uns auf einen überindividuellen Standpunkt zu stellen und von ihm aus die Individuen zu unterscheiden. In der Ethik berechtigt uns nichts dazu. Wir können immer nur von *unserer* Moral, jede Moral kann nur von sich ausgehen, um andere zu erkennen. Aber sie wird andere nur darin wahrnehmen, worin sie anders sind, in ihrer Differenz, und erst diese Differenz zu anderen Moralen wird eine Moral dann auch auf sich selbst aufmerksam machen, sie selbst sich als eine Moral erfahren lassen. Sie erfährt sich also selbst immer schon von andern Moralen her, als andere gegenüber anderen. Sie kennt sich selbst nicht besser als andere, eher schlechter.

Nun ist Erkennen bei einer Moral immer schon moralisches Erkennen, Wertschätzen, Unterscheiden nach Gut und Böse. Eine Moral kann also andere Moralen und sich selbst immer nur wertschätzen, immer nur als gut oder böse beurteilen, und zwar immer nur im Horizont ihrer eigenen Wertschätzungen, die sie selbst nicht besser kennt als andere. So wird sie zunächst andere Wertschätzungen, allein deshalb, weil sie andere, abweichende, fremde sind, für böse halten und die eigenen für gut: Moralen, wenn sie auf andere Moralen stoßen, diskriminieren einander unausweichlich, die Diskriminierung ist Ursprungsbedingung der Moral.

Man kann sich das auch auf robustere Weise verdeutlichen, so wie Nietzsche es deutlich zu machen versuchte:[12] Danach ist Leben, als Leben eines Einzelnen, einer Gruppe, einer Gesellschaft, einer Kultur, überhaupt erst aufgrund einer Moral, eines Ensembles von Wertschätzungen, möglich. Individuen müssen sich für ihr Verhalten zu andern Individuen eine Ordnung schaffen, nach der, wenn es darauf ankommt, klar entschieden ist, worauf sie sich einlassen dürfen und worauf nicht, und damit diese Ordnung selbst im Augenblick der Entscheidung nicht in Frage gestellt werden kann, müssen sie sie tabuieren. Dadurch ist ihre eigene Moral ihrer eigenen moralischen Beurteilung entzogen – sie halten sie immer schon für gut und muten sie darum besten Gewissens auch allen andern zu. »Jeder wünscht,« notiert Nietzsche im Nachlaß, »daß keine andere Lehre und Schätzung der Dinge zur Geltung komme außer einer solchen, bei der er selbst gut wegkommt.«[13] Man wird darum jede Moral, die von der eigenen abweicht, unwillkürlich für böse halten. Man kann das auch schon bei Spinoza nachlesen: »videmus, unumquemque ex natura appetere, ut reliqui ex ipsius ingenio vivant, quod dum omnes pariter appetunt, pariter sibi impedimento, et dum omnes ab omnibus laudari, seu amari volunt, odio invicem sunt.«[14]

Formiert unsere Moral nun unser Zusammenleben mit andern in

---

12 Zum Näheren vgl. vom Verf., *Nietzsches »Genealogie der Moral. Werkinterpretation«*, Darmstadt 1994.

13 Nietzsche, *Nachlaß Herbst 1885 – Herbst 1886*, KGW VIII 2 [168], KSA 12, 152.

14 Spinoza, *Ethik*, III, Prop. XXXI, Scholium (*Opera / Werke*. Lateinisch und deutsch, hrsg. v. K. Blumenstock, Bd. 2, Darmstadt 1967, 306/307). In der Übersetzung von Berthold Auerbach: »So sehen wir, dass ein Jeder von Natur begehrt, dass die Uebrigen nach seinem Sinne leben. Wenn nun Alle diess gleicherweise begehren, sind sie sich gleicherweise im Wege, und während sie Alle von Allen gelobt oder geliebt seyn wollen, sind sie einander verhasst.«

dieser Weise, dann ist auch unsere Identität gegenüber andern in erster Linie eine *moralische Identität*.[15] Moral ist in der Tat, wie die alltägliche Erfahrung zeigt, das, worin wir am empfindlichsten unterscheiden, woran wir uns am stärksten stoßen, wodurch wir andere am nachhaltigsten identifizieren.[16] Gegenüber anderen Moralen gelingt es uns nur schwer gelassen zu bleiben, jedenfalls wenn wir Tag für Tag mit ihnen auskommen müssen und sie nicht nur touristisch oder ethnologisch wahrnehmen. Wir haben gelernt, anderen politischen Meinungen, anderen Religionen, anderen Hautfarben, anderen sexuellen Orientierungen freimütig zu begegnen, aber es gibt Wertschätzungen anderer, über die wir nicht hinwegkommen. Selbst die Liebe kann an ihnen scheitern. Stellt sich etwa heraus, daß jemand noch immer Hitler verehrt und Auschwitz leugnet, wollen wir, wer immer er im übrigen sein mag, nichts mehr mit ihm zu tun haben.

15 Vgl. aus moralpsychologischer Sicht Augusto Blasi, Die Entwicklung der Identität und ihre Folgen für moralisches Handeln, und Mordecai Nisan, Bilanzierte Identität. Moralität und andere Identitätswerte, beide in: Wolfgang Edelstein / Gertrud Nunner-Winkler / Gil Noam (Hg.), *Moral und Person*, Frankfurt am Main 1993, 119-147 bzw. 232-258. Als Identität eines Individuums läßt sich moralische Identität nicht auf einen Satz von Normen oder Werten reduzieren. Vgl. in demselben Band Amelie Oksenberg Rorty, Die Vorzüge moralischer Vielfalt, 59, die von »charakterologischer Moral« spricht, zu der auch »die Moral von Knochen und Sehnen, von Gesten und Stimmen« gehöre. Die lange die moralpsychologische Diskussion bestimmenden Arbeiten von Piaget und Kohlberg waren aus heutiger Sicht einseitig kognitivistisch und auf starre Kriterien ausgerichtet, die Voraussagbarkeit und Kontrolle ermöglichten (vgl. Blasi, a.a.O., 144). Die äußerlich beobachtbaren moralischen Beurteilungen und Verhaltensweisen werden inzwischen statt dessen als hochreduzierte Äußerungen hochkomplexer Organisationsprozesse der moralischen Identität betrachtet, so daß nur bedingt von jenen auf diese zurückgeschlossen werden kann. »Aus dieser Perspektive könnte ein Mensch [auf lange Sicht] hochmoralisch sein, selbst wenn er [zu einem bestimmten Zeitpunkt] Handlungen begeht, die moralisch fragwürdig oder geradewegs unmoralisch sind« (Blasi, a.a.O., 145).

16 Man kann auch sagen: »worüber wir uns am leichtesten empören«. Sich-Empören ist im Wortsinn ein Sich-Aufrichten gegen einen andern in einer Bedrohungssituation. Vgl. Ernst Tugendhat, Die Rolle der Identität in der Konstitution der Moral, in: Edelstein / Nunner-Winkler / Noam (Hg.), *Moral und Person*, a.a.O., 38 u. 45: »Erst die

Wir müssen hier noch einen Schritt weiter gehen. Die Moral eines Individuums (eines Einzelnen, einer Gruppe, einer Gesellschaft, einer Kultur) läßt auch sein Denken nicht frei, die Moral, die unser Leben ordnet, zieht auch unserem Denken Grenzen. Sie erlaubt uns über bestimmte Dinge nur auf bestimmte Weise zu denken, und sie läßt uns über bestimmte Grenzen nicht hinausdenken – moralischer Streit ist nur sehr bedingt Argumenten zugänglich und kaum durch sie zu lösen, Argumente werden schon gar nicht als Argumente akzeptiert, sie prallen an den moralischen Vorentscheidungen ab. Wir glauben seit Descartes an allem zweifeln zu können, doch bei der Moral hat auch Descartes zu zweifeln aufgehört und ließ sie fürs erste, wie sie war. Das Denken sollte Grund aller Dinge und dereinst auch der Moral werden. Heute müssen wir umgekehrt die *Moral am Grunde des Denkens* vermuten. Lebensnotwendigkeiten gehen Denknotwendigkeiten voraus, Denken scheint immer nur in einem moralisch begrenzten Horizont möglich zu sein. Moral, heißt das zuletzt, ist nicht nur ein Sollen, sondern ein Nicht-anders-Können, und nicht nur ein Nicht-anders-handeln-Können, sondern auch ein Nicht-anders-denken-Können.

Damit sind wir zum Begriff der Hemmung zurückgekehrt. Als erste, ursprüngliche und unvermeidliche Hemmung erscheint nun die Moral selbst, die Moral, die dem Leben eines Einzelnen, einer Gruppe, einer Gesellschaft, einer Kultur ihre Ordnung und ihre Identität gibt, und sie ist dann nicht nur eine Hemmung des Handelns, sondern auch des Denkens.

Indem wir in der Ethik von diesem Moralbegriff ausgehen, können wir die Moral realistischer betrachten und finden auch wieder Anschluß an die Psychologie, Soziologie, Ethnologie und Biologie des 20. Jahrhunderts, die allesamt und zu einem großen Teil ihrerseits im Anschluß an Nietzsche die moralische Bedingtheit des Denkens herausgearbeitet haben.[17] Die Moral am Grunde des

Empörung ist es, die uns eine Idee davon vermittelt, was es ist, das bei moralischen Urteilen in Frage steht.« – »Der äußerste Fall von Empörung [ist] der Ausschluß aus der moralischen Gemeinschaft [...], was zeigt, daß jegliche Empörung in diese Richtung tendiert.« Tugendhat, der ebenfalls den Begriff der »wesentlich intersubjektiven« moralischen Identität gebraucht, versucht ihn dennoch möglichst wenig stark zu machen (40 f.).

17 Vgl. exemplarisch die Anstrengungen, die Ethik mit den modernen

Denkens zu vermuten, ist jedoch nur eine Voraussetzung der Ethik, noch nicht selbst Ethik. Was bedeutet sie für die Ethik? Zunächst, worauf wir mit der 1. These schon hingeführt haben, daß wir unmittelbar beim Verhältnis von Individuen, beim interindividuellen Verhältnis ansetzen müssen: moralische Identität ist moralische Identität immer nur in Differenz zu anderer moralischer Identität. Das unterläuft dann aber unsere gewohnte harmonistische Ansicht von der Moral: moralische Identität in Differenz zu anderer moralischer Identität ist nicht nur auf Einheit, sondern auch auf Abgrenzung, nicht nur auf Konsens, sondern auch auf Dissens, nicht nur auf Nähe, sondern auch auf Distanz angelegt. Das muß zu einer ständigen Auseinandersetzung von Moralen führen. Wir kennen sie in einer harmlosen Form im Sport, wo man ›Kampfmoral‹ erwartet, wir kennen sie in den schon härteren persönlichen, sozialen und politischen Auseinandersetzungen, in denen, gewollt oder ungewollt, ›moralischer Druck‹ ausgeübt wird, und wir kennen sie schließlich in den Kriegen, totalitären Bewegungen und Terrorkampagnen unseres Jahrhunderts, die zunehmend im Zeichen von Moralen geführt wurden.[18]

Moralische Auseinandersetzungen sind offensichtlich nicht schon, weil sie *moralische* Auseinandersetzungen sind, gerechtfertigt, im Gegenteil: sie stellen moralische Rechtfertigungen selbst in Frage. Rechtfertigungen sind Rechtfertigungen gegen Ankla-

Wissenschaften vom Menschen abzugleichen, in den Bänden Hans Bertram (Hg.), *Gesellschaftlicher Zwang und moralische Autonomie*, Frankfurt am Main 1986; Wolfgang Edelstein / Gertrud Nunner-Winkler (Hg.), *Zur Bestimmung der Moral. Philosophische und sozialwissenschaftliche Beiträge zur Moralforschung*, Frankfurt am Main 1986; Edelstein / Nunner-Winkler / Noam (Hg.), *Moral und Person*, a.a.O.; Lutz H. Eckensberger / Ulrich Gähde (Hg.), *Ethische Norm und empirische Hypothese*, Frankfurt am Main 1993.

18 Vgl. den Hinweis Niklas Luhmanns auf den »polemogenen« Charakter der Moral in: Soziologie der Moral, in: N. L. / Stephan H. Pfürtner (Hg.), *Theorietechnik und Moral*, Frankfurt am Main 1978, 54, und: Ethik als Reflexionstheorie der Moral, in: N. L., *Gesellschaftsstruktur und Semantik. Studien zur Wissenssoziologie der modernen Gesellschaft*, Bd. 3, Frankfurt am Main 1989, 370. Luhmann wiederum verweist auf Julien Freund, Le droit comme motif et solution des conflits, in: *Die Funktionen des Rechts. Vorträge des Weltkongresses für Rechts- und Sozialphilosophie*, Madrid 1973, Beiheft 8 des *Archivs für Rechts- und Sozialphilosophie*, Wiesbaden 1974, 47-84.

gen. Wer sich rechtfertigt, sieht sich angegriffen, sieht sich also in einer Auseinandersetzung mit anderen. Ethik hat es sich heute weitgehend zur Aufgabe gemacht, Moral zu rechtfertigen. So aber nimmt sie selbst, gewollt oder ungewollt, an den moralischen Auseinandersetzungen teil. Sofern Auseinandersetzungen mit anderen Moralen zu den Ursprungsbedingungen der Moral gehören, sind sie unvermeidlich. Die Ethik muß sie darum zum Ausgangspunkt nehmen, wenn sie dem Leben entsprechen will. Sie verspielt aber ihre Chance, wenn sie sich selbst in die Auseinandersetzungen hineinziehen läßt. Sie kämpft dann nur für eine bestimmte Moral, steht selbst im Dienst einer Moral am Grunde ihres Denkens.

Das muß sie nicht. Sie kann auch die moralischen Auseinandersetzungen als solche zum Thema zu machen und dadurch Raum schaffen für einen anderen Umgang mit Moralen. Sie kann die Auseinandersetzungen nicht verhindern, aber sie kann fragen, ob in ihnen nicht gleichwohl ethische Chancen liegen. Dies aber sind die Chancen der Hemmung und Befreiung. Moralische Auseinandersetzungen, ob sie nun in freundlichem oder feindlichem Sinn und mit argumentativen oder massiveren Mitteln ausgetragen werden, hemmen auf der einen Seite: die eine Moral drängt die andere zurück. Das gilt auch für die gut gemeinten Formen der Hemmung, wie wir sie etwa in der Erziehung anwenden, von der behutsamen Beratung über die Belehrung und Ermahnung bis zur Einschüchterung und Bestrafung. Auch hier handelt es sich um Auseinandersetzungen, die Versuche zur Hemmung stoßen auf Widerstand. Auf der andern Seite können moralische Auseinandersetzungen aber auch befreien, indem sie die beteiligten Moralen im doppelten Sinne mitnehmen:[19] aus der Fassung und dadurch in Bewegung bringen. Das geschieht am ehesten dort, wo die Kräfte ähnlich verteilt sind, aber auch Erziehungsversuche können nicht nur die Erzogenen, sondern die Erziehenden mitnehmen. Wohin sie sie mitnehmen, läßt sich in der Regel nicht berechnen, einfach deshalb, weil hier beiderseits letztlich unberechenbare Individuen aneinandergeraten. Wenn wir aber davon ausgehen, daß Moralen sich zunächst unvermeidlich gegeneinander bornieren, dann ist die Bewegung, in die sie ihre Auseinan-

---

19 Zum Begriff des Mitgenommenwerdens der Identität vgl. Josef Simon, *Philosophie des Zeichens*, Berlin / New York 1989, 18, 152, 155.

dersetzung miteinander bringt, zumindest wenn sie sich in zivilen Formen vollzieht, schon ein ethischer Gewinn.

Moralen, die einander hemmen und befreien, bleiben doch immer Moralen, sie lösen einander als Moralen nicht auf. »Moral kann«, so Hans Krämer, »nur durch Moral gebrochen werden« (124). Sofern sie aber *einander* hemmen und befreien, bilden sie auch *einander*, im inter-individuellen Verhältnis, aus. Auch hier kommt uns Hans Krämer entgegen, er spricht von einem »prinzipiellen Externalismus« der Moral (19, 47): Moral kommt in irgendeiner Weise immer von andern. Wieweit es dies dann als Hemmung oder als Befreiung erfährt, liegt dann beim Individuum selbst. Es erfährt die Bewegung seiner moralischen Identität nur dann als hemmend, wenn es auf sich zu bestehen versucht. Es gerät dann in die Gefahr der Verhärtung und der Selbstgerechtigkeit. Es kann ein Zeichen einer solchen Verhärtung sein, daß es nach Rechtfertigungen durch allgemeine Normen und Prinzipien sucht; allgemeine Normen und Prinzipien sollen es der inter-individuellen Auseinandersetzung überheben. Die andere Seite nimmt das jedoch nur als eine andere, hartnäckigere Form der Auseinandersetzung wahr. Denn jeder kann andere Normen und Prinzipien ins Spiel bringen; was darum vom einen als ein Allgemeines behauptet wird, ist für den andern immer nur *dessen* Allgemeines.

Als befreiend erfährt eine Moral die Auseinandersetzung mit anderen, wenn sie sich selbst von ihnen her zur Disposition stellen kann. Sie nimmt dann die Auseinandersetzung in sich selbst zurück und nimmt ihr damit die Schärfe gegen die andern. Sie findet so zu einem andern, einem reflektierten Umgang mit Moral und damit zu einer neuen Gestalt der Moral, einer *Moral im Umgang mit Moral*. Moral im Umgang mit Moral ist eine Moral, die sich dessen bewußt ist, daß sie nur eine unter anderen Moralen ist und daß sie stets dazu neigt, sich selbst für die gute und die anderen für die bösen zu halten, und die danach strebt, davon frei zu werden. Die Freiheit, die sie dadurch gewinnt, die Freiheit zum Umgang mit der eigenen Moral, ist zugleich auch eine Freiheit zum Umgang mit anderen Moralen. Sie verdankt sich dem inter-individuellen Verhältnis, das die moralischen Identitäten zu immer neuer Bewegung nötigt.[20]

20 Nach Amelie Oksenberg Rorty, Die Vorzüge moralischer Vielfalt, a.a.O., 65, ist es darum »für ein politisches System sehr nützlich, wenn

Wenn Ethik Reflexion der Moral ist, dann ist eine solche Moral im Umgang mit Moral unmittelbar gelebte Ethik. Sie wird von uns alltäglich gelebt. Wir haben dafür den Begriff der Orientierung, der unser dritter und letzter Leitbegriff sein sollte. Er kann deutlich machen, daß die Individuen durch die ständige Bewegung, in die ihre moralischen Identitäten durch ihre inter-individuellen Verhältnisse versetzt werden, nicht haltlos, sondern im Gegenteil erst lebensfähig, miteinander lebensfähig werden. Ich schicke auch hier wieder eine These voraus, die

*3. These: Ethik vollzieht sich konkret als ethische Orientierung. Die ethische Orientierung stößt ständig zur Befreiung von der eigenen Moral für andere Moralen an.*

In diesem letzten Teil will ich noch kurz zu beschreiben versuchen, wie die Bewegung der Moralen sich konkret vollzieht und welche ethischen Maßstäbe daraus zu gewinnen sind.

Orientierung[21] ist zunächst nichts, was man hat. Sie verhilft von Fall zu Fall dazu, unter ungewissen Umständen weitergehen, weitermachen, weiterleben zu können. Dazu muß sie sich ständig auf Ungewißheit einlassen, und das kann bedeuten, daß sie alle Gewißheiten, deren sie sich schon sicher glaubte, wieder aufgeben muß. Orientierung ist, wo sie gefragt ist, Neuorientierung, ihr Wissen ist in ständiger Bewegung, von der grundsätzlich nichts ausgenommen ist. Sie hat keine Fix-, sondern nur Anhaltspunkte,

dessen Bürger die Mentalität und Psychologie einer großen und konkurrierenden Anzahl von distinkten Moralsystemen repräsentieren«. Rorty plädiert nicht nur in der Politik, sondern auch in der Moral für »ein System von Kontrolle und Gegengewicht« (67).

21 Zum Begriff der Orientierung vgl. vom Verf., »Was heißt: Sich im Denken orientieren?« Zur Möglichkeit philosophischer Weltorientierung nach Kant, in: *Allgemeine Zeitschrift für Philosophie* 17.1 (1992) 1-16; Wahrheit und Orientierung. Zur Idee des Wissens, in: V. Gerhardt / N. Herold (Hg.), *Perspektiven des Perspektivismus. Gedenkschrift für Friedrich Kaulbach*, Würzburg 1992, 287-307; Einstellung auf neue Realitäten. Orientierung als philosophischer Begriff, in: XVI. Deutscher Kongreß für Philosophie. Neue Realitäten - Herausforderung der Philosophie, 20.-24. Sept. 1993 TU Berlin, Berlin 1993, 280-287; Praktische Vernunft und ethische Orientierung, in: *Internationale Zeitschrift für Philosophie* 1994/1, 163-173; Weltabkürzungskunst. Orientierung durch Zeichen, in: J. Simon (Hg.), *Zeichen und Interpretation*, Frankfurt am Main 1994, 119-141.

*an* denen man sich orientiert. Diese Anhaltspunkte sind auch keine Zielpunkte: Man geht nicht auf sie zu, sondern an ihnen vorbei, um sich nach neuen Anhaltspunkten umzusehen. Man muß sie sich selbst wählen, und man muß selbst entscheiden, ob man ihnen folgen will oder nicht. Man folgt ihnen, wenn einige zusammenkommen, die einigermaßen zusammenpassen. Es bleibt in der Regel keine Zeit, sich ihrer vollkommen zu versichern; im Handeln verläßt man sich weitestgehend auf vorläufiges Wissen. So aber bleibt immer Unsicherheit zurück und darum immer die Frage wach, ob man richtig entschieden, den richtigen Anhaltspunkten gefolgt ist. Man ist daher immer bereit, auf neue Anhaltspunkte hin neu zu entscheiden und also, wie wir eingangs sagten, jeden Anhaltspunkt durch andere wieder zur Disposition zu stellen.

Das gilt auch für den eigenen Standpunkt. Versucht man sich im Gelände mit Hilfe einer Karte zu orientieren, so ist die erste Frage, wo man selbst auf der Karte steht. Der eigene Standpunkt steht selbst zur Disposition, und er verschiebt sich beim Weitergehen. In der ethischen Orientierung ist der Standpunkt die eigene moralische Identität, Anhaltspunkte sind andere Moralen, die sich in Normen und Prinzipien artikulieren können oder auch nicht. Man sieht auch hier nicht im vorhinein, wieweit man sich auf sie einlassen und verlassen darf. Auch hier bleibt immer Unsicherheit, und so, wie man beim Weitergehen im Gelände zwar Sicherheit gewinnt, wenn man an der gewünschten Stelle ankommt, dort aber sogleich wieder vor neuen Orientierungsproblemen steht, bringt auch ein gelingendes Weiterleben zwar Sicherheiten, zugleich aber wieder auch neue Unsicherheiten. Mehr als beim bloßen Weitergehen im Gelände: denn im Leben kommt man nie irgendwo an, nie nach Hause. Und so bleiben die Wertschätzungen immer in Unruhe.

Versuchen wir nun die Bewegung der Moralen in der ethischen Orientierung näher zu beschreiben, und gehen wir von deren ständiger Unruhe aus. Sie rührt nach unserem Ansatz von der ständigen Beunruhigung durch andere Moralen her, die die eigene nur als eine mögliche Perspektive unter anderen erfahren lassen. Diese ständige Beunruhigung über die Perspektivität der eigenen Moral ist aber offenbar das, was wir gewöhnlich als *Gewissen* verstehen: Das Gewissen stellt ständig in Frage, ob es moralisch richtig ist, wie wir handeln, es ist die Instanz der Moral im Umgang mit unserer Moral. Für die Religion spricht aus ihm *der* Andere, der eine Gott, der alles im Auge hat, jenseits der Religion aber – auch hier kommt uns Hans Krämer entgegen (vgl. 44 f., 226 ff.) – ein Kreis von Anderen, die irgendwann für mich zu moralischen Autoritäten geworden sind und mir nun, stark schematisiert, aber in vielen Fällen noch identifizierbar, moralisch zureden. So wird aus ihm die Clearing-Stelle der ethischen Orientierung: Es ist aus vielfältigen inter-individuellen Verhältnissen erwachsen – zu denen auch das Verhältnis zu einem persönlichen Gott gehören kann – und bleibt in sich vielfältig und beweglich.

Verfolgen wir das weiter. Wenn mein Gewissen mir ständig bewußt hält, daß *meine* moralische Identität nur meine moralische Identität ist, und mich ständig dadurch beunruhigt, wie kann es dann wieder zur Ruhe kommen? Nicht ohne weiteres. Die Beunruhigung des Gewissens ist ein autopoietischer Prozeß, sie schafft stets neue Beunruhigung. Da eine Moral immer anderer Moral ausgesetzt bleibt, kann das Gewissen, das dies bewußt hält, nie ›rein‹ werden, niemals ›mit sich in's Reine kommen‹ – es besteht in nichts anderem als in der Beunruhigung über seine ›Unreinheit‹. So muß es immer als ›schlechtes Gewissen‹ auftreten, das sich nur immer tiefer verstricken kann, und selbst aus dieser Verstrickung kann es sich dann noch ›ein Gewissen machen‹: Ist es eitel, selbstgefällig, wenn es sich so sehr quält, nimmt es sich zu wichtig, ist seine Demut nicht voll Hochmut?

Wie die Beunruhigung kommt auch die Beruhigung von außen. Man hat zwei Möglichkeiten: Man kann Konsens suchen, sich nach anderen umsehen, die die eigene moralische Beurteilung im fraglichen Fall teilen, oder nach Normen und Prinzipien, die sie legitimieren. So bestätigt und festigt man die eigene Perspektive. Man kann andere Perspektiven aber auch abweisen, indem man sie als Perspektiven *nur der andern* darstellt; indem man es den anderen anlastet, daß sie anders denken und handeln, entlastet man sich selbst. Beides mag nicht vornehm sein, aber beides beruhigt von Fall zu Fall das Gewissen. Die Perspektivierung der Moral ist sowohl Grund der moralischen Beunruhigung als auch Mittel der moralischen Beruhigung.

Die ethische Orientierung, die über wechselnde Anhaltspunkte läuft, arbeitet durchgehend mit dem Mittel der Perspektivierung. Wir können grob fünf Spielarten unterscheiden, neben

(1.) der *inter-individuellen Perspektivierung*, die wir bereits besprochen haben und die wir nun auch eine *inter-moralische* nennen können,

(2.) die *pragmatische Perspektivierung*: Wir beurteilen Personen moralisch nach ihren Handlungen, aber auch Handlungen nach den Personen, die sie ›sich erlauben‹.[22] Wir akzeptieren beim einen, was wir beim andern nicht akzeptieren, aber wenn wir es beim einen einmal akzeptiert haben, akzeptieren wir es dann vielleicht auch beim andern. Moralische Beurteilungen von Personen können sich durch die moralische Beurteilung von Handlungen ändern und moralische Beurteilungen von Handlungen durch die moralische Beurteilung von Personen.

(3.) Die *ökonomische Perspektivierung*: Eine nur moralische Motivation des Handelns wird heute in der Regel vermieden. Zum einen könnte sonst der Eindruck des moralischen Eifers und Übereifers aufkommen, der sozial nicht geschätzt wird und leicht zur Isolierung führt. Zum andern ist eine im weitesten Sinn ökonomische, zweckrationale Motivation sehr viel leichter kommunikabel. Ökonomische Motive sind jedermann ohne weiteres einsichtig und akzeptabel, moralische müssen häufig umständlich erklärt werden. Aber auch eine nur ökonomische Motivation ist in der Regel schwer akzeptabel. So sucht man nach einem Ausgleich unter beiden Motiven, der den zusätzlichen Vorteil bringt, daß das eine Motiv, wenn es versagt, durch das andere kompensiert werden kann. Man beruhigt sich damit, daß ein Verhalten moralisch war, wenn es schon nicht ökonomisch war, oder daß es wenigstens ökonomisch war, wenn es schon nicht moralisch war. Die Mehrfachmotivation des Handelns[23] ist in der Orientierung, die stets über mehrere Anhaltspunkte läuft, die Regel. Ausnahmen sind möglich, aber sie dürfen nicht zu häufig sein. Man kann schon einmal sagen: »Hier steh' ich, ich kann nicht anders.« Aber man darf das nicht mehrmals am Tag sagen.[24] Man muß stets

(4.) die *temporale Perspektivierung* beachten: Auch die Auszeich-

22 Vgl. Luhmann, Soziologie der Moral, a.a.O., 52.
23 Vgl. dazu aus der psychologischen Moralforschung den aufschlußreichen Beitrag von Nisan, Bilanzierte Identität, a.a.O., 232-258. In der Verwirklichung von Motiven, die die Profilierung der eigenen Identität berühren, wird danach eine mittelfristig ausgeglichene Bilanz gesucht und nicht, wie gern unterstellt wird, nach einer Werthierarchie entschieden.
24 Vgl. Nisan, Bilanzierte Identität, a.a.O., 248 u. 255.

nung des Moralischen nimmt bei Wiederholung ab. Es ist nicht davon ausgenommen, mit der Zeit schal zu werden, und auch seine höchsten Prinzipien sind es nicht. Albert O. Hirschman hat gezeigt, wie das moralische Engagement Konjunkturen unterliegt, in denen es periodisch in moralische Abstinenz umschlägt.[25] – Auch und gerade in der ethischen Orientierung hat man es schließlich mit

(5.) der *narrativen Perspektivierung* zu tun: Moralische Beurteilungen erfolgen in der Sprache und den Schemata, die sie vorgibt, nicht nur den grammatischen und lexikalischen, sondern auch den rhetorischen und ästhetischen. Wir müssen uns, wenn wir uns moralisch äußern, nicht nur bestimmter grammatischer Zuschreibungsformen und bestimmter vorgeprägter Begriffe bedienen, wir müssen, ob wir wollen oder nicht, was wir als gut erfahren, auch in gut erzählbare Geschichten bringen. Moralisch überzeugend wirkt nur, was auch rhetorisch überzeugend dargestellt wird. Nicht umsonst verdanken wir maßgebliche moralische Eindrücke dem Drama, dem Roman und jetzt mehr und mehr dem Film.[26]

Alle diese Perspektivierungen greifen unablässig in die moralische Identität ein und halten sie in Bewegung. Sie halten sie dadurch offen für andere Moralen, stoßen ständig zur Befreiung von der eigenen Moral für andere Moralen an. Fragen wir nach dem ethischen Maßstab dieser Befreiung und damit nach dem Maßstab der ethischen Orientierung, so kehren wir zu der Freiheit zurück, die Hans Krämer als die höchste sowohl in der eigenen Lebensführung als auch in der ethischen Beratungspraxis namhaft macht, die *Souveränität* (154 f., 173). Souverän ist nach Hans Krämer, wer »das Wissen um mehrere Alternativen mit klaren Prioritäten und der Aussicht auf die Kreation noch besserer Alternativen verbindet« (155). Setzt man beim inter-individuellen Verhältnis an, so sind souverän darüber hinaus die, die auch den Prioritäten der andern in ihren moralischen Identitäten, im Idealfall aller andern, gerecht werden können. Es sind die, die so mit andern umgehen

25 Albert O. Hirschman, *Engagement und Enttäuschung. Über das Schwanken der Bürger zwischen Privatwohl und Gemeinwohl* (amer. Orig.: *Shifting Involvements. Private Interest and Public Action*, Princeton University Press 1982), übers. v. S. Offe, Frankfurt am Main 1988.
26 Wie sehr moralische Authentizität und rhetorische Darstellung in Spannung kommen, zeigen exemplarisch die großen Beispiele moralischer Selbstbiographien von Augustinus und Rousseau.

können, daß diese sie moralisch schätzen, die, die sich nicht mehr moralisch zu rechtfertigen brauchen, weil andere sich durch sie rechtfertigen, kurz: die zum maßgeblichen Anhaltspunkt der ethischen Orientierung anderer werden.

Souveränität ist im inter-individuellen Verhältnis jedoch nur die Voraussetzung der Gerechtigkeit für andere, erst die Gerechtigkeit kann der ethische Maßstab selbst sein. Die Gerechtigkeit braucht in der ethischen Orientierung nun aber nicht mehr abstrakt postuliert zu werden, sondern steht am Ende einer langen Reihe von Tugenden des inter-individuellen Verhältnisses, die auf sie hinführen. Ich kann sie nur noch kurz kennzeichnen.

Die Reihe könnte beginnen mit der *Unbefangenheit*, dem Perspektivieren-Können der eigenen moralischen Identität, der *Selbstlosigkeit*, dem Absehen-Können von eigenen moralischen Ansprüchen bei aller Perspektivität der moralischen Beurteilung, und der *Entschiedenheit*, dem Sich-Entschließen-Können zum Handeln trotz aller Unentscheidbarkeit der moralischen Beurteilung. Unbefangenheit, Selbstlosigkeit und Entschiedenheit setzen instand, überhaupt moralisch handeln zu können.

Eine nächste Gruppe könnten Behutsamkeit, Vornehmheit und Aufgeschlossenheit bilden. Sie machen fähig, im Bewußtsein der Vereinzelung der Moralen zu leben und die eigene Moral gegenüber anderen zurückzunehmen. *Behutsamkeit* im Umgang mit Moral bestünde darin, andere, die Normen und Gesetze verletzen, nicht nach Schuld, sondern nach ihren Lebensbedingungen zu beurteilen, *Vornehmheit* darin, selbst die Normen und Gesetze zu erfüllen, ohne dies im Gegenzug auch von andern zu fordern. Zu ihr gehörten dann im Blick auf andere Takt, Toleranz und Güte, im Blick auf sich selbst Scham, Selbstironie und Humor. *Aufgeschlossenheit* schließlich wäre in ethischer Hinsicht das Sich-Einlassen-Können auf andere Moralen.

Am Ende stünden dann Tugenden, die befähigen, sich von anderen Moralen her zu verstehen und in deren Sinn zu denken und zu handeln. Hier wird man zunächst an *Geduld und Gelassenheit* denken, die Kraft, andere, auch wo man selbst betroffen ist, in ihrem eigenen Sinn handeln zu lassen. Sie schließen die Kraft ein, ohne alles Rechnen auf Gegenseitigkeit geben zu können.[27] Sie

---

27 Vgl. dazu Jacques Derrida, Den Tod geben, in: Anselm Haverkamp (Hg.), *Gewalt und Gerechtigkeit. Derrida – Benjamin*, Frankfurt am

lassen dennoch nicht gleichgültig gegen die moralischen Nöte anderer. Diese nicht nur zu sehen, sondern andern dazu zu verhelfen, sie in Tugenden zu verwandeln, erfordert *Kreativität*: Aus Nöten Tugenden zu machen, ist die Kreativität des Lebens überhaupt, aus Bösem Gutes zu machen, die Kreativität der Ethik. Von ihr aus wäre zuletzt die *Gerechtigkeit* zu denken.[28] Sie bedeutete dann die unbegrenzte, durch keine allgemeinen Normen und Prinzipien mehr garantierte Verantwortung für die anderen inmitten der Hemmungen und Freiheiten der eigenen, begrenzten moralischen Identität.[29]

Main 1994, 331-445. – Zu Derridas Zuwendung zur Ethik vgl. vom Verf., Ethik vom Andern her. Berührungen zwischen Levinas und Derrida, erscheint in: *Allgemeine Zeitschrift für Philosophie* 20.3 (1995).

28 Der überlebensgroße Satz Christi »Widerstehet nicht dem Bösen« (Mt. 5, 39), der die gesamte abendländische Ethik als äußerste Forderung fasziniert hat, könnte, wenn hier eine philosophische Auslegung zulässig ist, im Ausgang von der Vielheit der Moralen in der ethischen Orientierung einen lebbaren Sinn bekommen: Das Böse ist das Gute, das ich selbst nicht dafür halten kann, das Gute einer anderen Moral. Ihm nicht zu widerstehen, sondern ihm zu entsprechen zu versuchen, hieße so mein eigenes Gutes um des andern willen zur Disposition zu stellen. Vorausgeschickt wird bei Mt. (in der Zurückweisung des »Auge um Auge, Zahn um Zahn«) der Verzicht auf Gegenseitigkeit. Einem andern statt dessen auch die linke Wange hinzuhalten, der auf die rechte geschlagen hat, ihm auch das Hemd zu geben, wenn er den Mantel nehmen will, usw. zeigte ihm dann eigens, daß man die Verletzung der eigenen Moral nicht nur hinnimmt, sondern daß man sie um des andern willen selbst will. Dies ist sicher das Schwerste im moralischen Handeln. Der andere aber wird dann vielleicht innehalten und sich plötzlich auch in seiner eigenen Moral erfahren. – Zur Gerechtigkeit vom andern her und in Bezug auf Dritte vgl. Emmanuel Levinas, *Jenseits des Seins oder anders als Sein geschieht* (frz. Orig.: *Autrement qu'être ou au-delà de l'essence*, La Haye 1974 [Phaenomenologica, Bd. 54], Neudruck Dordrecht / Boston / London 1978 u. ö.), aus dem Frz. übers. v. Th. Wiemer, Freiburg / München 1992, 342 ff. (200 ff.).

29 Vgl. Levinas, *Autrement qu'être ou au-delà de l'essence*, a.a.O., 254: »In der unvergleichlichen Beziehung der Verantwortung begrenzt der Andere nicht mehr den Selben; was er begrenzt, das trägt ihn.« (»dans la relation incomparable de la responsabilité, l'autre ne limite plus le même, il est supporté par ce qu'il limite.« 146).

# Helmut Fleischer
## Notizen über Ethik und Ethos*

Es scheint, wir leben in einer »ethischen Situation«, die immer
wieder neue philosophische Ethiken provoziert. Warum das,
warum immer wieder neue Ethiken? Ist das etwas von dem unsi-
cheren »Herumtappen«, bevor diese Disziplin den »sicheren
Gang« einer ordentlich fundierten philosophischen Wissenschaft
erlangt hat? Einer der Aktiven kündigte vor wenigen Jahren seine
Studien zur Ethik mit diesen Leitsprüchen an:

»Immer häufiger und dringlicher stellt sich im Alltag wie in der Wissenschaft die Frage, welche Grundsätze oder Maximen unser Handeln durchgängig bestimmen könnten, damit es öffentlich gerechtfertigt und vor der
künftigen Generation verantwortet werden könnte. Diese Sorge forderte
naturgemäß die philosophische Reflexion heraus, ohne daß es ihr bislang
gelungen wäre, unter den gegenwärtigen Wissensbedingungen ein begriffliches Konzept vorzustellen, das allseits gebilligt würde. Der tiefere
Grund dafür dürfte darin zu suchen sein, daß wir nicht mehr wissen, was
praktische Vernunft ist und uns ihr deshalb in unserem Denken, Reden
und Handeln auch nicht mehr uneingeschränkt verpflichtet fühlen.«

Stand es, so möchte man zurückfragen, vor jener »Zeit der Wir-
ren« darum schon einmal besser? Wußten »sie«, als »wir« noch
nicht da waren, was praktische Vernunft ist? Ist da die Eine Praktische Vernunft, der ein Zeitdenken – und mit ihm eine Ethik –
näher oder ferner sein könnte, und sind *hierin* die Schuldifferenzen zwischen den diversen und divergenten Ethiken begründet?
Wohl dem, der die Vielheit der ums Ethische bemühten Stimmen
aus der Einheit der Vernunft (oder wenigstens aus der Nähe zu
ihr) taxieren kann ... Wieviel Einheit *muß* hier, wieviel *kann* hier
sein? Der Kritik, die Annemarie Pieper an den Diskurs-Praktiken
heutiger Ethik-Matadore geübt hat, liegt das Desiderat eines

---

* Als ich diesen Beitrag abschloß, kam die Nachricht vom Tode J. M. Bo-
cheńskis, bei dem ich in den 6oer Jahren für längere Zeit als For-
schungsstipendiat gearbeitet habe. Im Gedenken an ihn erzähle ich
diese kleine Episode: Als ich ihm sehr viel später einmal berichtete, ich
hätte mich an einer Ethik versucht, machte er ein besorgtes Gesicht und
sagte: »Hoffentlich keine normative!« Ich konnte ihn in diesem Punkt
beruhigen.

»Ethik-Orchesters« zugrunde, dem *die Ethik selbst* den Takt angibt. Als Veto gegen die Prätentionen gewisser Star-Dirigenten mag diese Option verständlich sein, so wird die Angelegenheit aber kaum durchsichtig. Wie kann man denn *die Ethik* als eine direktive Real-Instanz für oder gegen *die Ethiker* anrufen? Und muß es, kann es Eine Ethik sein, eine universale noch dazu, die als die Sachwalterin der Sittlichkeit fungiert? Und dann: Wie *praktisch* kann die Ethik (*alias* »Praktische Philosophie«) *als Ethik* denn eigentlich (reell) sein, in welcher Weise ist ihr (oder *in* ihr?) das Praktische, die Praxis präsent?

## Praktisches, allzu Praktisch-sein-wollendes

In einer normativen Ethik ist das Praktische üblicherweise zuerst als *Norm* eines Sein- und/oder Tunsollens präsent. Nach einer eingespielten Register-Disposition folgt auf die »Normenbegründung« die »Normendurchsetzung«. Die Praxis ist hier als das *Zielgebiet* gedacht, in das hinein die Aktivierung eines moralischen Normbewußtseins auf ein norm-orientiertes Handeln hin geschieht. Auf diese Weise scheint die Ethik (oder der Ethiker) selber unmittelbar praktisch zu werden. Aber wenn das möglicherweise ein Fall von »ideologischem Schein« ist? Läßt sich der ganze *plexus normativus* nicht auch anders deuten? Die Moralphilosophen haben immer wieder verändernd auf die sittliche Welt einzuwirken versucht; könnte es nicht auch einmal darauf ankommen, diese Welt in ihrer Wirkweise allererst eindringend zu *interpretieren*, um klarer erfassen zu können, in welcher Weise unsereiner praktisch an ihr teilhat? Weithin wirkt die Moralphilosophie wie der Krisenstab, in dem ein guter (oder gut-machenwollender) Wille seine Kampfaufgebote wider die vielfältig andrängenden ordinären Egoismen anordnet. In dieser Eigenschaft wird »die Ethik, die wir brauchen«, denn auch oft in die Pflicht genommen. Etwas von einer existenziellen Angst waltet im Umgang mit den Moralia, oder ein forciertes ethisches Sekuritätsverlangen, das gelegentlich in den angstbesetzten Eifer einer Verfolgungsjagd auf letzbegründungs-resistente ethische Skeptiker umschlägt.

Von früh an habe ich mich darauf eingestellt, das Praktische, das der Ethik vor Augen steht oder am Herzen liegt, unter dem Titel

»Ethos« (wie Hegel das »Vernünftige«) als ein *Wirkliches* anzuvisieren, in seiner spezifischen Wirklichkeitsgestalt, in die auch alles Gesittungs-Normative als *wirkliche Potenz* eingelassen ist. Hierbei geht es nicht so sehr um bestimmte Theoreme als vielmehr um eine spezifische *Sichtweise* (oder um eine »Einheit der Apperzeption«), die sich nur als allgemein *möglich*, nicht aber als *allgemein* (für jedermann) möglich geltend machen will. In ihrer Konsequenz liegt eine Ethik, die sich bescheidener als *Auslegung des Ethos* (des eigenen wie des fremden, und beides tentativ) und als eine *Analytik der ethisch-praktischen Kommunikation* versteht. Die spezifische (konditionale) Möglichkeit einer solchen Ethik soll im folgenden nicht zur Diskussion stehen. Ich muß nur einige ihrer Positionen anführen – solche, die als bloße topographische Markierungen vielleicht am ehesten als »standpunktlich neutral« gelten können –, um dann in meine Überlegungen zum Ethos der Ethik(er) eintreten zu können.

## Ethik des Ethos[1]

Die Essentialien des Sittlichen, die Aufgebote des sittlichen Bewußtseins und die Wirksamkeiten des gelebten Ethos bilden so etwas wie eine »ethische[2] Trias«, die angesichts eines Dualismus von »Sein« und »Sollen« offenbar nur schwer als eine Trinität zu denken ist. Unmöglich, sie als Dreieinigkeit zu denken, ist es indessen nicht. Ich versuche es mit dieser Integrationsformel:

»Eine Modellbildung, die darauf ausgeht, die Formierungsleistungen im lebendigen Ethos nachzuzeichnen, wird nahezu alle Abstraktionen der moralischen Weltanschauung zurücknehmen und das abstrakt Fixierte

1 Die programmatische Skizze zu einer »Ethik des Ethos« hat Wolfgang Kluxen 1974 in einer ebenso betitelten Programmschrift vorgetragen (in der Reihe *Fermenta philosophica* des Alber-Verlags Freiburg). Er faßt den Begriff Ethos allerdings etwas anders und vor allem normativ. Die Ethik ist für ihn überhaupt die normative Lehre von der menschlichen Handlung – und zwar *sub specie* der moralischen Differenz von Gut und Böse.

2 Weil das Wort »moralisch« bei mir nicht in affirmativer Bedeutung figuriert und alles auf die Instanz »Ethos« bezogen ist, muß ich notgedrungen auch das Adjektiv »ethisch« doppelt zuordnen, je nach Kontext der ethischen Theorie oder den praktischen Attributen des Ethos.

reintegrieren: das Sollen im Wollen und beides zusammen im Wirken, die Norm in die erwirkte Anerkennung personal-interpersonaler Verbindlichkeit, die Sollensforderung in das effiziente Können, das spezifisch Sittliche in das Ensemble der Güterverhältnisse und schließlich den Fluß der moralisch-normativen Rede in eine Rechenschaft über die Wirkungen, die von den autochthon praktischen Kapazitäten des gelebten Ethos ausgehen.«[3]

Es mag wie eine methodische Direktive erscheinen, wenn ich hier, einem *integrativen Zug* folgend, dem »Zusammendenken« von Normgeltung, Normbewußtsein und Gesittungspraxis in der synthetischen Einheit des Ethos das Wort rede. Wenigstens im vorliegenden Falle dürfte es jedoch einem anderen kognitiven Register zuzuordnen sein: ich sprach von einer »Sichtweise«, was eine mehr organische Disposition anzeigt, oder ich könnte auch von einer erworbenen Unfähigkeit sprechen, die benannten Instanzen noch getrennt wahrzunehmen. Die übliche Sicht auf das Ethos kommt aus der geradezu natürlichen Mitte des aktiven Moralbewußtseins, und von dieser Mitte aus richtet sich der ethische Blick vorab auf die Essentialien des Sittlichen, die, in das moralische (zur Moralität bestimmte) Bewußtsein eingeholt oder eingebracht, zu Leitlinien des Handelns werden. Das praktische Ethos figuriert als ein Praktisch-werden des sittlichen Normbewußtseins. In der Perspektivik einer »radikal integrativen« Ethik des Ethos gibt es jene Hierarchie der Instanzen nicht. Die Gesittungsnorm ist darin kein autonomer Ursprung, sondern etwas Derivatives, das »Transformat« eines originär praktischen, aus der Wirklichkeit eines Ethos kommenden Impulses. Der Titel des »Normativen« ist hier nicht einem *Prinzip*, sondern einer *praktischen Initiation* zugeordnet. Der essentiale Sinn des normativen Impulses ist von der Wirklichkeit tätig-normativer Entitäten nicht getrennt. So konturiert die originäre konspektive Wahrnehmungsweise die ethische Begrifflichkeit. Wer die Sache nicht in dieser Weise wahrnimmt und vielleicht nicht einmal wahrnehmen kann, ist durch keine »Argumentation« dahin zu bringen, und es gibt keinen Grund, ihn dahin bringen zu wollen. Es ist nur eine äußere assoziative Verknüpfung, wenn ich darauf verweise, daß das Gesagte eine Auslegung von Hegels Kritik der Moralität ist – oder

3 Helmut Fleischer, *Ethik ohne Imperativ. Zur Kritik des moralischen Bewußtseins*, Frankfurt/M.: Fischer 1987, S. 61.

auch die Weiterung eines tradierten Satzes, der solcherart extendiert dann so lautet: Das sittliche Bewußtsein kann nie etwas anderes sein als das sittliche Sein, und das sittliche Sein der Menschen, das sind die Gesittungsqualitäten ihres wirklichen Lebensprozesses.[4] Zu den konzeptiven Integrationsschritten, die ich oben annoncierte, gehört auch die essentielle und existenzielle Einbindung des (gesittungsspezifischen, alias moralischen) *Sollens* in ein vorgängiges *Wollen*. Dies ist ein Hauptanliegen in Hans Krämers *Integrativer Ethik*. Es hängt daran nicht nur die Rehabilitierung der *Strebens*ethik als ein Zweig der *Ethik*, sondern auch ein anderes Verständnis der (in ihren Rechten bestätigten) Sollensethik oder *Moralphilosophie*, deren Monopol damit allerdings aufgekündigt ist. Ohne Wollen kein Sollen, ohne fundierenden desiderativen Güterbezug keine Gesittungsvalenz. Hierin kann man geradezu das obligate Minimum an konzeptiver Integration sehen: daß man das moralische, auf das Mitsein mit anderen bezogene *Sollen* material wie modal als das Derivat eines vorgängigen selbstbezogenen *Wollens* würdigt. Das könnte vielleicht sogar als ein »überstandpunktliches« Akquisit jeder durchdachten theoretischen Ethik gelten. Ein nächster, wiederum nicht nur für die strebensethische Balance bedeutsamer Integrationsschritt betrifft das je spezifische *Können*, das sich nur durch einen Gewaltstreich aus seiner Konjunktion mit dem Wollen und dem Sollen herauslösen ließe. Mit der Eingemeindung von Sollen, Können und Wollen in ein energetisch qualifiziertes (und bemessenes) *Wirken* ist wohl der am weitesten ausgreifende Integrationsschritt angesagt: Hier erscheint die gesamte essentiale Konstitution von Gesittungs-Normativität mitsamt allen Prozeduren des sittlichen Bewußtseins oder moralischen Bewußtmachens in die *Wirklichkeit des Ethos* eingelagert. Alles ist dann unselbständiges Moment innerhalb der Totalität des praktisch-wirklichen, multipersonal lokalisierten *gelebten Ethos* in der Trinität von Norm-Essentialien, Normbewußtsein und normativer Wirklichkeit (= Wirksamkeit). In dieser synthetischen Apperzeption ist dann nicht

4 Bei Hegel beziehe ich mich auf die §§ 141 f. der *Rechtsphilosophie*, die andere Traditionsquelle ist die *Deutsche Ideologie* von K. Marx und F. Engels, wo es heißt: »Das Bewußtsein kann nie etwas Andres sein als das bewußte Sein, und das Sein der Menschen ist ihr wirklicher Lebensprozeß« (*Marx Engels Werke* Bd. 3, S. 26).

mehr ein Moralbewußtsein die vermittelnde Mitte zwischen einem »objektiv« oder schlechthin geltenden Moralprinzip und einem daran sich orientierenden »moralischen Handeln«. Die »sittlichen Werte« sind die aktiven wie rezeptiven Gesittungs-Valenzen einer personal-wirklichen, zur Wirklichkeit lebendiger Personen gehörenden praktischen Normativität, die eine Synthesis aus Anforderungen und Anerkenntnissen ist. Die Konstituentien eines (multi-)personal zentrierten und großgesellschaftlich extendierten Ethos stellen sich in der »praxisanalytischen« Sichtweise nicht als »moralische Normen und Werte« (Prinzipien, Grundsätze, Maßstäbe o. dgl.), vielmehr als die aktiven (leistenden oder einfordernden) und rezeptiven Gesittungs-Valenzen, -Potenzen und -Toleranzen bestimmter Personen und Personen-Ensembles (mit dem Grenzwert einer Personen-Allheit) dar.[5] Was als das »normative Fundament« figuriert, ist dann nicht mehr ein satzförmig faßbares »Prinzip«, sondern eine Synthesis aus praktisch-existenzialen Affirmationen. Das Ethos läßt sich charakterisieren als eine aus solchen Affirmationen lebende, kraft ihrer normativ (aktiv normstif-

[5] Ob die sittliche Normativität in der essentialen, eidetisch reduzierten Gestalt klarer und verbindlicher zu fassen ist als in ihrer Wirklichkeitsgestalt, halte ich für einen müßigen Streit. Die essentiale Präsentation mag »reiner« anmuten, die ethos-praktische Präsenz ist jedoch die material reichere und existenziell mehr direkte, also eindringlichere. Es dürfte sich mit der reduktiven Essentialisierung so verhalten wie beim Spiel mit Kants hundert möglichen Talern, sofern diese von der »Position an sich« der Sache selbst, hier von *Personen selbst*, abgelöst gedacht sind. Nun ist dieses notorische Absehen von den Wirklichkeits-Elementen des Ethos in der ethischen (oder der moralisch-pragmatischen) Norm-Wert-Abstraktion – ebenso wie umgekehrt das Nicht-Absehen-Können – als eine Weise der mentalen Apperzeption des Ethischen selber wiederum integrales Moment in der Binnenorganisation des jeweiligen ethisch-praktischen Habitus. Zwischen einer transzendental eingewurzelten Sichtweise und einer anderen gibt es aber keinen argumentativen Diskurs. Mein Kontrahent sagt mir: Aber Sie brauchen doch einen Maßstab! Ich erwidere ihm: Einen *Maßstab* brauche ich nicht. Er kann für sich geltend machen: Mir gibt das essentiale Schema Orientierung genug, und ich sage darauf: Mir ist das nicht genug. Die Parameter der praktischen Philosophie sind selber praktisch induziert und liegen im Modus der jeweiligen Praxis-Partizipation beschlossen. Ich sehe, daß es bei mir so ist, und ich vermute sehr stark, daß es sich bei anderen nicht anders verhält.

tend) generierte und normativ wirksame Verhaltensordnung in den Güte(r)verhältnissen menschlichen Lebens und Zusammenlebens. Was man wesensontologisch als ein Reich von Werten und idealen Geltungen zu bestimmen versucht hat, stellt sich realontologisch als ein Kraftfeld dar, in welchem von jedem Individuum ein normativer Impetus ausgeht, wie es seinerseits ebensolche Impulse aus seinem engeren oder weiteren Umfeld empfängt und auf seine Weise affirmativ oder negativ beantwortet. Ich halte es für möglich, die ethische Analytik mit einer vorläufigen offenen Matrix von »Potenzen der Ethos-Formierung« in Personen und Personen-Ensembles zu eröffnen und dabei die Potenzen des bestimmt-qualifizierten Selbstseins in einen durchgängigen Bezug zu den (korrelativ ausgebildeten) Potenzen des Mitseins als die Konstitutiva von jeweils metrisch bestimmten Anerkennungs-Synthesen (der Achtung, Kooperation, Konkurrenz/Rivalität, Suprematie/Subalternität und Solidarität) zu sehen. – An die Dualität von Selbstseins- und Mitseins-Modi schließt sich in der theoretischen Rekonstruktion diejenige von Strebens- und Sollensethik an. In die angezeigten Koordinaten lassen sich nicht nur die Variablen der Alltagsmoralität, sondern auch die Gesittungsverhältnisse gesellschaftlicher Großraum-Formationen einzeichnen. Und noch dies: Alles Ethische ist wesentlich praktisch, und alles Praktische ist wesentlich geschichtlich. Wir haben es durchweg (auch hier und heute) mit Akten in einem Prozeß geschichtlicher Ethos-Formierungen zu tun. In einer Gesamtperspektive stellt sich das Ethos gesellschaftlicher Großraum-Ensembles als »Gemengelage« und in einer geschichtlichen Pluralität, weithin auch Antagonistik dar. Schon kraft der Dualität von Strebens- und Sollensmodus hat das Ethos keinen einheitlichen Nenner, es hat ihn ferner nicht angesichts der Diversität von Selbstseinsmodi (Ichstärke hier, Egozentrik dort), angesichts der Dualität von Achtung und Wohlwollen, und es hat ihn namentlich darum nicht, weil in allen gesellschaftlichen Antagonismen, den ethnischen wie den ständischen, immer auch Ethos gegen Ethos steht. Zwar ist es ein verständliches Bestreben, in den diversen Interessen-Antagonismen an eine höhere ethische Instanz appellieren zu können. Eine solche ist aber wohl nur durch eine *petitio principii* zu haben, postulatorisch. Es ist keineswegs illegitim, eine solche übergeordnete Instanz anzusetzen. Das ist jedoch ein Akt einer praktischen Gesetzgebung (oder ein präliminarer Schritt auf sie hin). In den neuzeitlichen Jahrhunderten hat sich die ethisch-praktische Gesetzgebung, soweit sie die gesellschaftlichen Großraumverhältnisse betraf, zu einem gewichtigen Anteil um den Antagonismus von »Herr und Knecht« entfaltet. Es hat nicht viel Sinn, das Herren-Ethos kurzerhand für »sittenwidrig« zu erklären, statt darin eben ein anderes, dem Bürger-Ethos entgegengesetztes Ethos zu sehen. Der Einspruch aus einer Opposition von Ethos gegen Ethos muß keinesfalls weniger entschieden sein als ein Protest im Namen einer universal gesetzten übergeordneten »Moral«. Es dürfte sich in pragmatischer Hinsicht sogar so verhalten, daß der moralische Protest der schwächere Vorbote einer kraftvolleren inter-ethischen Opposition ist.

## Ethik im Ethos

Die hier angezeigte »Ethik des Ethos« bewegt sich im Umkreis einer *Reflexionskultur*, die den Bewohnern der gängigen wissenschaftsbetrieblichen Argumentationskultur nicht ohne weiteres vertraut ist. Indessen hat alle »Argumentation« *in ethicis* ihre Schranke vor einem Innenbezirk, in den sie nicht hineinreicht und in dem sie nichts zu bestellen hat. Die primären ethisch-praktischen Identifizierungen von Selbstsein und Mitsein sind *prä-argumentativ*. Sie kommen aus einer partizipativen Selbstwahrnehmung des je eigenen Ethos und sind *repräsentativ* für dieses, oft mehr für seinen Bewußtseinsmodus, mitunter mehr für seinen Seinsmodus. Auch die philosophische Ethik nimmt nicht einen Platz außerhalb der wesentlich praktischen Ethos-Wirklichkeit ein. Auf sie läßt sich das bekannte Fichte-Dictum beziehen: Was für eine Ethik eine(r) wählt, hängt davon ab, auf welche Weise er praktisch an einem je bestimmten Ethos teilhat. Damit ist zugleich ein Ort (jedoch nicht die Gesamtheit aller Ursprungsorte) für mögliche Theorie-Differenzen zwischen Ethiken und unter EthikerInnen angezeigt, vorab und explizit auch für meine eigene Varietät. In dieser Ortsbestimmung liegt eine augenfällige Selbst-Partikularisierung, die eine »Selbstrelativierung« zu bedeuten scheint. Andere mögen finden, es sei vor allem eine Selbst*immunisierung*, mit der man die eigene Theorieposition dem argumentativen Diskurs entzieht. In der Tat entzieht man ihm damit einiges (nicht alles). Die »Dialektik« dieser Selbstrelativierung ist es, daß sie gerade für jenes Reservat einen Index von *Absolutheit* in Anspruch nimmt. Was authentische Repräsentation (und nicht bloß ideologisch-rhetorische Präsentation) eines praktischen Ethos ist, das ist einer »argumentativen Begründung« weder fähig noch bedürftig. Es ist auf eine andere Weise *rechenschaftsfähig* und in seinen inter-ethischen Relationen zu anderem Ethos ethisch-praktisch *anfechtbar*. Mit dem Grenzfall eines durchgängig privatisierten personalen Sonderethos muß man praktisch nicht rechnen. Jedes Ethos hat seinen (regional oder charaktero-logisch) bestimmten Wir-Index, so auch das neuzeitliche Ethos einer tendenziell durchgängigen zivilen Vergesellschaftung. Je radikaler eine betont hermeneutische und auto-hermeneutische Ethik in der Reflexion ihres ethisch-praktischen Ortes verfährt, um so weniger wird sie diesen Ort und sich selbst als Ethik *institutionell* definieren. In seiner Replik an Annemarie Pieper weist Hans Krämer das Ansinnen einer »Selbstrelativierung« der eigenen ethischen Theorieposition als unbillig zurück, und er legt Einspruch dagegen ein, wie diese Kontrahentin die *Integrative Ethik* als eine Richtung neben anderen plaziert.[6] Ich sagte schon, wie ich eine nicht angesonnene, sondern frei bejahte »Selbstrelativierung« durchaus mit einer ungebrochenen Selbstaffirmation, ja sogar mit einem positionellen »Absolutismus« für vereinbar erachten kann. Und dies auf den mehreren Stufen (a) eines praktischen Ethos in seiner Differenz zu anderen, (b) eines Typus von Ethos-Partizipation und (c) eines Modus von ethisch-theoretischer Begrifflichkeit. Nur erhebe ich nicht für dies alles einen imperial übergreifenden, sondern nur einen defensiven Geltungsanspruch – und dazu noch manche Erwartungen, die ich nicht deklarativ verstärken muß.

## Anmerkung über Ethos und Moralität

Mit dem Modus der Partizipation am Ethos (rezeptiv/aktiv, institutionell/außerinstitutionell) hängt es zusammen, wie eine integrative Ethik nicht nur die »strebensethische« und die »sollensethische« oder *moralische* Normativität einander zuordnet, sondern

---

6 Vgl. Hans Krämer, »Erwiderung: Autistisches oder parasitäres Philosophieren?«, in: *Ethik und Sozialwissenschaften* 5, 1994, Heft 4, S. 629 f.

zuvor schon jede der beiden Normativitäten für sich faßt. Während Hans Krämer den Funktionskreis des Sollens durchaus affirmativ der *Moralphilosophie* zuweist, folge ich der Hegelschen Tradition und setze einen kritisch eingegrenzten Begriff des Moralischen an. Moralisch ist eine Gesittungsnormierung danach nicht schon dadurch, daß sie *Verbindlichkeiten gegenüber den Anderen* statuiert. Für viele fängt die Domäne des Ethischen ja erst damit an, daß der Mensch Pflichten gegenüber den Anderen hat; das Ethos dieser Pflicht-Moralität ist altruistisch halbiert. Dazu kommt noch jene eigentümliche mentale »Formbestimmtheit« und Instanzen-Konfiguration, in der sich Hegel die Sache der Moralität dargestellt hat: Wie sich in ihrem Umkreis eine abstrakte, nur *gut-sein-sollende* Subjektivität ihr Maß an einem abstrakten, nur sein-sollenden Guten findet.[7] Charakteristisch für die »moralische Weltanschauung« ist ferner, wie die Freiheitsvermutung zum Freiheits*diktat* des »du kannst, denn du sollst« wird und das Gut-sein zum moralischen Verdienst, das Verfehlen des Guten zur Schuld gereicht. Alles in allem ist die spezifisch *moralische* Kommunikation zwischen den Advokaten guter Gesittung und den »Normadressaten« (wie der moralphilosophische Jargon sie nennt) eine recht unverbindliche Art des Verbindlichmachens von Gesittungsverbindlichkeiten. Schließlich wäre noch kritisch anzumelden, daß eine meistens unitarisch verstandene und angerufene »Moral« kaum die angemessene Bewußtseinsform sein kann, in der sich die großen geschichtlichen Kollisionen ethisch-diagnostisch und ethisch-pragmatisch angehen ließen. Man hat es hier schwerlich mit Abirrungen von der einen Moral, sondern mit inter-ethischen Relationen anderer Art zu tun. – Wenn man die alltagspraktische und die ethisch-doktrinale Fixierung an der so verstandenen *moralischen Bewußtseinsform* als »Moralismus« bezeichnet, ist der »Immoralismus« der komplementäre Gegenmodus. Die Ethik des Ethos ist, wenn man diesen provokanten Titel vermeiden möchte, jedenfalls »transmoralisch«. Ihr transzendental-reflexiver Angelpunkt ist die ethisch-praktische Selbstlokalisation des Theorie-Subjekts, des Ethikers.

7 Vgl. *Rechtsphilosophie* §§ 141 f.

# Ethisches Engagement, theoretische Ethik

Wo man die Ethik als »praktische Philosophie« tituliert, setzt sich leicht die Ansicht fest, die philosophische Ethik sei ebendamit selber praktisch; und eine Ethik, die sich im Umkreis des aktiven Moralbewußtseins ansiedelt, partizipiert üblicherweise an dessen gut-machen-wollender Intention. Welcher Ethiker wird schon sagen, er wolle mit seiner Botschaft nichts zur Beförderung der Sittlichkeit beitragen? Für meinen Teil habe ich es aber eben so deklariert: nicht den sittlichen Willen bilden, sondern ein ethisches Wissen befördern ist die Devise einer praxisanalytischen Ethik des Ethos.[8] Nach Art eines Theorems angeschrieben könnte die Prämisse so lauten: Verbal-normative Aufgebote können etwas Ethisch-Praktisches nur *indizieren*, nicht aber *induzieren*. Reelle ethische Induktion vollzieht sich von Personen zu Personen auf praktisch-energetischen Übertragungsbahnen. Doch das ist nicht so sehr eine Theorieposition; es ist vielmehr so etwas wie der Modus einer primären lebensweltlich-praktischen Apperzeption, und es erfährt im theoretisch-ethischen Diskurs nur eine sekundäre Theorisierung. In der Immanenz eines gelebten Ethos ist die ethische Rede, so auch die der ethischen Theorie, nur *Auslegung dieses Ethos* in seiner Differenz zu anderem, fremdem bis gegensätzlichem Ethos, und sie will auch nichts anderes sein als solche Interpretation oder *Rechenschaftslegung*. Ethik ist hier nicht *Doktrin*, aber auch nicht *Theorie* in einer gegenständlichen Einstellung; sie ist weder präskriptiv noch deskriptiv, nicht *instrumentell*, sondern *repräsentativ*. Genau genommen ist ethische Theorie nur der zu intersubjektiver Verständigung unternommene Versuch einer sekundären »Versprachlichung des Ethischen«, das als Praktisches *autochthon* ist. Eine philosophische Ethik, noematisch eine *Auslegung*, ist funktionell von ihrem lebensweltlichen Fundus her ein »Ausleger« des praktischen Ethos ihres Promotors – natürlich niemals dessen volle Repräsentation und auch nicht nur Repräsentation von dessen Allgemein- und Kardinal-Charakteren. Wie in jede Theorie-Arbeit geht in die des Ethikers beliebig viel Einzelpersönlich-Kontingentes ein, auch Zunft- und Milieuspezifisches bis Modisches und Lektürebedingtes. Es hängt von der Angespanntheit oder Entspanntheit der Zeitlage ab, ob die

8 Vgl. *Ethik ohne Imperativ*, a.a.O., S. 86.

Philosophen-Ethik in höherem Maße etwas von einer ethisch-praktischen Zeitbewegung mitrepräsentiert oder vorwiegend interne Zunftverhältnisse und -konkurrenzen mit ihren diversen Varianten von Ethiker-Ethos. Annemarie Pieper hat in dieser Blickrichtung einige Sondierungen versucht – mit unterschiedlicher diagnostischer Treffsicherheit.[9] In meiner Replik[10] ließ ich anklingen, daß mir das Zunft-Interne vorerst zu überwiegen scheint.

## Ethik-Konjunktur:
## Ethische Situation und ethische Zunft

Will man diagnostisch bestimmen, wie sich die Zeitsituation der Ethik in die »ethische Situation der Zeit« einfügt, so wird man die Sondierung in verschiedenen konstitutiven Schichten anzusetzen haben. Die Ethik, heißt es, »hat Konjunktur«, und mit der Popular-Ethik auch die Philosophen-Ethik. Zu bedenken ist indessen, ob hier nicht einiges an Mißverständnis im Spiel ist und bei der regen Betriebsamkeit nicht auch prinzipiell ein Mißverhältnis besteht. Sichtlich ist eine gewisse Verunsicherung in die Zeitbewegung gekommen, aber gerade eben so viel oder so wenig, daß kaum etwas von den heranrückenden Problematiken schon diagnostisch bestimmt oder gar spruchreif geworden wäre. Gerade diese Ungeklärtheit, die schon seit dem Abklingen des »Wirtschaftswunders« andauert, ist die Stunde diverser Aufklärungs-Aufgebote, nun auch eines Aufgebots an »ethischer Aufklärung«. Um 1968 kam da zuerst eine Welle von polit-revolutionären Aktivismen auf. Nach deren Erschöpfung (dank Teil-Erfolgen auf dem Marsch nicht »durch«, sondern *in die* Institutionen) hat der lokale Weltgeist, wie einst von Hegel protokolliert (und sogar ohne dafür in ein »anderes Land« überwechseln zu müssen) den Weg von der Konstellation »absolute Freiheit/Terror« zur *moralischen Wende* der 80er Jahre vollführt. Wie hat die Philosophen-Ethik einen Anteil an dieser Zeitgeist-Bewegung? Insgesamt ist damit zu rechnen, daß eine nicht gerade hoch-aktive Gegenwartsphilosophie gewiß auch auf ihre Weise an dieser übergreifenden

---

9 »Moralphilosophie kontrovers«, in: *Ethik und Sozialwissenschaften* 5, 1994, Heft 3, S. 363-370.
10 »Wir Diskurs-Barbaren«, ebd., S. 377-379.

Bewegung partizipiert, aber doch mehr von ihren eigenen Zunft-angelegenheiten okkupiert ist. Es war wohl auch schon eine Zeit-geist-Regung im Spiel, doch die Bewegung zur »Rehabilitierung der praktischen Philosophie« (gegen den Suprematismus der »Wissenschaftstheorie«) dürfte ihre zureichenden Gründe schon auf der anderen Linie der philosophischen Schulen-Balance ge-habt haben. Im Negativen fällt auf, daß die »Wiederkehr« der *Geschichte* gerade nicht ebenbürtig von einer Wiederbelebung der philosophischen Reflexion über sie präludiert und begleitet war. Das machte sich nachteilig bemerkbar, als sich der deutsche »Hi-storikerstreit« entzündete. Er war denkbar untheoretisch und un-philosophisch intoniert und geriet ins Fahrwasser eines (un)histo-rischen Moralismus, so den Zeitzug der moralischen Weltan-schauung verstärkend. Von einer Rehabilitierung des *philosophi-schen Geschichtsdenkens* kann also kaum die Rede sein, aber die Vorboten der »ökologischen Krise« haben immerhin eine Rehabi-litierung der Naturphilosophie begünstigt. Die besagte Ethik-Konjunktur ist am stärksten von popular-ethischen Initiativen wie Hans Jonas' *Prinzip Verantwortung* belebt worden und hat augenscheinlich einen signifikanten Zeitbewegungs-Index. Ande-rerseits ist eine Korrektivbewegung wie Hans Krämers Rehabili-tierung der Strebensethik wider den Monopolismus der Moral-philosophie wenn überhaupt, dann doch nur zum geringeren Teil von jener Konjunktur angestoßen worden. Doch wird man die *Integrative Ethik* andererseits auch nicht gänzlich *sub specie* der inner-ethischen Theorie-Balance sehen dürfen, wie triftig sie in dieser Hinsicht auch sein mag. Es könnte sehr wohl sein, daß die Abkehr vom vorherrschenden Moralismus zwar keinen ubiquitä-ren Zeitgeist-Index hat, jedoch einen im engeren Umkreis höherer Bildung. Man muß über die Paralogismen der Moral heute nicht mit der Heftigkeit eines Nietzsche herfallen, für ein produktives Unbehagen am moralischen Bewußtsein besteht jedoch einiger Grund. Ich sprach von einem Mißverhältnis, und ich sehe es all-gemein darin, wenn auf eine beginnende ethisch-soziokulturelle Verunsicherung ein Großaufgebot normativer Ethik antwortet. Was wäre angesichts von so viel ethischer Aufklärung das Votum einer aufgeklärten Ethik? Zuerst einmal eine diagnostische Besin-nung: Wenn in der Bewegung einer komplexen Gesellschaft etwas auf eine ethische Innovation oder Reformation hinarbeitet, so ist dies niemals bloß Sache irgendwelcher Anforderungen und Bereitschaften, sondern stets auch Sache von neu sich entfaltenden *Befähigungen* oder Kompetenzen, etwas auf eine neue Weise zu *organisieren* und zu koordinieren. Was immer in unserer modernen Großgesellschaft anstehen mag – es würde bestimmt nicht von einer religiös-ethischen Massenbewegung vorangebracht werden, aber auch nicht von einer Tyrannis. Das A und O wäre eine Selbstorganisierung höherer Kompetenzen, also einer Fundamentalpolitik von höherer Verbindlichkeit. Deshalb konnte ich in den 80er Jahren nicht in den Ruf einstimmen: »Wir brauchen eine neue Ethik.« Ich befand vielmehr, daß der Ruf nach neuen moralisch-normativen Richtlinien für unseren Gesellschafts- und Zivilisationsprozeß ein Indikator dafür sei, daß eine politisch höherstufige Handlungsmöglichkeit entweder gerade verlorengegangen ist (was mir unser Fall nicht zu sein scheint), oder daß sie sich angesichts aufkommender Problematiken noch nicht wieder eröffnet hat. In diesem Falle wäre eine hoch-aktive normative Ethik der Vorbote einer Politik-Initiative, die ihrer selbst, ihrer Themen, Kräfte und Aktionsformen noch nicht recht gewiß ist.[11] Das besagte Mißverhältnis kann ein temporäres sein. An die Stelle einer normativen Ethik tritt somit eine *ethische Heuristik* – selbstredend eine strebensethisch erweiterte und nicht eine aufs Nur-Ethische borniierte. Das Schlüsselamt bekommen darin nicht die professionellen Ethiker zugewiesen.

## Um das Ethos der Ethiker

Philosophische Ethiker stehen nicht als Schiedsrichter über dem Ethos, sie sind nicht die »Lehrer im Ideal« (Kant), sie stehen nicht als Experten für ethische Entscheidungsfragen bereit, nicht als Mentoren einer moralischen Ordnung moralisch-praktischer Diskurse. In allen kardinalen gesittungspraktischen Belangen sind sie *einfache »Mitbürger« im Ethos,* und sie partizipieren jeder auf seine Weise an den ethisch-praktischen Profilierungen, die sie mit jeweiligen Typus- und Tonusgruppen des Sozialmilieus teilen. Geht man nach den praktischen Manifestationen und nicht nach den rhetorischen Deklarationen eines persönlichen oder gruppenspezifischen Norm-Ethos, so wird man finden, daß überall die

11 So im Vorwort von *Ethik ohne Imperativ*, a.a.O., S. 11.

Grundtypen des großgesellschaftlichen Ethos wiederkehren: die gleichen Partikularismen und Reichweitenbegrenzungen sozialer Solidarität, die gleichen Suprematismen je eigener Geltungsansprüche, die gleichen Rivalismen der Selbstbehauptung, die gleichen Verhältnisse von Achtungsbereitschaft (»mit beschränkter Haftung«), die gleichen Kulturformen der Kooperativität. Kurz und gut, das Ethos der Ethiker ist ein milieuspezifisch teil-repräsentatives Gliedstück im »Betriebs-Ethos« des betreffenden Gemeinwesens. Die Ethik als thematisches Segment und als professionelle Sphäre hat im Blick auf das Ethos keine verbindende »gemeinsame Aufgabe«. Ich gehöre nicht zu einer Ethiker-Einheitsfront, weil ich »auch ein Ethiker bin«. Was der eine oder der andere Ethiker im Raum des Ethos praktisch bedeutet, ist kontingent. Als Annemarie Pieper diverse Mißklänge beklagte, die im »Konzert der Ethik« zu vernehmen sind, suchte ich »abzuwiegeln«. Es wäre das erstemal, daß in der Vielfalt ihrer Stimmen die Einheit einer »praktischen Vernunft« spräche. Wenn ich mir etwas zu wünschen hätte, wäre es dies, daß den Zunftdifferenzen unter den Ethikern wirklich auch Differenzen im praktischen Ethos entsprächen, also *politische* Differenzen von höherem öffentlichen Interesse wären, für eine Öffentlichkeit, die mehr Interesse an philosophischer Kontroverse als an philosophierender Konversation hätte. Wie sich in unserer derzeitigen Raum- und Zeitlage die Dinge darstellen, sind dies nicht schon wieder ganz akut und unabweisbar »Jahre der Entscheidung«. Das Interim, in dem wir uns befinden, ist allenfalls (und wahrscheinlich) eine Inkubationszeit. Die Schuldifferenzen der Philosophen-Ethik sind nicht repräsentativ für konträre Grundströmungen der politisch-ethischen Kultur, wie sehr manche Wortführer auch bestrebt sein mochten, für bestimmte öffentliche Aktivitäten oder Kontroversen (wie die »Friedensbewegung« oder den deutschen »Historikerstreit«) eine hoch-moralische Bedeutsamkeit zu reklamieren. Man darf annehmen, daß die Positionsdifferenzen mehr zunft- und klientel-spezifischer Natur sind. Statt mancher Unleidlichkeiten im literarischen Gestus und im forensischen Gehabe dieser oder jener Matadore könnte man die zünftlerische Introversion der Ethiker-Diskurse beklagen, einen mangelhaften Bezug auf die »ethische Situation der Zeit«, auf die praktische Aktualität des gelebten Ethos. Doch auch daraus ist keine kategorische Anforderung zu machen. Niemand kann allezeit nur das Eine bedenken, das »not tut«, zumal nicht in einer Zeit des Interim. Und in einer notgedrungen arbeitsteiligen Zunft und angesichts einer komplexen Situation kann nicht jeder gleichermaßen für alles und jedes zuständig sein. Ein Interim ist auch die Zeit für grundlagentheoretische Vertiefungen, und gerade die Ethik kann solche in ihrem derzeitigen konzeptiven Zustand sehr wohl brauchen.[12] Ob es nun um das »Eine, das not tut« oder um das Viele zu tun ist, das sonst noch zu bedenken ist – es täte der Philosophen-Ethik nach meinem Dafürhalten nicht schlecht, wenn sie sich nach theoretischen Schulrichtungen und nach ethisch-praktischen Loyalitäten deutlicher fraktionierte. Dieses zweite steht allerdings erst zu erwarten, wenn in der außerphilosophischen Praxis selbst gewichtigere Divergenzen des Ethos hervortreten und die Frage akut wird, welche Art von philosophisch-ethischer Reflexion und Begrifflichkeit dem Metier dieser Praxis wohl am ehesten gerecht wird. Doch das erste dürfte schon im weiteren Vorfeld möglich sein. Ich meine, mit dem Titel *Integrative Ethik* hat Hans Krämer (auch wenn er auf ein »wahres Ganzes« zielen sollte) den Rahmen für eine *Arbeitsrichtung* abgesteckt, die in vieler Hinsicht ein höheres Maß an Praxistransparenz und »Verständigungs-Rationalität« verheißt.

12 Noch dringlicher vielleicht als eine »Verwilderung der Sitten« im Diskurs um das Sittliche wäre eine Verwahrlosung im Methodischen und Kategorialen ethischer Theoriebildung zu monieren. Auch in dieser Hinsicht begrüße ich Hans Krämers Arbeit als wichtigen Beitrag zu einer neuen ethisch-theoretischen Disziplinarität.

# Reiner Wimmer
## Anfragen an die *Integrative Ethik* Hans Krämers aus philosophisch-anthropologischer Perspektive

## Vorbemerkung

Zuvörderst sei ein persönliches Bekenntnis abgelegt. Bei meinen Bemühungen, das Gesamtfeld der Moralphilosophie systematisch zu strukturieren, sind mir die Resultate intensiven philosophischen Nachdenkens, die Hans Krämer in seiner *Integrativen Ethik* (Frankfurt a. M. 1992) niedergelegt hat, eine große Orientierungshilfe. Nicht erst durch neohegelianisch, neoaristotelisch, kommunitaristisch oder sozialistisch akzentuierte Debatten, in denen häufig der sokratische, stoische, christliche und nachchristlich-neuzeitliche Gewinn an individueller Autonomie und Selbstbestimmung zur Disposition steht, war ich auf umfassendere Konzeptionen der Ethik eingestellt, sondern schon durch die mir zunehmend problematisch erscheinende Auffassung von Moralität als höchstem Zweck menschlichen Daseins – ›Moralität‹ verstanden als Inbegriff durchaus begründeter oder, zumindest dem Anspruch nach, begründungsfähiger unbedingter mitmenschlicher und gesellschaftlicher Verpflichtetheit. Konkrete Anregungen bot dann die Beschäftigung mit antiker und hellenistischer Ethik (Aristoteles, Epikur, die Stoa), die sokratische Frage nach dem richtigen, dem guten, dem glückseligen Leben neu zu stellen. Daß sie nur im umfassenden Rahmen einer Philosophischen Anthropologie zureichend beantwortbar ist, zeigte sich mir in der Beschäftigung mit Wilhelm Kamlahs vor gut zwanzig Jahren erschienenem Werk mit dem Titel *Philosophische Anthropologie. Sprachkritische Grundlegung und Ethik* (Mannheim/Wien/Zürich 1973), das erstmals ein durch die Sprachanalyse geschärftes begriffskritisches Bewußtsein in die Anthropologie einträgt. Kamlahs Untersuchung besteht aus zwei Teilen: einem deskriptiven, in dem gewisse anthropologische Grundtermini sprachkritisch eingeführt werden, und einem mit ›Ethik‹ überschriebenen zweiten Teil, der aus zwei Kapiteln sich zusammensetzt: Das erste Kapitel behandelt die sog. ›Normative Ethik‹, auch ›Moralphilosophie‹ genannt, das zweite Kapitel die sog. ›Eudämonistische Ethik‹, auch mit ›Philosophie als Lebenskunst‹ umschrieben. Während aber Kamlah die Normative und die Eudämonistische Ethik – in dieser Reihenfolge – lediglich nebeneinanderstellt und abhandelt, ohne ihre interne Bezogenheit zum Thema zu machen, bedenkt Krämer diese eigens und kommt zu dem mich überzeugenden Ergebnis, daß – in meinen Worten – dem selbstbestimmten Leben des einzelnen der Primat zukommt, demgegenüber Moral eine dienende Funktion hat, die allerdings so weit gehen kann, eines Menschen Ansprüche an andere auf solche Bedingungen einzuschränken, unter denen alle von wechselseitigen Ansprüchen Betroffene ihrer jeweiligen Art der Lebensgestaltung unter den gegebenen Umständen in gegenseitigem Einvernehmen maximal folgen können.

Dem skizzierten Schwerpunkt meiner augenblicklichen philosophischen Bemühungen gemäß möchte ich mich im folgenden vornehmlich, wenn auch nicht ausschließlich, mit der anthropologischen Grundlegung der von Hans Krämer als ›Strebens-‹ und als ›Sollensethik‹ bezeichneten beiden Hauptteile oder hauptsächlichen Dimensionen der somit von ihm rechtens als ›mehrdimensional‹ angesprochenen Ethik (z. B. 75, 91) beschäftigen. Die Adjektive ›ethisch‹ und ›moralisch‹ seien mit Krämer, wenn auch entgegen den üblichen philosophischen Sprachgebräuchen, diesen beiden Ethiktypen zugeordnet: Ethisch ist das, was die Strebensethik anrät, moralisch das, was die Sollensethik gebietet. (Dieser Sprachgebrauch ähnelt übrigens jenem, den Jürgen Habermas seit kurzem pflegt, so in seinem Vortrag von 1988 »Vom pragmatischen, ethischen und moralischen Gebrauch der praktischen Vernunft«, veröffentlicht in dem Aufsatzband *Erläuterungen zur Diskursethik*, Frankfurt a. M. 1991.) Meine Überlegungen zum Verhältnis von Anthropologie und Ethik machen zum Teil Gebrauch von schon andernorts vorgelegten Erwägungen[1], suchen

1 »Zur Eigenart moralischer Beurteilungen und ihrer anthropologischen Begründung«, in: Jean-Pierre Wils (Hg.), *Orientierung durch Ethik? Eine Zwischenbilanz*, Paderborn 1993, S. 149-167; »Anthropologie und Ethik. Erkundungen in unübersichtlichem Gelände«, in: Christoph Demmerling / Gottfried Gabriel / Thomas Rentsch (Hg.), *Rationalität*

sie jedoch in Auseinandersetzung mit der Integrativen Ethik Krämers zu vertiefen. Bevor ich aber in diese Erörterungen eintrete, sei ein sehr grundlegendes Problem angeschnitten, das die Integrative Ethik aufwirft.

## Kognitivistische oder nicht-kognitivistische Metaethik

Vor allem im ersten Kapitel, dann aber, z. T. mit Rekurs hierauf, vereinzelt an späteren Stellen äußert sich Hans Krämer zu den vorgeblichen und den tatsächlichen Rationalitätsansprüchen der Strebens- und der Sollensethik (bes. S. 31-64, 96, 176/77, 268). Nicht seine teilweise polemisch zugespitzten Einwendungen gegen zeitgenössische metaethische Positionen neokantianischer oder neohegelianischer Art interessieren hier primär, sondern seine Kennzeichnungen der eigenen Position. Hier ist Krämer der Ansicht, daß die Strebensethik einen höheren Rationalisierungsgrad aufweise als die Sollensethik: »Entgegen einer verbreiteten Meinung ist der Rationalitätsgehalt der Strebensethik, in der Vorzugsordnungen von Zielen, Mitteln und Wegen eine viel ausgedehntere Rolle spielen, größer als derjenige der Moral und Moralphilosophie« (57).

Folgender Abschnitt bringt Krämers metaethische Position umfassend, gleichsam als Quintessenz früherer Erörterungen, zur Sprache:

»Auch unter modernen Voraussetzungen genügen die nichtmoralische Lebensführung und die Strebensethik im ganzen einem höheren rationalen Standard als die Moral und Moralphilosophie. Auch wenn die letzten Zielsetzungen notwendig emotiv und volitiv bestimmt bleiben, lassen sich doch die Bedingungsfolgen und Mittel-Zweck-Relationen, aber auch die Vorzugsordnung bis zu einem gewissen Grade rationalisieren, während die Moral nur unter verantwortungsethischen Gesichtspunkten Vergleichbares aufzuweisen hat. *Die Moral ist wesentlich emotivistisch aufzufassen*, mit einer unaufhebbaren Querlage zu ursprünglichen oder sekundären rationalen Begründungen, auch wenn die Normen- und Kontextkontrolle im einzelnen Ansätze zu rationaler Argumentation bieten mag. Dabei ist davon auszugehen, daß konsensuelle Allgemeinheit und apodiktische Allgemeingültigkeit keineswegs Rationalität verbürgen, sondern in Bezug auf

*als Lebensform. Festschrift für Friedrich Kambartel* (erscheint 1995 im Suhrkamp-Verlag Frankfurt a. M.).

Rationalität neutral und gar nicht abschätzbar sind. Demgegenüber ist die Lebensführung des Einzelnen viel leichter und unmittelbarer rationalisierbar und in ihrem Rationalitätsgehalt kontrollierbar und korrigierbar. *Es empfiehlt sich daher für die Strebensethik die Annahme eines relativen Kognitivismus und Logizismus in Bezug auf die Lebensführung wie für die Moralphilosophie eines relativen Nonkognitivismus und Nichtlogizismus bezüglich der Moral*« (176/77; *Hervorhebung von mir*).

Nach Krämers eigenen Voraussetzungen, wonach die Sollensethik gegenüber der Strebensethik sekundär ist, weil sie die Selbstbestimmungs- und Glücksansprüche in Konfliktsituationen auf die Bedingungen wechselseitiger Achtung als Personen und auf die gerechte Zuteilung von Lebens- und Glücksgütern beschränkt, kann ich die von ihm behauptete Asymmetrie bzgl. des Kognitivismus zwischen Strebens- und Sollensethik nicht sehen. In der Sphäre der Moral wird ja lediglich geltend gemacht und zum Austrag gebracht, was in der des Ich und des Selbst an Selbstbestimmungs- und Glücksansprüchen entsteht. Daß »die Lebensführung des Einzelnen viel leichter und unmittelbarer rationalisierbar und in ihrem Rationalitätsgehalt kontrollierbar und korrigierbar« ist – jedenfalls in der Regel –, beruht auf der trivialen Tatsache der größeren Komplexität einer Situation, in der die Ansprüche mehrerer Individuen oder gar mehrerer Gruppen, Organisationen oder Gemeinschaften aufeinander treffen. Daß dann im Einzelfall und in manchen Situationstypen vielleicht grundsätzlich ihre Überkomplexität unsere Erkenntnis- und Handlungsmöglichkeiten überfordert, macht ja das vernünftige Argumentieren nicht obsolet und sinnlos, sondern dient sogar und gerade in diesen Fällen einerseits der genauen Bestimmung dieser Erkenntnis- und Handlungsschranken, andererseits der rationalen Bewältigung solcher Aporien. Schließlich ist stärker, als es Krämer in dem zitierten Abschnitt tut, die Analogie zwischen der Strebensethik und der verantwortungsethisch akzentuierten Moral bzgl. der Ausarbeitung von Bedingungsfolgen, Mittel-Zweck-Relationen und Vorzugsordnungen zu betonen. Denn nach solchen Abfolgen oder Ordnungen läßt sich nicht nur in intra-, sondern auch in interindividueller Perspektive fragen, und in beiderlei Hinsicht können Konflikte auftreten, die, weil von gleicher Art, auch gleichartige Lösungen erfordern. So lassen sich in beiden Bereichen bspw. unverträgliche bedingte Bedürfnisse ggf. durch miteinander verträgliche, aber im Hinblick auf ihre jeweiligen

Grundbedürfnisse funktionsäquivalente Bedürfnisse ersetzen. Oder es läßt sich zeigen, daß ein Konflikt nur scheinhaft ist, z. B. wenn ein Bedürfnis als Grundbedürfnis aufgefaßt wird und so mit anderen Grundbedürfnissen konkurriert, sich aber bei kritischer Prüfung herausstellt, daß es angemessener als bedingtes, also untergeordnetes und insofern relatives Bedürfnis zu verstehen ist.

Die angedeuteten Möglichkeiten der Beilegung von intra- und interpersonellen Bedürfniskonflikten gehören einem Typ von Kritik an, der als ›relative‹ oder ›interne‹ Bedürfniskritik zu kennzeichnen ist; denn eine solche Kritik ist auf eine faktisch bestehende und, zunächst jedenfalls noch, unhinterfragte Bedürfnis*basis* bezogen. Insofern handelt es sich hier um eine *relative* Kritik. Sie kann als eine Art materialer, also nicht formallogischer Konsistenzprüfung angesehen werden, weil in interner Perspektive lediglich die Möglichkeit besteht, Bedürfnisse daraufhin zu beurteilen, ob sie miteinander verträglich sind. Unverträglichkeiten der bezeichneten Art würden dann dadurch ausgeräumt, daß man die höherrangigen oder grundlegenderen Bedürfnisse angemessen zur Geltung bringt. Konflikte zwischen wirklichen Grundbedürfnissen lassen sich auf diese immanente oder interne Weise nicht mehr beilegen. Hier wird eine externe Beurteilung erforderlich. Aber ist sie überhaupt rational möglich?

Hans Krämer bestreitet dies. Insofern vertritt er metaethisch einen non- oder antikognitivistischen Standpunkt im strengen Sinne, der ja nicht die Begründbarkeit im Sinne der (logischen, zweckrationalen oder sonstwie regelgemäßen) Ableitbarkeit oder funktionsäquivalenten Substituierbarkeit untergeordneter Bewertungen, Normen, Interessen oder Bedürfnisse von solchen höheren Ranges bestreitet. Er bestreitet m. a. W. also nicht, daß *innerhalb* bestehender Präferenzsysteme rationale Werte- und Normenkritik geübt werden kann, wohl aber, daß dies bzgl. der diese Systeme *leitenden* Werte und Normen möglich ist. Ob es angemessen ist, Krämers nicht-kognitivistischen Standpunkt näherhin als ›Emotivismus‹ zu kennzeichnen, möchte ich trotz vereinzelter Hinweise bei Krämer offenlassen; es würde seine Position m. E. zu eng mit einer, wie mir scheint, zu Recht längst kritisch überholten metaethischen Position der skandinavischen und angelsächsischen Sprachanalyse früherer Jahrzehnte verbinden.[2] Be-

2 Vgl. meinen Artikel »Emotivismus« in: Jürgen Mittelstraß (Hg.), *Enzy-*

deutungsvoller erscheint mir, daß Krämer gelegentlich (z. B. 54, 176) das Wort ›emotiv‹ nicht methodologisch, sondern gegenstandsbezogen verwendet, nämlich als Kennzeichnung dessen, womit es Strebens- und Sollensethik letztlich zu tun haben: das Streben der Menschen. Das Wort ›emotiv‹ würde dann lediglich hervorheben, daß der Gegenstand der Ethik nicht vernunfterzeugt, sondern der praktischen Vernunft vorgegeben ist.

Auf der nonkognitivistischen Linie liegt aber noch folgende Akzentuierung Krämers: Er betont an mehreren Stellen (z. B. 58 f., 93, 249 f.), daß in der fundamental anthropologischen Perspektive der Neuzeit nicht mehr, wie in klassischer Antike und im Aristotelismus des Mittelalters, in der Vernunftfähigkeit das Proprium des Menschseins gesehen werde, sondern in der Wahl- und Willkürfreiheit zu beliebiger Selbstbestimmung. »Diese ganz formal gehaltene und daher vormoralische Selbstbestimmungskompetenz, die als Anthropologisches Radikal allen inhaltlichen Bestimmungen vorhergeht und damit dem postnominalistischen Pluralismus korrespondiert« (93), »grenzt nun den Menschen vom Tier nicht wie die Antike durch kognitive Spezifica (›animal rationale‹), sondern voluntaristisch durch seine Entscheidungs- und Schöpferfreiheit ab« (249).

Krämers hier und andernorts sich findende Berufungen auf angebliche oder wirkliche Züge neuzeitlichen, modernen und postmodernen Denkens und Eingestelltseins – daß es bspw. nominalistisch, voluntaristisch, pluralistisch sei - fordern den Einwand heraus, hier fehle es an kritischem Bewußtsein gegenüber dem angeblich oder wirklich herrschenden Epochengeist. Eine definitive Widerlegung jeder nicht weiter problematisierten und diskutierten Einschätzung dessen, was heute im Bereich der praktischen Philosophie an Grundlegung noch denkerisch möglich ist, hätte im Vollzug zu demonstrieren, (a) daß es eine Strebens- und Sollensethik gibt, die 1. sowohl ihre vorethischen basisanthropologischen Grundlagen als auch ihre strebens- und sollensethischen Grundsätze vernünftig ausweist und erläutert und die 2. die dabei zur Anwendung kommenden methodischen Standards kritisch reflektiert und einsichtig macht, und (b) daß es eine rationale Anthropologie gibt. Das unter (a) genannte Programm einer rationa-

*klopädie Philosophie und Wissenschaftstheorie*, Bd. 1, Mannheim / Wien / Zürich 1980, S. 539 f.

len Strebens- und Sollensethik kann ich, verständlicherweise, hier nicht in Angriff nehmen. Denn dazu wäre, wie jeder Sachkenner weiß, eine sehr weiträumige Diskussion zu führen. Nur vor einem derzeit naheliegenden Mißverständnis sei gewarnt: Eine rationale Grundlegung der Ethik hat nichts mit gewissen Stilisierungen von Letztbegründungsprogrammen gemein, die Begründung als formale oder gar logische Ableitung verstehen oder das Fundament, auf dem die Ethik ruht, außerhalb von ihr suchen. Stattdessen gälte es zu begreifen, daß Fundamentalanthropologie und Ethik eine gemeinsame Basis haben. Diesem eingeschränkteren Thema möchte ich mich nun zuwenden.

## Fundamentalanthropologie und die Grundlagen der Ethik

Krämer unterscheidet zwischen einer Fundamentalanthropologie und einer »Anthropologie in praktischer Absicht« (235 f.). Jene hat die anthropologischen Konstanten oder Invarianten, diese in differentieller Betrachtungsweise sog. ›typologische Variablen‹ herauszuarbeiten. Jene ist theoretisch und verfährt deskriptiv oder konstruierend, weshalb sie von Krämer auch ›theoretische Anthropologie‹ genannt wird (249, vgl. 225); diese nimmt Wertungen vor, indem sie bspw. das Proprium des Menschen normativ auszeichnet, weshalb sie auch ›praktische Anthropologie‹ oder ›Anthropologie in pragmatischer Hinsicht‹ heißt (ebd.). Hier und andernorts (81, 225-231) wird der praktischen Anthropologie, an einer Stelle (150) auch einer deskriptiven Anthropologie, die Funktion einer Metatheorie der Ethik zugesprochen. Unklar ist hier die Verwendung des Ausdrucks ›Metatheorie‹. Es scheint, daß nicht die Theorie einer Theorie gemeint ist, sondern lediglich jener Teil einer (deskriptiven) Anthropologie, von dem eine (präskriptive) Ethik Gebrauch zu machen hat. Als Metatheorie im üblichen Verständnis dieses Wortes wären dann eher jene Erwägungen Krämers anzusprechen, die er in seinem Buch zum Verhältnis von fundamentaler und praktischer Anthropologie sowie von allgemeiner und spezieller Ethik anstellt, jedenfalls dann, wenn sie Theoriestatus beanspruchen (können). Die speziellen oder auch die angewandten Ethiken stellen dann weitere Konkretisierungen präskriptiver Beurteilungen dar, die sich höchstens noch indirekt auf anthropologische Vorgegebenheiten beziehen, weil sie sich vornehmlich geschichts- und situationsspezifischen Bedingtheiten verdanken, die freilich nicht grundsätzlich aus den anthropologischen Möglichkeiten herausfallen können, insofern sie zur Welt des Menschen gehören.

Ein Kernsatz Krämers zur Beziehung von fundamentaler und praktischer Anthropologie lautet: »Die strikten Invarianten der Fundamentalanthropologie und die hier (nämlich auf dem Feld der praktischen Anthropologie) gemeinte Typologie bewegen sich auf Ebenen von verschiedener Höhenlage und verhalten sich im Grunde gleichgültig zueinander« (236). In einer Anmerkung fügt er hinzu: »Es ist daher als um so schwerwiegenderer Kategorienfehler zu betrachten, wenn Vertreter der Philosophischen Anthropologie nichtsdestoweniger versuchen, auf fundierenden Invarianten Präferenzen für bestimmte typische Variable abzuleiten«, woran sich Kritik an gewissen Kurzschlüssen Gehlens und Plessners anschließt. So berechtigt diese spezifische Kritik sein mag und so gewiß die allgemeine Ebenenunterscheidung am Platz ist, so darf doch die zumindest indirekte praktisch-ethische Relevanz der Fundamentalanthropologie, die in wenigstens zweierlei Hinsicht besteht, nicht übersehen werden.

Zum einen ist die *kritische* Funktion der Fundamentalanthropologie zu betonen, die sich auch ethisch bemerkbar macht, z. B. darin, anthropologisch falsche Selbstverständnisse des Menschen zu korrigieren. So sind Mißverständnisse der menschlichen Grundsituation stets praktisch folgenreich. Jemand, der sich bspw. über die eigene Sterblichkeit hinwegzusetzen sucht, täuscht sich nicht nur selbst in einem irgendwie gearteten theoretischen Sinne, sondern führt ein falsches Leben aus der falschen Sicht seines Daseins heraus, die sich im übrigen ihrerseits aus der falschen Lebensführung ergeben kann; Lebensführung und Lebensverständnis hängen eng miteinander zusammen. – Ein weiteres Beispiel: Das, was wir ›Lebenssinn‹, ›Daseinsfreude‹, ›Weltvertrauen‹ nennen, läßt sich nicht fordern oder einklagen. Es macht keinen Sinn, jemanden dazu aufzufordern, sich seines Lebens zu freuen, wenn ihm die Einsicht in den Sinn seines Lebens fehlt. In anderer Hinsicht kann es aber sinnvoll, ja notwendig sein, zur Freude zu mahnen, nämlich dann, wenn sich Menschen die Freude nicht gestatten. Das kann seinen Grund in einem existentiellen Mißverständnis haben, daß man den Sinn und damit die

Freude seines Daseins bspw. von bestimmten Ereignissen *in* seinem Leben abhängig macht. Doch auf diese Weise kann nur eine partikulare, relative Sinngebung erfolgen. Ein absoluter, das Leben als Ganzes umfassender Sinn läßt sich dagegen nur unabhängig vom Auf und Ab der wechselnden Sachlagen und Situationen im Leben gewinnen.[3] Hier ist ein lebenslanger Prozeß der Loslösung von den bedingten Sinngebern vonnöten. Nur ein Mensch, der aus der Vielfalt der vermeintlichen, weil nur partikularen, bedingten Sinngeber in die Einzigkeit des unbedingten Sinns des Lebens getreten ist, hat dann auch die Einheit seiner Person gewonnen; denn er hat seine verschiedenen Persönlichkeitsbereiche mit ihren divergierenden Ansprüchen in eine einzige Grundhaltung hineinintegriert. Fundamentalanthropologisch gesprochen ist hierzu die Klärung der Unterscheidung zwischen der Ganzheit des Lebens und den einzelnen Situationen *im* Leben sowie entsprechend zwischen einer das Leben im ganzen betreffenden und insofern unbedingten Sinngebung und Sinnfindung und den bedingten und relativen, z. B. auf die Erfüllung bestimmter Bedürfnissituationen bezogenen Sinnquellen erforderlich.

Zum anderen – und damit läßt sich der Einwand gegen Krämers starke Trennung von fundamentaler und praktischer Anthropologie, wonach beide »sich im Grunde gleichgültig zueinander« verhalten (236), in einer bestimmten Richtung vertiefen – stellen die Antagonismen der in seiner Fundamentalanthropologie leitenden Grundkategorien der (Handlungs-, Entscheidungs-, Selbstbestimmungs-) Freiheit und ihrer Hemmung einerseits, jene Freiheit als Kompetenz und die Unausweichlichkeit ihrer Betätigung andererseits unmittelbar *das* fundamentale Lebens- und Praxisproblem des Menschen dar, dessen – mit Kant zu reden – transzen-

---

3 Ausführlicher hierzu meine beiden (teilweise identischen) Untersuchungen »Wittgensteins Auffassung von der therapeutischen Funktion der Philosophie. Illustriert an objektivistischen Mißverständnissen der religiösen Lebensform«, in: Rolf Kühn / Hilarion Petzold (Hg.), *Psychotherapie und Philosophie. Philosophie als Psychotherapie?* (Innovative Psychotherapie und Humanwissenschaften, Bd. 50), Paderborn 1992, S. 283-315; und »Gott und der Sinn des Lebens. Religions- und existenztherapeutische Reflexionen«, in: Henriette Herwig / Jean-Pierre Wils / Reiner Wimmer, *Ankündigung der Sterblichkeit: Wandlungen der Religion, Gestaltungen des Heiligen*, Tübingen 1992, S. 93-138 (mit Diskussion der Autoren: S. 139-158).

dentaler, – mit Heidegger zu reden – existentialer, – mit Wittgenstein zu reden – begrifflich-grammatischer Ubiquität er nicht entkommen kann. Die Dynamik dieser Antagonismen treibt aber nicht nur in die prinzipiell unabschließbaren Versuche ihrer praktischen Aufhebung hinein, sondern auch, einmal philosophisch bewußt geworden, in ihre anthropologische Erforschung. Eine Unterscheidung zwischen theoretischer und praktischer Anthropologie erscheint somit schon in immanenter, d. h. sich innerhalb des von Krämer gebotenen Entwurfs bewegender Betrachtungsweise als überflüssig. Die Unterscheidung zwischen einem richtigen, guten, gelungenen, glücklichen Leben und einem falschen, schlechten, mißlungenen, unglücklichen Leben ist eine ethische und keine anthropologische Unterscheidung. Sie ist, so scheint mir, im wesentlichen an Begriff und Praxis der *Anerkennung* festzumachen: der grundlegenden Anerkennung der transzendentalen bzw. existentialen bzw. grammatischen Grundstrukturen der conditio humana durch einen jeden zu solcher Stellungnahme Befähigten. Es mißlingt oder scheitert ein Leben, gerät in die Verzweiflung, wird unglücklich – wie Kierkegaard und Wittgenstein in Übereinstimmung mit den antiken Lebenslehren sahen –, wenn diese Anerkennung fehlt. Anthropologisch-philosophische Aufklärung und Beratung kann die kontingenten kognitiven, Psycho- und Körpertherapie die kontingenten affektiven Defizite und Fehleinstellungen mildern oder beheben, vorausgesetzt, der Betroffene ist ohnehin auf dem Weg der Anerkennung.

Von hier aus fällt vielleicht auch Licht auf Krämers Grundkategorie der Hemmung. Sie ließe sich reformulieren als ein Modus, und zwar als negativer Modus partieller oder totaler Selbstbestimmung, nämlich als partielle oder totale Nicht-Anerkennung seiner selbst oder des Lebens im ganzen bzw. seiner transzendentalen Bedingungen. Phänomene der Hemmung und des Gehemmtseins, wie sie bspw. Adlers Individualpsychologie heraushebt, werden deswegen nicht geleugnet. Doch erhalten sie ihren Platz eher in dem, was kultur- und zivilisationsspezifisch das Streben der Menschen zu Selbstentfaltung und Weltgestaltung behindert, und gehören insofern in die Spezielle Ethik, der keine universalanthropologischen Züge entsprechen. In die Spezielle Ethik gehören dann aber auch allgemein alle präskriptiven Erörterungen und Vorschläge zur Einrichtung eines guten Lebens unter den konkreten Bedingungen der geschichtlich gegebenen Situation – ausgenommen, wie gesagt, die Anerkennungsdimension; denn nur sie bezieht sich in dem hier gemeinten Sinn auf das menschliche Dasein im ganzen bzw. seine transzendentalen Bedingungen, während die vielfältigen Weisen konkreter Selbstbestimmung und Lebensformung diese zwar voraussetzen (müssen), aber nicht thematisieren (können). Einer einzigen (fundamentalen, weil transzendentalen) philosophischen Anthropologie entspricht nach meinem Vorschlag eine Allgemeine Ethik, die eine Ethik der Anerkennung ist. Der Speziellen Ethik wäre u. U. eine nicht philosophische, also empirische Anthropologie zuzuordnen. Beide lassen sich auch – im Unterschied zur Philosophischen Anthropologie und Allgemeinen Ethik – plural verfaßt denken.

So spricht man etwa von der Paläoanthropologie, die die Naturgeschichte des Menschen behandelt, oder von der Humanethologie als einer speziellen Art empirischer Verhaltensforschung am Menschen. Hier erscheint der Mensch als eine besondere Art von Tier; man sucht nach Verhaltensgesetzen, wie sie sich etwa durch frühkindliche, vorsprachliche Prägungen ergeben haben mögen. Von der Biologie inspirierte Anthropologien neigen dazu, die Ausstattung des Menschen mit kulturellen und technischen Fähigkeiten funktionalistisch zu begreifen; so wird der Mensch bspw. als Mängelwesen charakterisiert, dem Handlungsfähigkeit, insbesondere Werkzeugherstellung und -gebrauch, als Kompensation für vielfältige körperliche und instinktmäßige Mängel zur Verfügung stünde. Demgegenüber abstrahiert die Philosophische Anthropologie von den naturgeschichtlichen Bedingungen der Menschwerdung. Stattdessen sucht sie jene Züge zu erheben, die dem Menschen als solchem in den Verschiedenheiten seiner geschichtlichen Situationen zukommen. Was dies für die Methodik der Philosophischen Anthropologie bedeutet, sei kurz erläutert, weil methodologische Überlegungen zur Anthropologie in Hans Krämers Integrativer Ethik weitgehend fehlen.

## Zur Methodik der Philosophischen Anthropologie

Die Philosophische Anthropologie ist, wie bemerkt, keine empirische oder Erfahrungswissenschaft im üblichen Sinn dieses Ausdrucks, allerdings auch keine erfahrungs- und argumentationsüberhobene Spekulation. Vielmehr ist sie die grundsätzlichste

Form des erkenntnismäßigen Sich-zu-sich-selbst-verhaltens des Menschen. Sein darin zum Ausdruck kommendes Interesse an sich selbst ist nicht das an wissenschaftlicher Objektivität im Sinne theoretischer Distanz zu Zwecken systematischen Erkenntnisgewinns oder praktisch-technischer Handhabbarkeit und Verfügbarkeit, sondern Suche nach angemessenem Selbstverständnis bzw. Klärung eines solchen.

Sätze der Anthropologie – z. B. daß der Mensch ein tätiges, ein leibliches, ein sprachliches Wesen ist, daß er seiner selbst bewußt ist oder daß es ihm in seinem Verhalten zu anderem immer auch um sich selbst geht – sind keine bloßen Definitionen oder Angaben über den Gebrauch des Wortes ›Mensch‹, sondern es sind Aussagen, näherhin Feststellungen über den Menschen als solchen. Andererseits handelt es sich bei ihnen nicht um empirische Aussagen im wissenschaftlichen Sinne des Wortes ›Erfahrung‹. Sie können zwar als Allaussagen aufgefaßt werden – ›alle Menschen sind tätige Wesen‹ bzw. ›jeder Mensch ist tätig‹ –, doch erweist sich ihre Wahrheit oder Falschheit nicht durch Beobachtung. Hier ist vielmehr ein Begriff von Erfahrung einschlägig, der dem der Lebenserfahrung nahekommt, ›Erfahrung‹ aber auch hier nicht im erlebnismäßigen Sinne, sondern eher im Sinne des Bekanntseins und Vertrautseins mit sich und seinesgleichen, das heißt mit eigenem und fremdem menschlichen Leben oder Dasein. Natürlich bedürfen Sätze der genannten Art in höchstem Maße der Erläuterung. Aber auch diese Erläuterungen sind weniger als Wortgebrauchsregeln oder -erklärungen, etwa der Ausdrücke ›tätig‹ oder ›selbstbewußt‹, zu verstehen, denn als Auslegung der anthropologischen Sachverhalte selbst.

Wenn deren Universalität keine Angelegenheit wissenschaftlicher oder vorwissenschaftlich-lebensweltlicher Untersuchung ist (und sein kann, weil sie nicht nur die Menschen der Gegenwart, sondern auch die der Vergangenheit und der Zukunft umfaßt) – wie sind anthropologische Aussagen dann zu prüfen? Die bloße Behauptung, daß jeder Mensch bzw. der Mensch schlechthin und als solcher ständig von sich und von anderen diese oder jene Tatsachen in Erfahrung bringt, verbürgt ja noch nicht ihre Wahrheit. Andererseits – so wurde nun schon mehrfach betont – läßt sich ihre Wahrheit bzw. Falschheit nicht durch Augenschein oder experimentelles Handeln zum Zwecke der Prüfung von Theorien erweisen. Es geht ja voraussetzungsgemäß um Sachverhalte, die im Grunde offen zutage liegen, mit denen jeder vertraut ist, die jedem zugänglich sind, weil sie zu ihm, zu seinem Leben gehören. Jeder ist somit sachkundig. Seine Kompetenz erstreckt sich freilich nicht umstandslos auch auf die Möglichkeit, die eigenen Erfahrungen, die auch die jedes anderen sind, angemessen zu artikulieren. Aber die Notwendigkeit der angemessenen Artikulation ist auch nicht mit der Etablierung bestimmter philosophischer Fachsprachen oder Theorien zu verwechseln, weil diese, wie auch einzelwissenschaftliche Theorien, jene Erfahrungen und ihre Artikulation immer schon voraussetzen (müssen). Das Vorbild ist hier Sokrates. Er benutzte die Sprache des Alltags, um zu erinnern oder hervorzulocken, wovon ein jeder Kenntnis hat, und um dadurch zugleich lediglich prätendiertes Wissen zu zerstören, Selbsttäuschungen aufzudecken, abkünftiges Wissen auf seine Ursprünge hin durchsichtig zu machen, Daseinsverständnisse zu klären und zur Scheidung angemessener von unangemessenen Lebensorientierungen zu verhelfen.

Eine Prüfung und Erprobung anthropologischer Sätze hat dialogisch zu geschehen. Es geht um die Sicherung ihres *gemeinsamen* Verständnisses. (Im übrigen ist dies Verständnis nie abgeschlossen; sowohl Korrekturen als auch Vertiefungen sind immer möglich oder sollten doch stets möglich sein.) Anthropologische Dialoge müssen prinzipiell mit jedem geführt werden können; denn jedem Menschen sind anthropologische Einsichten zuzutrauen, aber auch zuzumuten, geht es doch um eines jeden eigenes Leben, und dies im Sinne des Lebenkönnens – wie Kamlah und Krämer zu recht hervorheben – und ineins damit des Verstehens dessen, was das menschliche Leben ausmacht. Das Verstehen des Lebens kann freilich durch mancherlei kulturell wie durch einen selbst erzeugte Täuschungen verstellt sein. Anthropologische Besinnungen und Gespräche werden dann auch zu solcher Klärung beitragen müssen.

Für eine Ethik, wie sie auch Krämer im Auge hat, bedeutet dies, daß an ihrem Anfang nicht die Reflexion auf Prinzipien, Normen, Zwecke, Werte und Güter und deren Begründung steht, sondern die anthropologische Reflexion auf die menschliche Grundsituation und ihre Variabilität in unterschiedlichen Lebenssituationen, die ihren Ausdruck in verschiedenen Lebensformen und den sich in ihrem Rahmen bewegenden Einstellungen zum Leben im ganzen und zu bedeutsamen Einzelsituationen im Leben und deren

Ausdruck in Verhalten finden. Demnach würde es ein normativistisches Mißverständnis bedeuten, das voluntaristische und technizistische Mißverständnisse nach sich ziehen kann, die rechte Sicht des Lebens als normative Idee oder als Handlungsziel zu begreifen. Vielmehr wäre von durch begriffliche und dabei phänomenologisch orientierte Analysen gewonnenen Exempla, Paradigmata und Vorbildern aus die Frage zu stellen, wie sich ungünstige Einstellungen beeinflussen lassen, wie überhaupt Einstellungsänderungen so grundlegender Art zustandekommen und eingeleitet werden können. Darauf sind keine voluntaristischen oder technizistischen Antworten möglich, sondern neben der Aufdeckung begrifflicher Mißverständnisse, in denen sich Mißverständnisse über die menschliche Grundsituation und ihre möglichen Variationen zeigen, nur noch praktisch-therapeutische *Ratschläge*, wie ja auch Krämer, wenn auch z. T. mit anderen Gründen, betont: etwa der Aufweis von Lebens(führungs)alternativen, die Darstellungen von gelungenen wie mißlungenen Lebensgeschichten, der Hinweis auf exemplarisch bewältigte Lebenskrisen, das Lernen aus Erfahrungen in Versuch und Irrtum. Derartige Rechtfertigungs- und Überzeugungszusammenhänge unterscheiden sich wesentlich von Begründungsanforderungen im Rahmen normativ-hierarchischer Systematisierungen. So läßt sich einstellungs- und lebensorientiert nicht sinnvoll sagen, das Ganze ›begründe‹ die Teile oder es gebe einen obersten Gesichtspunkt, der alles übrige ›begründe‹. Vielmehr geht es um ein Abwägen zwischen alternativen Lebens- und Praxiszusammenhängen, das sich letztlich durch das Leben selbst steuern und korrigieren lassen muß, und ein Durchsichtigmachen ihres inneren Zusammenhalts, so daß man ›sieht‹, wozu etwas Einzelnes im Ganzen dient.
Eine zusätzliche hier relevante Einsicht besteht darin, daß neue Einstellungen nicht vor ihrer Praktizierung vorhanden sind und zur Verfügung stehen, sondern sich erst in der Lebenspraxis bilden und befestigen. Deshalb sind spezielle Situationen der Heranführung und Einübung nötig, wie sie – wenigstens ihrer Absicht nach, sofern sie über sich selbst aufgeklärt ist, – z. B. die Pädagogik und die Psychotherapie problem- und situationsorientiert ausarbeiten. Es ist ja in der Regel nicht damit getan, sich oder einem anderen zu sagen, was man zu tun und zu lassen hat (normative Vorgaben); vielmehr ist es oft in den lebensbedeutsamen Fällen so, daß die relevanten Einstellungen nicht als satzhaft formulierbares

Wissen oder als sprachlich zu fassende Normen zur Verfügung stehen, sondern nur exemplarisch in Personen, Bildern und Geschichten vorgeführt, gezeigt werden können, so daß eine grundsätzlich andere Form der Aneignung benötigt wird, als eine normative Ethik und eine mit ihr häufig einhergehende technizistische Programmatik voraussetzen.

Hiermit ist einer *indirekten* Form der Selbst- und Fremderziehung das Wort geredet. Dabei ist die Einsicht leitend, daß ethisch relevante Konfliktsituationen – seien sie individueller, auf den Lebenszusammenhang eines einzelnen Menschen bezogener, seien sie zwischenmenschlicher Art – in der alltäglichen Praxis des Miteinanderredens, Einanderberatens und Handelns zumeist nicht durch Prinzipien oder Normen, z. B. orientiert am Vorbild juridischer Regelwerke oder technischer Handlungsanweisungen, lösbar sind, sondern entscheidend nur über Einstellungsveränderungen bewältigt werden können, die ihrerseits eben häufig nur im Rückgriff auf schon von anderen Menschen faktisch eingenommene Haltungen und von ihnen bewältigte Problemsituationen, also durch Hinweis auf bewährte Einstellungen, in Gang kommen. Statt der tatsächlich bewährten Orientierung mögen aber auch bloß imaginierte, fingierte Möglichkeiten der Bewältigung kritischer Lebenssituationen den Orientierungsmangel beheben, und zwar nicht theoretisch, sondern praktisch, indem der Orientierung Suchende es mit einer der ihm aufgegangenen bzw. aufgewiesenen Möglichkeiten ›versucht‹. ›Es mit etwas versuchen‹ oder auch ›sich an etwas versuchen‹, ›einen Versuch mit etwas (oder mit jemandem oder mit sich selbst) machen‹ hat hier keinen technischen Sinn, sondern besagt in diesem Zusammenhang präzise, daß sich erst im lebensweltlich-praktischen Versuch der Aneignung, eben der ›Praktizierung‹ einer Orientierungsmöglichkeit diese für den Betroffenen selbst als gangbar erweisen muß. Diesen Erweis kann niemand theoretisch vorwegnehmen. So zeigt sich, daß die Rede von ›Orientierung‹ und ›Einstellung‹, ›Orientierungsänderung‹ und ›Einstellungsänderung‹, so allgemein sie ist, doch nicht abstrakt, nämlich losgelöst von der Lebenspraxis des einzelnen und ihrer Einbettung in eine soziale Kultur ethischer und moralischer Grundorientierungen verstanden werden kann (und dann auch nicht davon losgelöst verstanden werden darf).

Bezüglich im engeren Sinne *moralisch* relevanter Problem- und Konfliktsituationen wäre noch zu bemerken, daß diese gewöhnlich nicht so geartet sind, daß die moralische Lebensorientierung als solche und schlechthin auf dem Spiel stünde oder strittig wäre. Vielmehr dürfen, ja müssen wir um der Möglichkeit der Bewältigung solcher Situationen willen *eine* und zwar gemeinsame Grundorientierung unterstellen. Jedenfalls besteht ein häufiger Fehlschluß in schwierigen und langwierigen Moraldisputen darin, dem oder den Kontrahenten mangelnden guten Willen zu unterstellen, wo es eigentlich und im Kern nur um ein unterschiedliches Situationsverständnis geht, was heißt, daß man sich darüber nicht einig ist, um was für eine Situation es sich überhaupt handelt, was hinwiederum heißt, in welchen Zusammenhang das Problem, das die Kontrahenten umtreibt, überhaupt gehört bzw. eingebettet ist – traditionell ausgedrückt: welches die moralisch relevanten Züge der vorliegenden Situation sind.

In solchen sicherlich außerordentlich häufigen Fällen moralischen Dissenses hilft kein Insistieren auf abstrakten Regeln, Normen, Zwecken, Werten oder Gütern, sondern nur das geduldige, gelassene gemeinsame Bemühen um eine Annäherung in der Situationsbeurteilung. Dieses Bemühen kann philosophisch gefördert werden durch die Erarbeitung einer Hermeneutik der lebenssituationen, Lebenspläne und Lebensläufe, die auch Hans Krämer ins Auge faßt (160). Grundgelegt wird eine solche Hermeneutik durch eine Philosophische Anthropologie, die die Situiertheit des Menschen bzw. seines Lebens in der Welt grundsätzlich reflektiert.

Diese Hermeneutik würde neben einer Methodenlehre eine Phänomenologie sowohl ethisch als auch moralisch relevanter Situationen und der sich in ihnen manifestierenden Einstellungen enthalten, um zur Beantwortung der Frage befähigt zu sein, wie sich ethische und moralische Probleme im Leben konkret stellen. Eine solche Phänomenologie kann u. a. einer vorschnellen Behandlung und Schematisierung von normativ geleiteten Bewältigungsstrategien Vorschub leisten, indem sie die in den lebenspraktisch-vortheoretischen Situationsanalysen enthaltene begriffliche Vielfalt ethischer und moralischer Problemstellungen aufzeigt. Auch ergäbe sich in diesem Zusammenhang die Chance, die von den traditionellen Phänomenologen stark vernachlässigte Ethik – sei sie nun Strebens-, sei sie Sollensethik – mit den von ihnen erarbeiteten Mitteln neu zu gestalten. Schließlich würde eine solche Phänomenologie ethisch und moralisch relevanter Situationen einerseits der bis vor nicht allzu langer Zeit – jedenfalls in bezug auf die kontinentaleuropäische Philosophie – beklagten praktischen Irrelevanz philosophischer Ethik, andererseits ihrer kurzsichtigen Anwendungseuphorie von vornherein durch einen strengen Rekurs auf ethisch und moralisch bestimmte Lebenssituationen und ihre Konfliktlagen begegnen.

# Hans-Ludwig Ollig
## Kontroverse Subjekttheorie

Manfred Frank hat jüngst von einer »Wiederkehr des Subjekts in der gegenwärtigen deutschen Philosophie«[1] gesprochen und in diesem Zusammenhang den subjekttheoretischen Überlegungen von Habermas und Tugendhat eine klare Absage erteilt, die s. E. beide das Phänomen Subjektivität zu einem Epiphänomen der Intersubjektivität degradieren. Dagegen versucht Frank herauszuarbeiten, daß die Versuche des zeitgenössischen Intersubjektivismus, die Subjektivität als abkünftiges Phänomen zu erweisen, zum Scheitern verurteilt sind. Frank hält von daher auch die Rede von einem *linguistic turn* der Gegenwartsphilosophie nicht für zutreffend, sondern glaubt umgekehrt eine »(Rück)-Wendung zur Bewußtseinsphilosophie« konstatieren zu können, da die zumal in Deutschland weit verbreiteten kommunikationstheoretischen und intersubjektivistischen Ansätze immer deutlicher in »Rückzugsgefechte gegenüber einer wiederkehrenden Subjekt- und Bewußtseinsphilosophie« gerieten.[2] Auch wenn man gegenüber solchen Einschätzungen philosophischer Großwetterlagen Vorbehalte haben mag, wird man doch sagen können: Die Frage nach dem Subjekt ist nicht erledigt, wie in den letzten Jahren oft genug behauptet wurde, sondern sie bleibt philosophisch auf der Tagesordnung. Das bedeutet freilich nicht, daß diejenigen, die von der Nichteliminierbarkeit des Subjektthemas ausgehen, einfachhin mit einer Stimme sprechen, vielmehr gibt es unter den Verteidigern der Subjektphilosophie durchaus unterschiedliche Theorieansätze. Das Subjektthema teilt also mit anderen philosophischen Themen das Schicksal, daß es kontrovers behandelt wird. Deutlich wird das, wenn man die subjekttheoretischen Überlegungen von Hans Krämer und Franz von Kutschera miteinander vergleicht. Nicht nur der Kontext, in dem die Subjektthematik von beiden Autoren behandelt wird, ist verschieden, auch die Perspektive auf das Subjektproblem ist jeweils eine verschiedene.

1 Vgl. Manfred Frank: Die Wiederkehr des Subjekts in der gegenwärtigen deutschen Philosophie, in: ders., *Conditio moderna*, Leipzig 1993, S. 103-117.
2 A. a. O., S. 107.

## I

Krämer hat sich in seiner *Integrativen Ethik* nicht nur kritisch mit bestimmten Formen zeitgenössischer Subjekttheorie auseinandergesetzt, sondern gleichzeitig auch eine Bewertung verschiedener subjektphilosophischer Konzepte vorgenommen, und seine Überlegungen zum Problem der theoretischen Subjektivität, auf die wir uns im folgenden beschränken wollen, mit einer Theorieskizze abgeschlossen, in der er sein eigenes Subjektivitätskonzept näher entfaltet.

Fragen wir uns zunächst, was der Ertrag von Krämers metakritischen Überlegungen zur radikalen Subjektkritik ist, welche er a) an nicht-egologischen Bewußtseinstheorien festmacht, die nur innere Zustände, aber kein Ich als Bewußtseinsträger und Bewußthaber anerkennen, und die sich für ihn zugleich b) konkretisiert und spezifiziert an verschiedenen Versionen der These vom Ende des Subjekts, deren Vertreter das Subjekt entweder in objektiven Strukturen, Systemen und Ereignisfolgen oder in einer infiniten Pluralität von Teilsubjekten aufgehen lassen oder aber als durch Systeme aller Art unterwandert, determiniert und konditioniert darstellen.

Das entscheidende Argument, das Krämer gegen eine solche Subjektkritik vorbringt, lautet: Das in der Selbst- und Lebenserfahrung gegebene praktische Subjekt läßt sich nicht durch theoretische Aufklärung, wie auch immer sie beschaffen sein mag, in Frage stellen. Allenfalls ließe es sich durch durch äquivalente Gegenerfahrungen in Frage stellen. Da sich solche aber nicht namhaft machen lassen, bleibt die Erfahrung praktischer Probleme und Lösungsmöglichkeiten das entscheidende Argument gegen jede Form von radikaler Subjektkritik. Wie vermittelt wir in unserem Subjektvollzug auch immer sein mögen, das Resultat der Vermittlung erhält sein subjektives Eigengewicht und dieses schlägt sich nieder »in der unvertretbaren Eigenperspektive des Handelnden oder Leidenden, in dem erlebten Entscheidungszwang, in der Konflikterfahrung und den damit verknüpften Phänomenen von Gewissen, Reue und Schuld und dem daraus sich ergebenden Orientierungs- und Beratungsbedarf«.[3] Diese Pro-

---

3 Hans Krämer, *Integrative Ethik*, Frankfurt/M. 1992, S. 215. Im Fortgang des Textes verweisen einfache Seitenangaben auf diese Arbeit.

blem- und Entscheidungszwänge sind selbstverständlich auch für den Subjektleugner gegeben, der sich, sobald er solche Erfahrungen mit Argumenten bestreitet, in einen performativen Widerspruch verstrickt. Denn indem er argumentiert, muß er für sich den Status eines wahrheits- und diskursfähigen Subjekts in Anspruch nehmen, den er argumentativ gerade bestreiten möchte. So gesehen ist für Krämer die deterministische Bestreitung des Subjekts praktisch folgenlos, denn auch diejenigen, die eine deterministische These vertreten, handeln weiter so, als ob sie frei wären, weil die phänomenalen Erfahrungen der Selbst- und Fremdbestimmung auch für sie zumindest in ihrem Handeln weiterhin Bestand haben.

Neben diesem generellen Hinweis auf die Grenzen der Subjektkritik geht er mit knappen Hinweisen, die eine Argumentationsstrategie nur andeuten, aber nicht im Detail entfalten, auf nichtegologische Bewußtseinstheorien ein sowie auf die systemtheoretische Subjektkritik Freudscher und Luhmannscher Provenienz, auf eine radikale Ereignisontologie und auf die Vertreter der Pluralisierungsthese.

Gegen die Nichtegologen führt er das Widerstandsargument in Sachen Realität der Außenwelt ins Feld. Denn dieses Argument beweist nicht nur die Realität der Welt gegenüber dem Subjekt, sondern ebenso auch die des Subjekts gegenüber der widerständigen Realität. Das Gegenüber von Subjekt und Objekt als zweier differenter Größen läßt sich wiederum in praktischen Zusammenhängen leicht erfahrungsmäßig belegen, und zwar in Bezug auf das Problem der Ausführung von Handlungen in noch höherem Maße als in Bezug auf das Problem der Finalisierung von Handlungen.

Gegen eine systemtheoretische Bestreitung des Phänomens Subjektivität von psychoanalytischer Seite wendet Krämer ein, eine einseitige Dependenz des Subjekts vom System des Unbewußten sei insofern nicht gegeben, da auch das Subjekt auf das System in der psychoanalytischen Praxis zurückwirke. Desgleichen erweist sich auch eine radikale Ereignisontologie als in der Praxis nicht durchführbar, denn zumindest eine graduelle Differenz zwischen Tätigkeit und Nichttätigkeit muß hier gegeben sein. Mit einem totalen Aktualismus kommt man also nicht durch.

Anders steht es dagegen mit der von Vertretern der Postmoderne herausgearbeiteten inneren Pluralität multipler Subjekte. Hier ist nach Krämer zwischen der Ebene des Selbst und der Ebene des Ich zu unterscheiden. Auf der Ebene des Selbst kann es eine solche Pluralität durchaus geben, wohingegen sie auf der Ebene des Ich zu den pathologischen Grenz- und Ausnahmefällen zu rechnen ist.

Was schließlich die Subjektkritik von Seiten der Luhmannschen Systemtheorie angeht, so wäre es s. E. falsch, von einem chancenlosen Konkurrenzverhältnis von moralischen Subjekt und System auszugehen. Vielmehr stellt das moralische Subjekt einen integrierenden Faktor des Systems dar, insofern es die Aufgabe hat, Dysfunktionalität zu verhindern. Darüber hinaus bleibt der Faktor der Subjektivität bei Luhmann insofern unterbestimmt, als »fundamentale Idealbildungen, Ansprüche und Nötigungen in Staat, Recht und Gesellschaft von optionaler Subjektivität getragen sind« (216).

Soviel zu Krämers Metakritik der radikalen Subjektkritik, die zwangsläufig zu der Frage führt: Wenn man nicht darum herumkommt, neben inneren Zuständen auch ein Subjekt als Ich-Instanz anzunehmen, die es erlaubt, solche Zustände als »meine« anzusprechen, wie kann eine solche Instanz sich auf sich beziehen und wie kann sie zu einem Selbstverhältnis qua Selbstbewußtsein gelangen? Diese Frage steht im Zentrum von Krämers Beschäftigung mit Problemen der theoretischen Subjektivität. Seine eigene Problemlösung erläutert er im Ausgang von drei Lösungsansätzen, die in der gegenwärtigen subjekttheoretischen Diskussion vertreten werden. Die erste Lösung operiert mit dem »Modell interner Reflexion nach Art der Begleitwahrnehmung« (ebd.). Die zweite Lösung greift auf das »Modell externer, über das Andere vom Ich vermittelter Reflexion« (ebd.) zurück, bei der sich eine ganze Reihe von Spielarten unterscheiden lassen. Denn dieses Andere kann einmal die Objektwelt insgesamt sein, es können aber auch deren Produkte und Ausdrucksformen sein oder intersubjektive semantische Systeme oder die Sozietät. Schließlich kann die Vermittlung auch über die Retrospektive in die eigene Vergangenheit erfolgen oder über die Antizipation der eigenen Zukunft. Die dritte Lösung operiert mit der Vorstellung eines vorgängigen Vertrautseins des Subjekts mit sich selbst und versucht auf diese Weise den Schwierigkeiten, die i. E. beim Reflexionsmodell auftreten, zu entgehen.

Bei seiner Diskussion dieser drei Modelle unterscheidet Krämer drei Größen: das Ich als Bewußthaber und Eigner, das Selbst als Inbegriff des Eigenen und Meinigen und die Welt als das Andere des Selbst.

Zunächst einmal weist er alle Theorien einer externen Vermittlung des Selbstverhältnisses ab, denn es ist s. E. von einer Abkünftigkeit externer von internen Relationen auszugehen, die nicht nur das Weltverhältnis betrifft, sondern auch die Sozialwelt und die Zeitdimension des eigenen Lebens. Speziell wendet sich Krämer gegen die von Mead vertretene Genetisierung des Selbstverhältnisses. Es ist für ihn zwar keine Frage, daß das formale Selbstverhältnis und das inhaltlich bestimmte Selbstverhältnis durch das soziale Umfeld höher und weiter entwickelt wird, aber durch Introjektion läßt es sich s. E. nicht begründen. Und wenn der Mitwelt die Rolle eines »Spiegel(s) und Hermeneuticum(s) des Selbstverhältnisses« (218) zukommt, dann ist auch solches nicht möglich ohne Auslegungsleistungen von meiner Seite. Krämers Kritik richtet sich aber nicht nur gegen Mead, sondern auch gegen Strawson und Tugendhat, bei denen er eine »Unterbestimmung des Bewußtseinsphänomens« (ebd.) diagnostiziert, denn es gebe für sie nur das Bewußtsein innerer Tatsachen, aber kein Selbstbewußtsein. Gegen eine solche Konzeption wendet er ein: Wer Bewußtseinszustände anerkennt, muß auch einen Bewußthaber als Erkenntnisprinzip, Steuerungsinstanz und Organisationszentrum anerkennen.

Nicht minder kritisch als Modell II, das sog. externe Reflexionsmodell, bewertet Krämer auch Modell III, also das Modell des ursprünglichen Vertrautseins des Subjekts mit sich selbst. Begründet wird dieses Modell von seinen Vertretern mit den Schwierigkeiten von Modell I, dem Modell der internen Reflexion. Die Einheit und Zweiheit im Ich (als Subjekt und Objekt) so sagt man, sei eine paradoxe Struktur. Auch die Figur der reflektierenden Rückbeugung sei problematisch, denn der Zeitfaktor bringe eine nicht mehr einholbare Entzweiung mit sich. Zudem müsse das Subjekt-Ich schon vor seiner Rückbeugung seiner Identität versichert sein, um das Objekt-Ich identifizierend wiedererkennen zu können, was auf einen Reflexionszirkel mit unendlichen Regreß führt. Um solchen Schwierigkeiten zu entgehen plädiert man für ein vermittlungsloses Vertrautsein des Bewußtseins mit sich selbst, das freilich nur e negativo bestimmbar ist. Krämer kritisiert an einer solchen Lösung des Problems, daß sie phänomenal nicht

aufweisbar ist und weist auf die Tatsache hin, daß es Bewußtseinszustände ohne Ich und sogar ohne Selbstbewußtsein gibt, etwa
»in Fällen der Selbstvergessenheit beim Sichvertiefen in den Gegenstand oder beim Aufgehen in der Welt von der unio mystica
abwärts bis zu Zuständen der Geistesabwesenheit, der Überra-
schung oder des Erschreckens oder Phasen des Einschlafens und
Erwachens« (220). Dies wertet er als Beleg dafür, »daß der Selbstbezug, obwohl beim Menschen überwiegend, so doch nicht immer und notwendig gegeben ist, sondern intervallweise aussetzen
kann und außerdem in verschiedener Graduierung und mehr oder
minder ausgeprägt auftritt« (ebd.). Darüber hinaus macht Krämer
geltend, die Paradoxa der Selbstentzweiung einerseits und der
Selbstidentifikation und des Sichwiederfindens andererseits träten
nur dann auf, wenn man nicht realisiert, daß die Akttypen und
Instanzen des Welt und Selbstbezugs voneinander spezifisch verschieden sind. Folglich ist für ihn der emphatische Begriff des
ursprünglichen Vertrautseins mit sich selbst nur das Resultat einer
»künstlichen Problematisierung der Selbstidentifikation« (221).

Im ganzen ist Krämer der Überzeugung, daß das von Fichte gelegentlich erwogene Modell III keinen wesentlichen Fortschritt
über Kant hinaus bringt, der bekanntlich mit dem Modell der
internen Reflexion also Modell I operiert hat. Und dieses hält
auch Krämer selbst für das einzig angemessene Modell, weil es
zwischen den beiden anderen Modellen »eine ausgewogene mittlere Position« (ebd.) einnimmt. Von daher knüpft er bei seiner
Skizze eines Konzepts theoretischer Subjektivität, die der Theorie
praktischer Subjektivität den Boden bereiten soll, bei diesem Modell an.

Ausgangspunkt seiner Überlegungen ist die These: Es gibt kein
Subjekt- bzw. Ich-Bewußtsein ohne Objektbewußtsein der Welt
bzw. des Selbst. Das heißt, es gibt ein vom intentionalen Grund-
akt nicht isolierbares Ich-Bewußtsein, das den Status eines Be-
gleitwissens hat. Das bedeutet freilich nicht, daß es nicht Fälle von
Bewußtsein ohne Begleitbewußtsein geben kann. Wie schon Kant
richtig gesehen hat, muß das Ich unsere mentalen Akte nur beglei-
ten können.

Wichtig ist für Krämer des weiteren die Unterscheidung zwischen
originärem und reflektierendem Ich. Mit ersterem ist das Ich als
Bewußthaber von Welt und Selbst gemeint, mit letzterem dagegen
das Ich als Reflexionsinstanz. Das reflektierende Ich bezieht sich

einmal auf Bewußtseinsphänomene als ganze, etwa auf die Tatsache, daß ich Schmerzen habe, und zum anderen auf das originäre Ich als Subjekt der Schmerzempfindung. Während das originäre Ich sich selbst verborgen ist, da sich ihm die Beziehung zwischen sich und seinen Empfindungs- und Gegenstandsgehalten entzieht, ist es für das reflektierende Ich gerade wesentlich, daß es diese Relation überblickt. Beide Ich-Instanzen sind von daher nicht äquivalent. Wenn hier aber keine Äquivalenz vorliegt, kann auch nicht von einem undifferenzierten Urvertrautsein die Rede sein. Für das Verhältnis von originärem Ich und reflektierendem Ich gilt, daß das originäre Ich zwar ohne das reflektierende Ich agieren kann, daß es andererseits aber für uns erst im Reflexionsakt hervortritt, so daß man sagen muß: Ohne das reflektierende Ich tritt das originäre Ich nicht ins Blickfeld. Das legt die Frage nahe, ob man bei dem reflektierenden Ich einfach stehenbleiben kann, oder ob nicht diese Reflexionsstufe durch eine weitere Reflexionsstufe allererst eingeholt werden muß, was zwangsläufig zu einem unendlichen Regreß führen muß, oder aber, falls die Bewegung der Reflexion irgendwann abgebrochen wird, zu einem unvollständigen Ich-Bewußtsein. Krämer zufolge ist ein unendlicher Fortgang der Reflexion weder notwendig noch wirklich möglich. Wenn das originäre Ich ohne das reflektierende Ich agieren kann, so gilt auch für das reflektierende Ich, daß es für sein Agieren keiner weiteren Reflexionsstufe bedarf. Was aber die Hypothese des unendlichen Regresses angeht, so erledigt sie sich angesichts der Unmöglichkeit und daher auch Unwirklichkeit einer aktualen Unendlichkeit.

Das Verhältnis der drei Größen Ich, Selbst und Welt kann wie folgt näher bestimmt werden: Das Selbst wird primär im Umgang mit der Welt gewonnen, in der das Selbst immer schon ist und auf die es sich auch bezieht. Dabei enthüllt sich das Selbst auf dem Weg der Unterscheidung von der Welt. Vor allem gilt das für seinen Bezug zu Sozialwelt. Andererseits wird die Welt vom Selbst her auf Bedeutsamkeiten hin entworfen, so daß sich aufs Ganze gesehen ein dialektisches Verhältnis beider Größen ergibt. So sehr klar ist, daß Selbst per definitionem Nichtwelt und Welt per definitionem Nichtselbst ist, so gibt es doch auch gleitende Übergänge im Bereich der Leiblichkeit, der Angehörigen oder der Produkte des Selbst. Ebenso gilt auch für das Verhältnis von Ich und Selbst: Einerseits ist es wichtig, daß man das Ich vom Selbst unterscheidet, wie man auch Ich- und Selbstreflexion unterscheiden muß. Andererseits zeitigt der Versuch, das unanschaulich bleibende Ich zumindest indirekt von seinen Funktionen her zu charakterisieren, das Ergebnis, daß die Grenzen zum Selbst fließend werden. Die Unanschaulichkeit des Ich, von der eben die Rede war, gilt allerdings nicht für mentale Zustände und Akte sowie deren Inhalte. Auch wenn Krämer mit den Vertretern *linguistic turn* darin übereinstimmt, daß »ein zeichen- und symbolfreies Selbstverhältnis wohl nicht möglich ist« (224), so hält er es doch für einen voreiligen Reduktionismus, intentionale oder nichtintentionale Akte ausschließlich propositional strukturieren zu wollen und auf das Subjekt-Objekt-, das Repräsentations- und Bildermodell, mit dem die Vertreter des sog. mentalistischen Paradigmas operieren, gänzlich zu verzichten. Dagegen spricht, daß dem Sprachsystem andere Zeichensysteme elementarer Art vorgelagert sind. Eine Verabschiedung des Vorstellungsmodells, wie sie etwa Tugendhat propagiert, kommt für Krämer von daher nicht in Frage, denn dieses ist s. E. nicht nur in der Philosophie, sondern auch in Psychologie und Traumforschung unentbehrlich. Krämer plädiert vielmehr für einen Pluralismus, der es erlaubt, verschiedene Zeichensysteme und Explikationsgrade, konkret: Impressionen, Bilder, Sätze, abstrakte Begriffe und Symbole ineinander übergehen zu lassen. Selbst dem Vorstellungsmodell der Introspektion, das die Metaphorik visueller Wahrnehmung, wie er einräumt, allzu unkritisch verwendet und überanstrengt, möchte er ein gewisses Recht zubilligen »nicht nur in der allgemeineren Bedeutung der Selbstbesinnung, sondern auch in der engeren Bedeutung der inneren Wahrnehmung« (225) im Fall von Körpergefühlen und Stimmungen.

## II.

Wenn Krämer die Subjektthematik im Kontext einer großangelegten Neukonzeption praktischer Philosophie erörtert, so erfolgt von Kutscheras Zugang zu dieser Thematik im Rahmen seiner Auseinandersetzung mit dem Materialismus, den er im ersten Teil seiner Studie *Die falsche Objektivität* wegen dessen Unverträglichkeit mit den vorphilosophischen Ansichten und Sprechweisen als inkonsistent kritisiert, und dem er im zweiten Teil mit einem Alternativkonzept entgegentritt.

Epistemologisch wendet er gegen einen materialistischen Objektivismus ein: »Eine objektive Beschreibung der Welt muß diese unabhängig vom beschreibenden Subjekt charakterisieren. Sie darf also keine Sätze mit Indexausdrücken wie ›ich‹, ›heute‹ oder ›hier‹ enthalten, sondern nur Aussagen, deren Wahrheitswert unabhängig davon ist, wer sie äußert und wann und wo er das tut«.[4] Eine solche Beschreibung der Welt bleibt nun aber zwangsläufig in dem Sinne unvollständig, daß sie nichts darüber sagen kann, was jetzt der Fall ist. Mag sie auch die einzelnen Ereignisse zeitlich ordnen und für jeden Zeitpunkt angeben können, was vor ihm liegt und was nach ihm liegt, so kann sie doch keine Aussage machen wie: »Heute ist Donnerstag«. Und Entsprechendes gilt natürlich auch für räumliche Indexausdrücke wie »hier« und »dort«, für Demonstrativpronomina wie »dies« und »jenes« und für Personalpronomina wie »ich«. Es gibt aber nicht bloß empirische Tatsachen, die sich in diesem Fall objektiv nicht beschreiben lassen, sondern die Welt läßt sich rein objektiv ohne Bezugnahme auf uns als Sprecher in der Welt überhaupt nicht beschreiben. Alle Beschreibungen beruhen ja darauf, daß wir einen Bezug zwischen der Welt und uns selbst herstellen. Von Kutschera verweist in diesem Zusammenhang auf Strawson, dessen zentrale These bekanntlich lautet: »Wir können nur deshalb auf konkrete Dinge und Ereignisse referieren, weil wir selbst eine Position in Raum und Zeit haben« (280) und unter Bezugnahme auf besagte Position die Position der Dinge und Ereignisse bestimmen können. Für den radikalen Objektivismus läßt sich schließlich auch nicht die Wissenschaftsentwicklung ins Feld führen. Denn »man kann zwar durchaus von einem Prozeß zunehmender Objektivierung des Weltbildes der Physik sprechen, aber dieser Prozeß führt nicht zwangsläufig zu einer objektiven Sicht der Naturwirklichkeit in dem Sinne, daß alle subjektiven Faktoren ausgeschaltet werden könnten« (281). Auch das physikalische Weltbild bleibt noch ein Bild, das wir Menschen uns aufgrund unserer Erfahrungen von der Natur machen. Von Kutschera verwirft von daher auch das Konzept eines transzendenten Realismus, demzufolge die Natur etwas ist, was sich ohne Bezugnahme auf uns als Menschen be-

4 Franz von Kutschera: *Die falsche Objektivität*, Berlin 1993, S. 277. Nachfolgende einfache Seitenangaben beziehen sich in Abschnitt II auf diese Arbeit.

stimmen ließe. Vielmehr geht er im Sinne eines Erfahrungsrealismus davon aus, daß die einzig sinnvolle Bestimmung der Natur die ist, daß sie Gegenstand unserer Erfahrung ist. Und damit verbindet sich für ihn ein physikalischer Realismus, den er so erläutert: »Die Aussagen physikalischer Theorien sind ... nur kraft ihrer Verbindung mit Sätzen der Beobachtungssprache Aussagen über die Welt, und für die Namen der Beobachtungssprache wird die Referenz nicht objektiv, sondern nur durch Bezugnahme auf uns als Subjekte in der Welt bestimmt« (282).

Ineins mit der Widerlegung des materialistischen Konzepts einer objektivistischen Weltbeschreibung geht es von Kutschera freilich auch um die Widerlegung des materialistischen Konzepts einer objektivistischen Theorie des Denkens und Erkennens. Daher setzt er sich eingehend mit der Evolutionären Erkenntnistheorie auseinander, die von sich behauptet, die Funktionsweise unserer Optik auf die Welt von einem externen Standpunkt, nämlich dem der Biologie, aufklären zu können. Nach von Kutschera kann solches nicht gelingen, denn »wir sehen als Menschen immer nur mit Hilfe unserer Optik etwas, sie ist also immer auch Mittel nie nur Gegenstand« (113). Das Programm, die Rückseite des Spiegels der menschlichen Erkenntnis via Biologie aufzuklären, scheitert m. a. W. daran, daß der Biologe, der solches unternimmt, unterschlägt, daß auch sein eigener Spiegel eine Rückseite hat.

Neben den problematischen epistemologischen Anschauungen des Materialismus – Stichwort Objektivismus – geht von Kutschera auch auf die problematischen handlungstheoretischen Konsequenzen ein, die der Materialismus nach sich zieht – Stichwort Determinismus. Das entscheidende Problem bei den Vertretern des Determinismus sieht er darin, daß diese sich selbst nicht ernst nehmen. »Nimmt man an«, so schreibt er, »der Determinist hätte jedenfalls im eigenen Fall recht, so muß man davon ausgehen, daß er denkt, wie er aufgrund vorgängiger Ursachen denken muß. Auch seine deterministische Überzeugung ist also Produkt seiner Erbanlagen, seiner Erziehung, der Sinneseindrücke, denen er ausgesetzt war, nicht aber Resultat vernünftiger Überlegungen und Einsichten. Seine These ist dann aber für uns kognitiv nicht relevanter als sein Husten. Sie besteht aus Lauten, die er von sich gibt, die zwar für uns eine bestimmte Bedeutung haben, von denen man aber nicht sagen kann, er selbst verstehe sie, oder drücke mit ihnen etwas aus« (98). Der Determinist kann sich m. a. W., wenn er seine Theorie auf sich anwendet, nicht als rationalen Agenten begreifen, der die Fähigkeit hat, sachlichen Gründen zu folgen. Wenn dem aber so ist, muß man fragen: Welchen Wert hat die These, die er vertritt, dann noch für ihn selber? Dieser Hinweis auf die Kontraintuitivität der deterministischen Position bedeutet für von Kutschera freilich noch keinen Beweis dafür, daß wir an sich, gewissermaßen sub specie aeternitatis, freier Handlungen fähig sind. Theoretisch – darin würde von Kutschera Kant zustimmen – läßt sich die Realität von Freiheit nicht nachweisen, wohl aber läßt sich zeigen, daß wir ohne die Annahme von Freiheit nicht auskommen. Von Kutschera erläutert diese Position wie folgt: »Ich kann nicht annehmen, daß es keine Freiheit gibt, weil Annehmen selbst ein freier Akt ist. Das allein rechtfertigt aber selbstverständlich noch nicht die These, es gebe Freiheit, denn man könnte sich auch einer Stellungnahme in dieser Frage enthalten. Praktisch ist das aber nicht möglich. Denn die Annahme von Freiheit ist erstens ... in unserem Verständnis von uns selbst, unserem Verhalten, Denken, Sprechen und Leben so tief verankert, daß wir dazu keine vernünftige Alternative haben. Zweitens prägt sie unser Tun, unseren Umgang mit anderen, unsere soziale Wirklichkeit« (156). Wir können sie also allenfalls theoretisch, nicht aber praktisch suspendieren.

Subjekttheoretisch relevant ist des weiteren von Kutscheras Auseinandersetzung mit dem vom Materialismus propagierten ontologischen Reduktionismus. Einschlägig ist in diesem Zusammenhang die sog. Identitätsthese, die besagt, daß jeder geistige Vorgang oder Zustand mit irgendeinem körperlichen Vorgang oder Zustand identisch ist, so daß alle mentalen Ereignisse körperliche Ereignisse sind. Von Kutschera führt zwei Argumente gegen eine solche These ins Feld. Erstens müßten nach dem Prinzip der Substituierbarkeit des Identischen mentale Zustände dieselben Eigenschaften haben wie die ihnen entsprechenden neurophysiologischen Zustände. Das ist aber augenscheinlich nicht der Fall. Denn »Schmerzen sind stechend, Gedanken deprimierend und unklar, Gefühle tief, während Gehirnzustände weder stechend noch deprimierende, noch unklar oder tief sind« (13). Zweitens führt er gegen eine solche Identitätsthese den wesentlich phänomenalen Sinn von Prädikaten für mentale Zustände ins Feld. Unter mentalen Zuständen versteht er dabei psychologische Zustände, Vorgänge und Akte, die ihrem Träger im Zeitpunkt ihres Vorkommens bewußt sind und über deren Vorliegen er sich nicht irren kann. Konkret handelt es sich hierbei um Gefühle, sinnliche Eindrücke, Überzeugungen, Absichten und Akte des Denkens. Der phänomenale Sinn solcher Zustände unterscheidet sich nun von der objektiven Beschaffenheit von Dingen. Denn in diesem Fall gibt es keinen Unterschied zwischen Sein und Erscheinen. Von Kutschera bringt hier folgendes Beispiel: »Dinge der Außenwelt können anders sein als sie uns erscheinen. Einen Kristall sehen wir z. B. als etwas Homogenes, Dichtes an, während uns die Physik sagt, daß er ein Gitter von Molekülen ist und daß sein Volumen zum größten Teil aus leerem Raum besteht. Schmerzen sind hingegen so, wie wir sie empfinden; hier gibt es keinen Unterschied von Sein und Erscheinen. Ich habe genau dann Schmerzen, wenn es mir so erscheint, und ich habe genau die Art von Schmerzen, von denen es mir erscheint, als hätte ich sie. Man kann also nicht sagen, Schmerzen seien ihrer Natur nach bestimmte Hirnzustände, die wir nur als Schmerzen empfinden« (21). Analog ist es auch im Fall von Überzeugungen. Auch hier gibt es keine Differenz von Sein und Erscheinen. Denn »es kann mir nicht so erscheinen, als glaubte ich das und das. Das Mentale ist vielmehr, was es für uns ist, wie es uns erscheint und hat keine davon unterscheidbare Natur, sondern nur ein objektives Korrelat« (ebd.). Von Kutschera leugnet also nicht, daß dem Mentalen bestimmte Gehirnprozesse korrelieren. Er wendet sich nur dagegen, diese Gehirnprozesse einfach mit dem Mentalen zu identifizieren. Dagegen spricht das Für-uns-Sein des Mentalen.

Die anthropologischen Konsequenzen des Materialismus werden vor allem deutlich in dessen Persontheorie. Daher stellt sich von Kutschera auch die Frage: Welche Alternative gibt es zu einer materialistischen Persontheorie? Dualistische Lösungen, so macht er deutlich, sind in diesem Fall problematisch. Das gilt sowohl für den Substanzen- wie für den Eigenschaftsdualismus. Gegen Descartes Substanzendualismus wendet er ein: »Normalerweise schreiben wir Denken, Glauben, Empfinden und Wollen Personen zu, die wir gleichzeitig freilich auch als Träger physikalischer Eigenschaften ansehen. Wir sagen nun aber weder: ›Meine Seele glaubt, daß es 12.00 Uhr ist‹ noch ›Mein Körper wiegt 85 kg‹, sondern ›Ich glaube, daß es 12.00 Uhr ist‹ und ›Ich wiege 85 kg‹« (205). Dieser sprachliche Befund läßt es nicht als sinnvoll erscheinen, mit Seelen bzw. Körpern als separaten Substanzen zu operieren, die als Träger unterschiedlicher Eigenschaften und Akte fungieren. Aber auch die schwächere Version des Dualismus, der Eigenschaftsdualismus, bereitet Schwierigkeiten. Problematisch ist in diesem Fall die Annahme, daß es zwei getrennte Klassen von Eigenschaften gibt, rein psychologische und rein physikalische, denn viele Prädikate, die wir auf Personen anwenden, haben sowohl psychologische wie physikalische Bedeutungskomponenten. Oft enthalten psychologische Sätze physikalische Informationen, da Überzeugungen oder Gefühle in der Regel mit bestimmten Verhaltensdispositionen verbunden sind. Umgekehrt enthalten viele physikalische Sätze über Personen, die ihr Verhalten beschreiben, auch psychologische Informationen. Die Einteilung der Prädikate, die wir Personen zusprechen, in psychologische und physikalische Prädikate ist also »keine Frage des Entweder – Oder, sondern eine Frage des Mehr oder Weniger« (208). Hinzu kommt, daß es eine ganze Reihe von Prädikaten gibt, die man weder als psychologisch noch als physikalisch bezeichnen kann. Wenn aber der Dualismus als Lösungsmöglichkeit ausscheidet, wie läßt sich dann die Person ontologisch fassen? Von Kutscheras Antwort: Wir müssen bei der Anwendung des Substanzbegriffs auf die Person differenzieren: Personen lassen sich nur in einem weiten Sinn des Wortes als Substanzen auffassen, nicht jedoch in einem engen Sinn. In einem weiten Sinn meint Substanz eine Entität, die Eigenschaften hat, aber selbst nicht bloßes Attribut ist – wir sprechen in diesem Fall auch von Individuum. In einem engen Sinn bedeutet Substanz einen Gegenstand, dem man eine Existenz und Beschaffenheit an sich zusprechen kann – wir sprechen in diesem Fall auch von Objekt. Entscheidend für von Kutschera ist nun, daß der enge Substanzbegriff auf die Person keine Anwendung finden kann, denn »ich bin für mich selbst nicht etwas an sich, sondern etwas für mich, und zumindest im mentalen Bereich bin ich so, wie ich für mich bin« (210). Sein und Erscheinen fallen hier, wie wir schon gesehen haben, nicht auseinander. Von Kutschera unterscheidet daher ontologisch zwischen Person und Objekt. Daraus folgt für ihn selbstverständlich nicht, daß andere Personen für mich keine Objekte sein könnten, seine These ist nur: Ich bin für mich selbst kein Objekt. Des weiteren möchte von Kutschera, wenn er auf dem Subjektcharakter der Person insistiert, keineswegs leugnen, daß ich mir selbst zum Gegenstand der äußeren und inneren Erfahrung werden kann. Die

Möglichkeit der Selbstthematisierung ist damit also nicht ausgeschlossen. Er möchte nur die Vorstellung ausschließen, ich könnte mich als ein Objekt beschreiben und begreifen, wie ich das im Fall eines natürlichen Gegenstandes tun kann. Wesentlich für sein Personverständnis ist also: Wir können uns nicht als Objekte, das heißt als natürliche Gegenstände im Sinne eines bloßen Teils der Natur betrachten, sondern wir müssen uns »als Individuen begreifen, die einen Ort unter den natürlichen Dingen haben« (221) oder, um eine andere Formulierung von Kutscheras aufzunehmen, »in unseren körperlichen Eigenschaften Subjekte« (ebd.) sind. Von Kutschera verdeutlicht dieses Personkonzept in Abhebung von Kants These, daß der Mensch zwei Welten angehört, einer empirischen Welt und einer noumenalen Welt. Gegen eine solche These macht er geltend: Wir sind keine Doppelwesen, sondern wir gehören auch als Subjekte zur empirischen Realität der Welt, nur umfaßt diese eben mehr als die naturale Realität.

Subjekttheoretisch von Interesse ist schließlich auch seine Stellungnahme im Streit um das Problem der personalen Identität. Die materialistische Auskunft lautet in diesem Fall, »daß die Identitäts-und Persistenzbedingungen von Personen mit den Identitäts- und Persistenzbedingungen derjenigen materiellen Gegenstände zusammenfallen, die wir sind«.[5] Da wir nun aber Mitglieder einer biologischen Species sind, ist dasjenige, was ungeachtet aller Veränderungen ein und dasselbe bleibt, der Organismus. Die Gegenthese lautet: »Personale Identität konstituiert sich nicht auf der körperlichen (leiblichen oder organismischen Ebene), sondern auf der geistigen oder mentalen Ebene« (ebd.). Das, was die Einheit unseres mentalen Lebens gewährleistet, ist nichts Körperliches, sondern kann nur etwas Immaterielles sein, beispielsweise ein reines Ego.

Von Kutschera bezieht in diesem Fall wie folgt Position: Auszugehen ist bei der Identitätsproblematik vom Selbstbewußtsein des Menschen, das er a) näher bestimmt als »Bewußtsein seiner Identität in all seinem Denken, Tun und Erleben, soweit seine Erinnerung reicht«, in dem b) aber auch »die Unterscheidung seiner selbst von anderen Personen und Dingen« impliziert ist, die ihm begegnen und das c) schließlich die Voraussetzung dafür darstellt,

---

5 Vgl. Hans-Dieter Heckmann: *Mentales Leben und materielle Welt*, Berlin 1994, S. 8.

»daß uns nicht nur Inhalte unseres Denkens und Erfahrens bewußt sind, sondern auch Denken, Erfahren und Tun als eigene Akte« (232). Daraus ergibt sich die Priorität des subjektiven Kriteriums des Identitätsbewußtseins gegenüber dem physikalischen Identitätskriterium. Denn letzteres kann nur Anwendung finden unter der Voraussetzung des ersteren. Wichtig sind in diesem Zusammenhang die folgenden beiden Präzisierungen. 1) »Die zeitlichen Grenzen des Identitätsbewußtseins sind nicht die Grenzen unserer Existenz, wenn auch die unserer Existenz mit personalen Eigenschaften« (236). Auch wenn meine Erinnerung nicht bis zu meiner Geburt reicht, hindert das mich nicht zu sagen, ich sei dann und dann geboren. Mein Selbstbewußtsein umfaßt folglich nicht meine ganze Beschaffenheit und ist folglich auch nicht in der Lage, alle Probleme zu lösen, die sich bezüglich meiner selbst stellen. Gleichwohl stellt es »die letzte Grundlage dafür dar, daß ich mir überhaupt Eigenschaften zuschreiben kann, denn es bestimmt den Sinn des Wortes ›ich‹« (ebd.). 2) Faktisch müssen beim Menschen drei verschiedene Identitätskriterien Anwendung finden, denn man kann einen Menschen als physischen Körper, als Lebewesen und als Person betrachten. Im ersten Fall müssen wir auf das Identitätskriterium für physische Dinge rekurrieren, das lautet: »Physische Dinge sind genau dann identisch, wenn sie dieselbe Weltlinie haben« (223), im zweiten Fall ist das Identitätskriterium die Kontinuität eines einzigen Lebens, und im dritten Fall schließlich die Einheit des Bewußtseins, wie bereits Locke herausgearbeitet hat. Wenn wir diese drei Identitätskriterien anwenden, kommen wir zu einer Differenz der Existenzspannen bei dem menschlichen Körper, dem Menschen als Lebewesen und der menschlichen Person, die von Kutschera wie folgt erläutert: »Der Körper der Person A existiert vom Zeitpunkt $t\,1$ der Verschmelzung von Samen- und Eizelle bis zu einem Zeitpunkt $t\,2$ seiner Zerstörung und seines Zerfalls. Als Lebewesen existiert A von $t\,1$ bis zu dem Zeitpunkt $t\,3$ seines Todes, der vor $t\,2$ liegen möge. Person ist A erst von dem Zeitpunkt $t\,4$ an, in dem man ihm Selbstbewußtsein, Erinnerung, Wahrnehmungsfähigkeit zuschreiben kann. Diese Fähigkeiten können aber schon zu einem Zeitpunkt $t\,5$ vor $t\,3$ verlöschen« (233).

Soweit ein kurzer Blick auf die Überlegungen Krämers und von Kutscheras, deren Differenz nicht zu übersehen ist. Zu dieser Differenz abschließend noch einige Hinweise.

Zunächst einmal fällt auf, daß der Problemhintergrund in beiden Fällen ein anderer ist. Bei Krämer ist der Problemhintergrund die neuere subjekttheoretische Diskussion. Deutlich wird das an den Themenkomplexen, die er anspricht, nämlich der von der Heidelberger Schule aufgeworfenen Reflexionsproblematik sowie den diversen Infragestellungen der klassischen Subjektkonzeption durch die Vertreter des *linguistic turn*, der Systemtheorie, der Intersubjektivitätstheorie und des postmodernen Pluralismus. Für von Kutschera gibt hingegen der Materialismus den Problemhintergrund ab, dessen Herausforderung sich die Philosophie s. E. stellen muß, da dieser 1) auf eine monistische Wirklichkeitskonzeption hinausläuft (denn seine These lautet ja: Nur Physisches ist real), 2) zwangsläufig reduktionistisch verfährt (denn er ist ja nur schlüssig, wenn sich eine Reduktion des Psychischen auf Physisches durchführen läßt), 3) durchaus ontologische Ambitionen hat (denn er nimmt für sich in Anspruch, die einzig vernünftige Alternative zu bieten zu einem ontologischen Idealismus, den er für absurd, zu einem ontologischen Dualismus, den er für unhaltbar, und zu einem neutralen Monismus, den er für hoffnungslos vage hält), 4) Weltanschauungscharakter zumindest bei vielen Vertretern der scientific community besitzt, aber auch darüber hinaus und 5) faktisch die Rolle einer wissenschaftsgestützten philosophia prima übernimmt. Bezeichnend für die Differenz Krämers und von Kutscheras ist, daß der Materialismus bei Krämer keine explizite Erwähnung findet, obwohl er sich durchaus mit einer Reihe von Formen moderner Subjektkritik auseinandersetzt und umgekehrt von Kutschera auf die von Krämer genannten Problemfelder nicht eingeht. Faktisch dürfte das damit zusammenhängen, daß beide Autoren in verschiedenen Theorietraditionen beheimatet sind, Krämer in der klassischen subjektphilosophischen Tradition und von Kutschera in der Tradition der analytischen Philosophie des Geistes. Das gilt unbeschadet mancher Bezugnahmen auch auf andersgeartete Theoriezusammenhänge, die sich bei beiden Autoren finden. So rekurriert etwa von Kutschera durchaus auf Kantische Theoriemomente, und umgekehrt ist Krämer um eine differenzierte Würdigung Tugendhats bemüht.

Von dem unterschiedlichen Problem- und Traditionshintergrund her erklärt sich zweitens auch die unterschiedliche Perspektive auf das Problem theoretischer Subjektivität in beiden Fällen.

Wesentlich für Krämers Subjektkonzeption sind:

1) Der Rückgriff auf die klassische Unterscheidung von intentio directa und intentio obliqua, das heißt von Intentionalität und Reflexion oder, wie Krämer sich auch ausdrückt, von Bewußtsein erster und zweiter Ordnung.

2) Das Insistieren auf der egologischen Struktur des Bewußtseins mit der Differenzierung von originärem und reflektierenden Ich, welche zusammen eine transzendentale Struktur bilden, wobei die Transzendentalität dieser Struktur allerdings nicht mit einem Kantischen Bewußtsein überhaupt, sondern mit dem faktischen individuierten Bewußtsein in Verbindung zu bringen ist.

3) Die Unterscheidung von Ich und Selbst und dementsprechend auch die Unterscheidung zwischen Ichreflexion und Selbstreflexion, das heißt zwischen der Selbsterfassung des Ichs als Bewußtseinsprinzip und der reflexiven Thematisierung des Selbst.

4) Der Entwurf eines Konzepts theoretischer Subjektivität, das anschlußfähig ist an ein Konzept praktischer Subjektivität, in welchem die Ich-Instanzen eine Erweiterung erfahren und in dem zugleich das Selbst des Menschen in seiner Mittelstellung zwischen Ich und Welt eine Präzisierung erfährt als die Summe unseres Könnens und Nichtkönnens, unserer Möglichkeiten und Unmöglichkeiten, wobei als weitere Implikation mitzubedenken ist: Besagtes Konzept praktischer Subjektivität ist seinerseits wieder rückgebunden an eine Anthropologie in praktischer Absicht, welche Anregungen aus der Existenzphilosophie und der Philosophischen Anthropologie unseres Jahrhunderts aufnimmt und das Proprium des Menschen dahingehend bestimmt, »er sei fähig des Überstiegs ins Andere und Mögliche, mit der Emanzipation vom Hier und Jetzt sowohl in Bezug auf sich selbst wie auf die Welt und in der Zeitdimension«.[6]

Für von Kutscheras antiobjektivistischen Zugang zur Subjektproblematik ist hingegen charakteristisch:

6 Krämer, a.a.O., S. 250.

1) Der Nachweis des Scheiterns aller Formen eines materialistischen Reduktionismus, gleichgültig ob dieser nun wie die Identitätsthese mit Mikroreduktionen operiert, indem er mentale Phänomene auf Gehirnzustände zurückführt, oder mit Makroreduktionen, indem er mentale Phänomene auf solche des äußeren Verhaltens zurückführt. (Konkret wäre hier etwa an den Behaviorismus zu denken, der von der nomologischen Definierbarkeit psychologischer Ausdrücke durch Verhaltensterme ausgeht sowie an den Funktionalismus, der behauptet, mentale Zustände und Prozesse seien vollständig durch die kausale Rolle charakterisiert, die sie in der Vermittlung zwischen Reizen und Reaktionen spielen).

2) Die Verteidigung der Nichteliminierbarkeit der subjektiven Perspektive, die freilich nicht in einem unauflöslichen Konflikt steht zu einer ebenso möglichen objektiven Perspektive, wie etwa Thomas Nagel behauptet, da es eine externe Sicht der Welt im Sinne eines transzendenten Realismus für uns nicht gibt, sondern nur eine interne Sicht der Dinge im Sinne eines immanenten Realismus, welcher damit ernst macht, daß jede Sicht der Welt die Sicht eines Subjekts ist und als solche von den Formen seines Denkens und Erfahrens geprägt ist.

3) Der Nachweis der Unmöglichkeit einer objektivistischen Theorie unseres Erkennens, da dieses nicht auf dem Wege kausaler Determination zustande kommt, sondern davon auszugehen ist, daß unsere Annahmen auf einem Akt der Zustimmung im Urteil basieren, das sich bei dieser Zustimmung von Gründen leiten läßt und nur denkbar ist, wenn wir die Aktivität eines Subjekts, das diesen Zustimmungsakt setzt, supponieren.

4) Die Ablehnung einer sich auf die kausale Geschlossenheit des physischen Bereichs berufenden deterministischen Handlungstheorie, mit dem Hinweis, eine solche Autonomie des Physischen widerspreche unserem Selbstverständnis als freie Agenten, die in den Lauf der Dinge eingreifen können, was gerade für den experimentierenden Naturwissenschaftler wesentlich ist.

Ungeachtet mancher Überschneidungen – so findet sich die Unterscheidung von Intentionalität und Reflexion nicht nur bei Krämer, sondern der Sache nach auch bei von Kutschera –, die Differenz ist auch in diesem Fall deutlich. Krämer geht es um die Ausarbeitung der Binnenstruktur des Phänomens Subjektivität, von Kutschera dagegen um den Nachweis von dessen Irreduzibilität.

Ein dritter Differenzpunkt ist die unterschiedliche Behandlung des Leib-Seele-Problems bei beiden Autoren. Für Krämer ist klar: Eine Verteidigung der cartesischen Egologie beinhaltet noch kein Plädoyer für eine cartesische Substanzenontologie. Denn die Ich-Instanz, auf die man referiert, kann genauso auch funktionalistisch interpretiert und auf neurophysiologische Substrate bezogen werden. Der Rekurs auf die Substanzkategorie ist also nicht erforderlich, vielmehr kann, so meint er, die Ich-Instanz auch kategorial als Eigenschaft oder als Relation gefaßt werden. Verworfen wird von ihm aber nicht nur Descartes' substantialistische Lösung des Leib-Seele-Problems, sondern auch eine, wie er es nennt, kraftlose Formalisierung im Stil der Kantischen Transzendentalphilosophie und der reduktionistische Rekurs auf referenten- und instanzenlose Bewußtseinszustände. Vielmehr plädiert er für einen »ontologisch neutralen und mehrdeutigen Epiphänomenalismus« (219), der aber eine eigene, intern aufweisbare phänomenale Struktur aufweist. Wichtig an dieser Stellungnahme zum Leib-Seele-Problem ist: Was Krämer eindeutig verwirft, ist ein egologischer Reduktionismus, dagegen vermeidet er eine eindeutige Festlegung in Sachen Ontologie. Eine funktionalistische Ontologie ist für ihn durchaus vorstellbar und auch der Epiphänomenalismus, den er vertritt, ist, wie er ausdrücklich betont, mehrdeutig. Ein ontologischer Reduktionismus wird von ihm also nicht ausgeschlossen. Von daher wird es verständlich, warum er der Überzeugung ist, es lasse sich als generelle These vertreten, Bewußtsein und Selbstbewußtsein seien ebenso wie Leben als »abgestufte Hemmungsprodukte in der Evolutionsgeschichte der Natur« zu verstehen (244), die jeweils die Funktion hätten, Widerstände und Gehemmtheiten zu kompensieren.

Von Kutschera hingegen erstrebt beim Leib-Seele-Problem eine eindeutige ontologische Klärung mit Hilfe des Personbegriffs und verwirft zudem jede emergentistische Deutung des Phänomens Subjektivität. Was den Personbegriff angeht, so grenzt er sich zunächst sowohl von dem Personverständnis von B. Williams ab, der Personen mit ihren Körpern identifiziert, wie von dem Personverständnis des Boethius, der einzig auf die geistige Natur der Person abhebt. Wenn er auch mit Krämer die cartesische Substanzenontologie als Lösungsmodell verwirft, so argumentiert er bei seiner Problemlösung doch insofern substantialistisch, als er die Person als Substanz im weiteren Sinne, nämlich als Individuum, versteht.

Ein Mensch ist, so gesehen, kein Körper, denn unter einem Körper verstehen wir ein physisches Objekt oder eine Substanz im engeren Sinne, wohl aber hat er als Person auch körperliche Eigenschaften. Ebensowenig ist es nach von Kutschera notwendig, die Person mit der Seele zu identifizieren, die sich im Tod vom Körper löst. Denn man braucht wie gesagt den Körper nicht als eigenen Gegenstand zu betrachten, sondern kann von körperlichen Eigenschaften von Personen sprechen. Für die Frage nach dem Fortleben nach dem Tod ist damit nichts negativ präjudiziert. Denn wenn wir die Vorstellung von körperlosen Wesen bilden können, die zumindest gewisse Familienähnlichkeiten mit lebenden Personen aufweisen, so ist es möglich, den Begriff der Person entsprechend auszuweiten. Allerdings geht von Kutschera nicht näher darauf ein, sondern beschränkt sich auf lebende Personen. Bei pathologischen Fällen ist es s. E. nicht notwendig, von mehreren Personen im gleichen Körper zu reden, sondern nur davon, daß der Mensch in wechselnden Phasen mehrere Persönlichkeitsstrukturen mit unterschiedlichen Charakteren, Verhaltensweisen und Erinnerungen annimmt. Auf den Einwand, ein menschliches Individuum, das kein Bewußtsein mehr hat, könne nicht mehr als Person angesprochen werden, erwidert er, es gebe keine scharfen Grenzen, innerhalb deren wir einem Wesen noch Bewußtsein, Überzeugungen, Präferenzen oder Handlungen zuschreiben könnten, und daher sei in normalen Fällen der Personbegriff nicht enger zu fassen als der Begriff des Menschen. Neben der Klärung des Personbegriffs wendet sich von Kutschera gegen eine Genetisierung des Seelisch-Geistigen aus dem Naturzusammenhang mit dem Argument, das Seelisch-Geistige sei kein Teil der Natur und lasse sich also auch nicht physikalisch oder biologisch erklären. Denn »naturwissenschaftlich kann man nur sagen, wie der Mensch in seiner physischen Natur und wie jene physischen Phänomene entstanden sind, die mit mentalen korreliert sind. Man kann insbesondere erklären, wie sich die Evolution des menschlichen Gehirns vollzogen hat und wie es als physikalisches System funktioniert. Rein physikalisch aber läßt sich nicht begründen, warum beim Menschen Bewußtsein und Denken auftreten, und warum sie gerade so und nicht anders mit Vorgängen im Gehirn korreliert sind«.[7] Eine solche Argumentation ist nur verständlich

---

7 Kutschera, a.a.O., S. 263.

auf dem Hintergrund der Auseinandersetzung von Kutscheras mit dem Materialismus, der davon ausgeht, daß die Natur »die einzige und die gesamte Realität« ist und »alle empirischen Ereignisse ... naturgesetzliche Folgen des Urknalls und von Zufallsereignissen« sind (269). Einer solchen radikalen Position läßt sich nach von Kutschera nur mit einer Alternativposition begegnen, die keinen Zweifel daran läßt, daß die Welt als Gesamt der Tatsachen mehr umfaßt als die bloße Natur. Sie umfaßt nämlich auch Personen und seelisch-geistige Phänomene. Letztere stellen eine »fundamentale Realität« dar, die »grundsätzlich nicht aus anderem ableitbar ist, weder aus Physischem noch im Sinn des neutralen Monismus aus einer Realität,die Psychischem und Physischem zugrundeliegt« (ebd.) – daher von Kutscheras Ablehnung eines emergentistischen Naturalismus, der zweifellos auch im Fall einer »phylogenetischen Erklärung der Subjektivität aus der Überformung von Hemmungsstrukturen« gegeben ist[8], selbst wenn von Kutschera eine solche Erklärung bei seiner Kritik des Emergentismus nicht im Visier hat.

Das führt auf eine vierte Differenz, welche die weltanschaulichen Grundannahmen betrifft, von denen beide Autoren ausgehen. Bezeichnend ist, wenn Kutschera seine Auseinandersetzung mit dem Materialismus beschließt mit einem Ausblick auf die Oikeiosiskonzeption der stoischen Ethik, deren Grundidee er wie folgt erläutert: »Mit dem Selbstbewußtsein entsteht zunächst die Selbstliebe und ein natürliches Interesse für das, was uns nützt und unserer Selbsterhaltung dient. Wenn wir dann unsere Verwandtschaft mit anderen Menschen erkennen, die in der Gemeinsamkeit unserer Vernunft besteht, erweitert sich diese Liebe auf andere Menschen, und mit der Einsicht ..., daß unser Geist mit der universellen Vernunft verwandt ist, die die Welt regiert, bezieht sich unsere Teilnahme auf die ganze Welt. Oikeiosis besteht darin, daß wir uns das Telos der Gesamtrealität zu eigen machen und das Interesse am Ganzen zu unserem eigenen wird. Die Erkenntnis, daß wir Teil der Gesamtnatur sind, führt zu einer Sympathie mit allen Geschöpfen, die die Schranken des partikularen Egoismus aufhebt, sie führt zu einer Orientierung unseres Handelns an transsubjektiven Zielen und verleiht so unserem end-

8 Krämer, a.a.O., S. 247.

lichen Leben dauerhaften Sinn«.[9] Von Kutschera ist sich natürlich bewußt, daß »die stoische Weltsicht ... für uns heute keine echte Alternative mehr ist« (298), trotzdem dient sie ihm noch als Hintergrundvorstellung, an der aktuelle philosophische Bemühungen zu messen sind. Denn eine Weltanschauung muß ein Verständnis der Wirklichkeit vermitteln, mit dem wir leben können. In diesem Punkt versagt aber der Materialismus, weil er das Konzept einer sinnleeren Welt propagiert, innerhalb derer das menschliche Dasein eine bloße Farce ist, so Steven Weinberg[10] bzw. wie Jacques Monod formuliert, dem Menschen nichts anderes übrigbleibt als sich seine totale Verlassenheit einzugestehen »als Zigeuner am Rand eines Universums, das für seine Musik taub ist und gleichgültig gegen seine Hoffnungen, Leiden und Verbrechen«.[11] Gegenüber solchen Formen eines wissenschaftlichen Sinndementis plädiert Kutschera für eine Rehabilitierung der lebensweltlichen Sinnerfahrung und verwirft einen sog. wissenschaftlichen Realismus, der jede Form von lebensweltlicher Sinnerfahrung – konkret denkt er hier etwa an die ästhetische oder ethische Sinnerfahrung – für illusionär erklärt. Vielmehr geht es ihm darum, Sinnmomente in der Wirklichkeit selbst auszumachen, die das materialistische Sinndementi gewissermaßen falsifizieren. Ein solches Sinnmoment ist für ihn, neben ästhetischen und ethischen Werten, auch das Phänomen Subjektivität selbst als eine Realität sui generis, das er daher mit einem beträchtlichen argumentativen Aufwand gegen alle Formen eines reduktionistischen Materialismus und Naturalismus verteidigt.

Krämer hingegen betont, unter den Bedingungen einer postteleologischen, nominalistischen und pluralistischen Moderne bzw. Postmoderne müsse man auf die Vorstellung eines allgemein verbindlichen Sinnes ebenso verzichten wie auf die Vorstellung eines auf weitere Zusammenhänge verweisenden Sinnes des Menschen, der Welt oder Geschichte. Was uns verbleibe, sei lediglich »ein der Welt immanenter Lebenssinn für den einzelnen oder für Gruppen«[12], der aber nicht notwendig objektivierbar und intersubjek-

---

9 Kutschera, a.a.O., S. 297.
10 Vgl. Steven Weinberg: *Die ersten drei Minuten – Der Ursprung des Universums*, München 1977, S. 212.
11 Vgl. Jacques Monod: *Zufall und Notwendigkeit*, München 1971, S. 211.
12 Krämer, a.a.O., S. 295.

tiv übertragbar ist, mit wechselnden Anteilen sowohl aktiv bewirkt sein wie auch rezeptiv zufallen kann, und von einzelnen Erfüllungserlebnissen über Sinnkurven und -schicksale bis zum Gesamtsinn des je eigenen Lebens reicht. Entscheidend für den Sinn ist das Moment der Zusammenstimmung von Welt und Selbst. Im Fall einer Störung dieser Zusammenstimmung ist das existenzielle Krisenmanagement des Subjekts gefordert, das sehr verschiedene Formen annehmen kann -Krämer nennt als Extreme den Rekurs auf die Religion als Mittel der Kontingenzbewältigung und den Selbstmord. Im ganzen stellt er konsequent auf eine Pluralisierung und Individualisierung der Sinnproblematik und entsprechend auch auf eine Pluralisierung und Individualisierung von deren Bewältigung ab, und hierin unterscheidet er sich von von Kutschera, der, ohne auf eine metaphysische Supertheorie zu rekurrieren, deren Problematik er vielmehr gerade in der Auseinandersetzung mit dem Materialismus herausarbeitet, doch davon ausgeht, eine Lösung der Sinnproblematik hänge entscheidend davon ab, daß sich allgemeine Sinnmomente in der Wirklichkeit aufweisen ließen.

Abschließend kann festgehalten werden: Krämers und von Kutscheras Ausführungen, die beide eine integrative Sicht bestimmter, für die aktuelle subjektphilosophische Diskussion relevanter Theoriezusammenhänge bieten[13], machen deutlich: Die Subjekt-

---

13 Die integrative Sicht, die beide Autoren bieten, beschränkt sich freilich im wesentlichen auf die Herausarbeitung einiger Essentials einer Theorie des Subjekts. Eine umfassende Aufarbeitung der klassischen und modernen Diskussion des Problems der Subjektivität unter Einbeziehung der klassischen und modernen Diskussion um den Personbegriff liegt nicht in ihrer Intention, dürfte derzeit aber ein echtes Desiderat darstellen. In neueren Arbeiten im deutschsprachigen Raum scheint derweil die Tendenz vorherrschend, bestimmte Theoriezusammenhänge aufzuarbeiten. Das gilt etwa für die Studie von F. A. Koch: *Subjektivität in Raum und Zeit*, Frankfurt/M. 1990, und auch für die Arbeit von K. Müller: *Wenn ich ›ich‹ sage*, Frankfurt/M. 1994. Koch selbst betont im Vorwort, seine Untersuchung führe nur an die »Schwelle einer Theorie der Subjektivität« (10) und Müller will, wie er eingangs bemerkt, »einer theologischen Versöhnung mit dem Subjekt den Weg bereiten« (16). Beide gründlichen und verdienstvollen Untersuchungen sind freilich auch dazu angetan, die sachliche Schwierigkeit einer solchen Aufarbeitung zu verdeutlichen. Müller vermittelt stärker noch als Koch einen Eindruck von der Differenziertheit der Diskus-

theorie ist in der Tat ein kontroverses Unternehmen. Denn kontrovers ist erstens, wie materialistische Versuche, ein objektivistisches Selbstverständnis des Menschen zu etablieren, zu bewerten sind, ob sie eine ernsthafte philosophische Herausforderung darstellen oder nicht. Kontrovers ist zweitens, ob bei der Entwicklung einer Subjektkonzeption von einem Primat der Theorie oder aber von einem Primat der Praxis auszugehen ist. Kontrovers ist drittens, wie weit das Problem des menschlichen Selbstverständnisses von klassischen Vorstellungsmodellen wie einer von Aristoteles und Locke her interpretierten Persontheorie anzugehen ist oder wie weit für dessen Klärung umgekehrt Überlegungen der philosophischen Anthropologie und der Existenzphilosophie unseres Jahrhunderts ausschlaggebend sind. Kontrovers ist schließlich viertens, ob bei der Beantwortung der für die Weltstellung des Subjekts zentralen Sinnfrage der Rekurs auf allgemeine Sinnmomente möglich ist oder ob wir in diesem Fall nur auf existenziellsubjektive Bewertungsmaßstäbe rekurrieren können. Wie man hier jeweils gewichtet, hängt nicht allein von bestimmten methodischen Standards oder von bestimmten Anschauungen über den Gang der Philosophiegeschichte ab, sondern berührt zweifellos auch Fragen einer philosophia prima. Über letztere aber besteht derzeit kein Konsens, so daß die Vermutung einiges für sich hat, daß nicht zuletzt deshalb auch die gegenwärtige Subjekttheorie »hochkontrovers« ist.[14] Die Schlußfolgerungen, die man aus einem solchen Befund zieht, sind verschieden. Man kann sich auf historistische Auskünfte zurückziehen[15], man kann einen lebens-

sion im Bereich der analytischen Philosophie des Geistes. Zugleich machen beide Arbeiten auch auf das Sachproblem einer Versöhnung von analytischer und spekulativer Tradition aufmerksam. Die Frage einer Theoriesynthese stellt sich heute also anders, als sie sich in den 50er und 60er Jahren stellte, als Hans Wagner und Wolfgang Cramer eine Theoriesynthese zwischen der klassischen Subjekttheorie idealistischer Provenienz und modernen Subjekttheorien phänomenologischer und existenzphilosophischer Provenienz versuchten.

14 Krämer, a.a.O., S. 214.

15 Eine solche Tendenz zeigt sich, bezogen auf den Personbegriff, in dem Beitrag von Ralf Konersmann: Person. Ein bedeutungsgeschichtliches Panorama, in: *Internationale Zeitschrift für Philosophie* 2 (1993), S. 199-227. Im Blick auf die Tatsache, daß die ältere und jüngste Debatte des Personbegriffs durch eine ganze Reihe von Alternativen be-

philosophischen Ausweg propagieren[16], man kann aber in dieser Situation auch eine Herausforderung an das systematische Philosophieren erblicken. Im letzteren Sinne sind die subjekttheoretischen Überlegungen Krämers und von Kutscheras zu verstehen, die ungeachtet der aufgewiesenen Differenzen doch in dem Bemühen um eine systematische Klärung der Frage nach dem Subjekt übereinkommen.

stimmt ist wie: Bindung der Person an die Bedingung körperlicher oder mentaler Identität ja oder nein? Gegenständliches Verständnis der Person ja oder nein? Funktionale Deutung der Person ja oder nein? Identifizierung der Person mit Begriffen wie Substanz, Subjekt Individuum, Selbst ja oder nein? wendet er sich gegen den »Schematismus des Entweder – Oder« (227) und legt seinen Beitrag so an, daß »über diese Alternativen nicht entschieden« wird (201). Vielmehr beschränkt er sich auf eine »Genealogie einzelner – beileibe nicht aller – Definitionen«, wobei er sich »angesichts der Reichhaltigkeit der Quellen, Interessen und Bedarfslagen« von Fall zu Fall zu »chronolologische(n) Sprünge(n)« (ebd.) veranlaßt sieht.

16 Vgl. hierzu die Studie von F. Fellmann: *Lebensphilosophie*, Hamburg 1993. Fellmann versucht, die Theorie der Subjektivität als Theorie der Selbsterfahrung zu konzipieren, und da weder die transzendentalphilosophische Theorie des reinen Ich noch der in der analytischen Philosophie entwickelte Personbegriff s. E. in der Lage ist, eine wirkliche Aufklärung des Selbst zu leisten, greift er auf die Tradition der Lebensphilosophie zurück. Die Tatsache, daß die Lebensphilosophie durch den Nationalsozialismus kompromittiert ist, sieht er nicht als entscheidenden Einwand an, da es naiv wäre, »Nietzsches Übermenschen sich als ›Braunhemd‹ vorzustellen« (9). Zudem führe kein Weg an der Einsicht vorbei, »daß unser Leben das einzige ist, das wir haben« (ebd.) Die Bedeutung einer lebensphilosophisch angeleiteten Theorie der Selbsterfahrung steht für ihn außer Frage. Denn »mögen die Menschen bleiben, was sie sind, und mag die Welt gehen, wie sie geht, was sich ändert, sind die Selbstbilder, in denen die Menschen sich über sich selbst klar werden« (249). Das in solchen Bildern sich erschließende Selbst ist nicht nur »das Salz der Erde«, sondern die Selbsterfahrung avanciert rebus sic stantibus auch »zum faszinierendsten Thema des gegenwärtigen Philosophierens« (ebd.).

# Wilhelm Schmid
## Selbstsorge
### Zur Biographie eines Begriffs

Die Geschichte des Begriffs »Selbstsorge« zu schreiben, kann mangels systematischer Untersuchungen zunächst nur vorläufigen Charakter haben und muß aus vielen Auslassungen bestehen. Der Sache nach gewiß pythagoreischer Herkunft, taucht der Begriff als »Sorge um sich« (*epimeleia heautou*) zum erstenmal bei Platon auf, und zwar vorzugsweise in den frühen (sokratischen) Dialogen. Selbst das Wort *epimeleia* scheint – als Ableitung vom älteren *melete* – vor der Zeit des Sokrates nicht existiert zu haben. Gemeint ist eine Selbstzuwendung und Selbstverantwortlichkeit, die ihren historischen Grund wohl im Verlust des Aufgehobenseins in der festgefügten Polisgemeinschaft hat. Epimeleia ist das, was einen bei der leiblich-geistigen Übung (*melete*) und um diese herum (*epi*) bewegt und motiviert.

Entscheidend ist der ethische und zugleich politische Charakter der Selbstsorge. Von Anfang an ist die Selbstsorge nicht, wie es der Begriff nahelegen könnte, eine Sorge »nur« um sich. In der *Apologie* hält Sokrates seine Mitbürger dazu an, sich um sich zu sorgen; er leistet diesen Dienst aber an der Polis um der Polis willen, denn die Selbstsorge ist zugleich die Sorge um den Bestand der Polis. Das »Selbst« wird dabei lokalisiert in der Seele und wird mit der Sorge in einem Genitiv verbunden, der sowohl als genitivus subiectivus wie genitivus obiectivus verstanden werden kann: Die Sorge ist die charakteristische Tätigkeit der Seele, zugleich richtet sich diese Tätigkeit und Bewegung auf die Seele selbst, die zum Objekt wird. Sich zu sorgen um die Seele (*epimeleisthai tes psyches*)[1] geschieht letztlich um der Arete willen, die ebensowohl die Vortrefflichkeit der individuellen Seele herstellt wie auch das Gemeinwesen zusammenfügt.

Man kann die Selbstsorge also übersetzen als eine sorgfältige Befassung mit sich selbst, die jedoch nicht um ihrer selbst willen unternommen wird, sondern dem Zusammenleben mit anderen dient – kein Rückzug ins Private, sondern eine politische Selbst-

---

1 Platon, *Apologie* 30 b; vgl. ebd. 29 d ff.

sorge. Das wird sehr deutlich im Dialog *Alkibiades I*, in dessen Zentrum ausschließlich die Selbstsorge steht, denn sie ist es, die es ermöglicht, Macht über sich zu gewinnen, die die Bedingung dafür ist, Macht über andere maßvoll auszuüben: Selbstsorge also um der anderen willen.

Das ist keine äußerliche Angelegenheit, sondern betrifft das Selbst, wie es in der Seele zu finden ist, die den Leib und alle Dinge regiert und überdauert. Ein starker Begriff des Selbst entsteht hier, zu finden in der Seele, die das Regierende (*to archon*) ist, nicht etwa angefüllt mit Gefühlen, sondern mit Wissen, Weisheit, Klugheit. Worin besteht nun diese Sorge für uns selbst (*epimeleia hemon auton*)?[2] Es ist eine Kunst der Besserung des Selbst, die aber der Selbsterkenntnis bedarf, wie sie das Orakel von Delphi gefordert hat: Sich auf das Seinige zu verstehen, ist die Voraussetzung dafür, das, was die anderen betrifft, zu verstehen und ein politischer Mensch zu werden. Diese Selbstsorge muß beizeiten in Kraft gesetzt werden, um nicht das Leben einfach nur dahingehen zu lassen: Mit fünfzig Jahren »wäre es dir wohl schwer geworden, noch Sorgfalt auf dich zu wenden«.[3]

Die Voraussetzung für die Selbstsorge ist die frühzeitige Wahrnehmung (*aisthesis*), wie es um einen steht. Es schien allerdings damals schon nahezuliegen, darunter zunächst nur die Sorge für das leiblich und materiell Eigene zu verstehen, nicht für »das Selbst«. Unter Selbst konnte also keineswegs nur die Seele, sondern auch der Leib und das Eigentum zu verstehen sein. Jedenfalls muß Sokrates ausdrücklich betonen, »nicht für den Leib und für das Vermögen zuvor noch überall so sehr zu sorgen als für die Seele«.[4] Dieses Verständnis wiederum wird ihm im *Gorgias* von den Sophisten vorgeworfen: Nämlich unbesorgt zu sein hinsichtlich dessen, wofür er eigentlich Sorge zu tragen hätte als normaler Bürger.[5] Daß dieses eigentümliche Sorgen um sich (*to heautou epimeleisthai*)[6] in der Zeit des Sokrates nicht etwa sich von selbst verstand, wird daran deutlich, daß auch Alkibiades zunächst nicht versteht, was damit genau gemeint ist. Das Unverständnis bezieht

---

2 Platon, *Alkibiades I* 129 a; to archon ebd. 133 b-c.
3 Ebd. 127 d-e.
4 Platon, *Apologie* 30 a-b, vgl. 29 e; auch Xenophon, *Memorabilien* I, 2, 4.
5 Platon, *Gorgias* 485 e - 486 a.
6 Platon, *Alkibiades* 127 e.

sich darauf, daß das Selbst im neuen Sinne nun dasjenige sein soll, worauf sich die Sorge bezieht.

Wie sehr dies für die Philosophie nicht etwa nebensächlich, sondern mit dem Konzept der Philosophie ursächlich verbunden ist, zeigt sich an den in der platonischen Schule tradierten Forderungen, daß man das Studium der Philosophie mit der Lektüre des *Alkibiades* beginnen müsse, »auf daß man sich wende und rückwende auf sich selbst« und so erkenne, »was man zum Gegenstand seiner Sorgen machen müsse« – so Albinus im 2. Jahrhundert n. Chr. Auch der Neuplatoniker Jamblichos weist diesem Dialog den ersten Rang zu, und Olympiodoros handelt unter Bezug auf *Alkibiades I* ausführlich von der Selbstsorge.[7] Noch bevor der Unterricht in griechischer Philosophie an der Akademie 529 n. Chr. durch Kaiser Justinian untersagt wird, rühmt Proklos diesen Dialog, dessen Sinn und Zweck die Thematik der Selbstsorge sei, und bezeichnet ihn als Anfang aller Philosophie (*arche hapases philosophias*).[8]

Die Selbstsorge spielt auch in weiteren Dialogen Platons eine bestimmende Rolle, so in *Protagoras*. Kenntnisse erwerben, Wissensarbeit leisten, gehört hier zur Sorge um die Seele, denn dadurch wird die Seele geformt und transformiert; das Ziel ist die Erlangung der Arete (*epimeleia peri aretes, aretes epimeleisthai*).[9] Sokrates erklärt sich jetzt davon überzeugt, daß es die »menschliche Sorge« sei, wodurch die Guten gut werden; zuvor habe er das noch nicht geglaubt. Die Sorge wird verbunden mit einer Pädagogik, die darin besteht, sich der Sorge um andere und insbesondere um die Heranwachsenden zu befleißigen, um sie anzuleiten zur Sorge um die eigene Seele. In *Laches* wiederum wird die Sorge

7 Albinus, *Prologus* (Eisagoge eis tous Platonos dialogus) 5, in: *Platonis dialogi*, ed. Carl Friedrich Hermann, Bd. 6 Appendix platonica, Leipzig 1853, S. 149; Olympiodoros, in: *Initia philosophiae ac theologiae ex Platonicis fontibus ducta sive Procli diadochi et Olympiodori in Platonis Alcibiadem commentarii*, Teil 4, ed. Friedrich Kreuzer, Frankfurt/M. 1825.

8 Proclus, *Sur le premier Alcibiade de Platon*, 2 Bde., hg. u. übers. v. A. Ph. Segonds, Paris 1985-86 (Telos der Selbstsorge: 8; arche hapases philosophias: 9).

9 Platon, *Protagoras* 326 e u. 327 d; auch: *Euthydemos* 275 a, wo Philosophie und die Sorge um die Arete parallel gesetzt werden; und *Symposion*: Epimeleia pros areten, 185 b (Sorge des Eros uranos).

um die Seele verbunden mit der Rechenschaftslegung über die vergangene und die gegenwärtige Lebensführung. Voraussetzung der Sorge ist, daß das Leben, so wie es gelebt wird, fragwürdig wird, und daß eine Änderung möglich ist. Freimütig bekennt Laches aber, daß alles Eigene auf sorglose Weise (*amelos*) von allen gehandhabt worden ist. Nur Sokrates ist der Meister der Sorge, der in der Lage ist, zur Sorge um sich anzuhalten, die in einer Unruhe über sich selbst besteht und in einem pfleglichen, therapeutischen Umgang mit der eigenen Seele, sowie darin, »auf sich selbst zu blicken« (*pros auton blepein*)[10], statt gegenüber sich selbst gleichgültig zu sein. Ein verwandter Begriff hierzu ist *episkopein*, womit in *Theätet* die sokratische Maieutik beschrieben wird: *episkopein*, das heißt Sorge zu tragen, und zwar für die gebärenden Seelen und nicht so sehr für die Körper. Und auch in *Phaidon* ist von jenen die Rede, die »für ihre Seele Sorge tragen« (die Philosophen vornehmlich) und eben nicht für die Körper, denn die Seele allein, die doch unsterblich ist, bedarf der Sorge, und zwar nicht nur für die Zeit, »die wir das Leben nennen« – furchtbar sind nämlich die Folgen, wenn wir sorglos sind.[11] Im *Symposion* gibt noch einmal Alkibiades bei seinem dionysischen Auftritt preis, daß Sokrates ihm vorwerfe, sich selbst zu vernachlässigen, die Angelegenheit der Athener aber zu betreiben: »Ich sorge mich nicht um mich« (*emautou amelo*).[12]

## Die antike Kultur der Selbstsorge

Es handelt sich bei der Selbstsorge nicht nur um eine Haltung und einen Zustand der Bereitschaft, sich um sich zu kümmern, sondern um eine Arbeit und Aktivität. Sie bildet im Individuum den Mut, das Leben zu prüfen und gegebenenfalls zu ändern; sie installiert eine regierende Instanz, um sich selbst zu führen, und ein kritisches Prinzip, um sich zu korrigieren, verbunden mit Praktiken wie etwa der Rechenschaftslegung (*logon didonai*). Auch die sokratische Einsicht »Ich weiß, daß ich nichts weiß«, erschließt sich besser im Horizont der Selbstsorge: Denn es geht primär gar

10 Platon, *Laches* 200 b.
11 Platon, *Phaidon* 82 d, 107 b-e; episkopein: *Theätet* 150 b.
12 Platon, *Symposion* 216 a.

nicht um ein Wissen, jedenfalls nicht ein Wissen um seiner selbst willen, sondern um ein Lebenwissen, zu dem es gehört, sich selbst zu erkennen in der relativen Ungewißheit allen Wissens, und fern von Anmaßung zu sein. Die Bedingung des Lebens ist geradezu, nichtwissend dennoch handeln zu müssen; die Zeit reicht nicht aus, zureichende menschliche Gewißheit zu erlangen, und dennoch kommt es auf eine kluge Vergehensweise an, deren Leitstern die Selbstsorge ist. Die sokratischen Dialoge dienen daher nicht der letzten Klärung eines Sachverhalts, sondern der Sensibilisierung, um den eigenen Weg bewußter und klüger gehen zu können. Sokrates zeigt in seiner Anleitung zur Selbstsorge nicht auf, was nun konkret zu tun sei, sondern welche Aspekte nicht außer acht gelassen werden sollten.

Daß man bei der Frage der Selbstsorge sokratisches Urgestein vor sich hat, zeigt sich beim Vergleich mit den Überlieferungen Xenophons. Selbstsorge heißt demnach, nicht zum bloßen Objekt eines anderen zu werden, nicht nur Mittel zu einem Zweck zu sein, in keiner Weise eine untergeordnete Rolle anzunehmen. Und Xenophons *Memorabilien* betonen auch den lebenspraktischen Sinn der Selbstsorge: Sokrates rät seinen Schülern, sich für eine gesunde Lebensführung nicht nur auf den medizinischen Blick zu verlassen, sondern sich um sich zu sorgen (*epimeleisthai*) »und das ganze Leben hindurch darauf zu achten, welche Speise, welcher Trank und welche Arbeit einem bekommen, und wie man sie verwenden müsse«.[13]

Aufgrund der engen Verbindung mit dem *logon didonai* kann man von einer »logischen Seelsorge« sprechen, die dazu dient, das Leben »vernünftig« zu gestalten. Das *logon didonai* ist jedenfalls die herausragende Kunst und »Technik« der anfänglichen Selbstsorge, bei der es nicht etwa nur um sittliche Bedeutsamkeit geht, sondern um Fragen der praktischen Lebensklugheit, und die von vornherein dialogisch verfaßt ist und nicht in der Einsamkeit sich abspielt. Wenn es auch zentral um die Seele geht, resultiert daraus doch keine Leibfeindlichkeit: für den Leib »vorzüglich Sorge zu tragen«, legitimiert sogar Platon zumindest für die Heranwachsenden, sozusagen als leibliche Grundlegung der Philosophie.[14] Zur Selbstsorge gehören diätetische Fragen und Fragen des Um-

---

13 Xenophon, *Memorabilien* IV, 7, 9.
14 Platon, *Politeia* 498 b.

gangs mit den Lüsten; es ist nicht gleichgültig, was man ißt und trinkt und wie man die Aphrodisia pflegt, ob man Gymnastik betreibt und sich Maßnahmen zur Abhärtung angelegen sein läßt, welches Maß in allem angebracht ist, welche Übungen hierfür sinnvoll sind: die Grenzen zwischen medizinischem und philosophischem Diskurs sind fließend. Die leibliche Seite der Selbstsorge bleibt die ganze griechische und römische Antike hindurch noch verbindlich als *cura sui corporis* und *tou somatos epimeleia* in der Traditionslinie der antiken Diätetik mit ihrer minutiösen und bisweilen hypochondrischen Sorge um das leibliche Wohlbefinden, denn der Leib, wenn er leidet, kann die Seele empfindlich stören; umgekehrt können über leibliche Maßnahmen erwünschte seelische Effekte erzielt werden.

Die philosophische Art der Selbstsorge geht aber weit über die ausschließlich körperliche und auch kriegerische Ertüchtigung hinaus, von der Plutarch noch berichtet, daß sie in Sparta als Selbstsorge gepflegt worden sei.[15]

Die Selbstsorge wird zur Initiale für die Philosophie der Stoa: mit ihrer Hilfe ist die individuelle Freiheit und Unabhängigkeit zu erarbeiten, um die es der gesamten stoischen Philosophie geht. Aber auch zum Beispiel bei dem Rhetor Isokrates, dem Zeitgenossen Platons in Athen, finden sich Erörterungen über die Selbstsorge und Sorge um die Seele: Wenn Lehre und Leben nicht übereinstimmen, so heißt es in seiner Rede gegen die Sophisten, dann wird es zur Verachtung der Weisheitslehrer kommen sowie zum Vorwurf, »daß eine derartige Beschäftigung Geschwätz und Streit um Kleinigkeiten, aber keine Sorge um die Seele sei«.[16] Es gilt, wie Foucault festgestellt hat, daß das Prinzip der Selbstsorge in der Antike »durch alle möglichen Lehren wandert« und schließlich beträchtliche Tragweite gewinnt in der »langen Entwicklung der Lebenskunst«, die im Zeichen der Selbstsorge steht.[17]

Die Kultur der Selbstsorge war nicht die Sache eines breiten Publikums, auch wenn sie potentiell jeden angehen sollte, sondern

15 Plutarch, *Apophthegmata Laconica* 217 a (*Plutarchi Moralia*, Bd. 2, Leipzig 1971).

16 Isokrates, *In Sophistas* (Kata ton sophiston) 8.

17 Michel Foucault, *Le souci de soi*, Paris 1984, S. 59; dt. *Die Sorge um sich*, Frankfurt/M. 1986, S. 62.

einiger weniger im Umkreis der Philosophen, für die die Einbindung in die althergebrachten Formen der Gesellschaft keine Verbindlichkeit mehr hatte, und die auch am ehesten spürten, daß der äußerst feste Zusammenhang der Polis sich, aufgrund welcher historischer Ereignisse auch immer, aufzulösen begann. Die alten Lebensformen hatten angesichts neuer Herausforderungen von außen keine Überzeugungskraft mehr und waren vielleicht sogar ein Verhängnis in ihrer Unbeweglichkeit. So kam es darauf an, »sich zu verändern«, sich selbst zum Werk zu machen und selbst die Lebensformen für sich herzustellen, die die Tradition nicht mehr bereithielt; sich um sich selbst zu kümmern, da die fraglose Aufgehobenheit im Allgemeinen nicht mehr bestand. Schmerzlicher Verlust auf der einen, Erfahrung von Freiheit auf der anderen Seite, zwang die neue Situation in jedem Fall zur Arbeit an sich selbst, abzulesen an der Karriere des Begriffs Selbstsorge. Das neue Problem sucht sich seinen Begriff. Gewiß war es eine einschneidende Erfahrung, nicht mehr geführt zu werden von unsichtbaren oder auch sichtbaren Mächten, sondern sich selbst führen zu müssen, wählen zu müssen unter einem unübersichtlichen Angebot von Möglichkeiten, die dort hervorbrechen, wo im gesellschaftlichen Raum vieles sich überkreuzt und dadurch starre Bindungen unverbindlich werden. Das Daimonion des Sokrates erscheint in dieser Perspektive noch als ein Phänomen des Übergangs: Das Göttliche in ihm führt ihn noch, aber es führt ihn insofern, als es ihn zur Selbstsorge anhält.

Die weitere Entwicklung wird besonders deutlich bei Epikur, für den die Führungsmacht der Götter nicht mehr existiert; die Götter leben nurmehr für sich, ebenso die Menschen. Für Epikur heißt Philosophieren, sich um das zu sorgen, was die Seele gesunden läßt, das einzuüben (*meletan*), was die Eudaimonia herstellt.[18] Die alltägliche Lebensführung hat zum Dreh- und Angelpunkt die Sorge um sich, bei der auch die leibliche Sorge nicht vernachlässigt wird. Im Unterschied zu Sokrates findet jedoch hier eine deutliche Entpolitisierung der Selbstsorge statt: Es geht allein um das Individuum, wenn dies auch faktisch politische Konsequenzen nach sich zieht, denn die traditionellen Nicht-Bürger – Frauen und Sklaven – können nun ebenfalls an diesem Konzept teilhaben. Das Festhalten an der Beziehung der Freundschaft zeigt

18 Diogenes Laertius X, 122 (*Brief an Menoikeus*).

zugleich, daß die Selbstsorge auch hier nicht zu einer Fixierung auf sich selbst führt. Am Ende des Briefes an Menoikeus erscheint wie schon zu dessen Anfang der Begriff des *meletan*: Um all das, was zu einem schönen Leben beiträgt, »sorge dich bei dir selbst (*meleta pros seauton*) Tag und Nacht und im Hinblick auf den, der dir nahe ist«. Das bedeutet, daß die Sorge für sich selbst und die Sorge für den anderen miteinander parallel gehen und beide eingebettet sind in einen einzigen Lebenszusammenhang. Dazu trägt der parrhesiastische, freimütige Austausch zwischen den Individuen, diese vom *logon didonai* herzuleitende Technik, sich wechselseitig die Wahrheit zu sagen, entscheidend bei, wie dies für die epikureische Schule detailliert bei Philodem, *Peri Parrhesias*, beschrieben wird.

Wie schon in den Dialogen Platons erscheint die Sorge (*epimeleia*) dann auch bei Aristoteles auf die Realisierung der Arete gerichtet, und sie dient dazu, die Eudaimonia zu erlangen.[19] Auch wenn der Begriff der »Selbstsorge« nicht ausdrücklich genannt wird, so plädiert Aristoteles doch für ein pointiertes Selbstverhältnis, das im Begriff der *philautia* zum Ausdruck kommt. Diese »Selbstliebe« oder Freundschaft mit sich selbst, von Platon noch verworfen, wird sehr viel später in der Geschichte der Selbstsorge wieder eine Rolle spielen, auch wenn sie mit der Selbstsorge nicht gleichgesetzt werden kann, da sie eher eine Einstellung und nicht so sehr eine Aktivität zum Ausdruck bringt. Sie ist jedoch der Grund dafür, gegen sich nicht gleichgültig zu sein, und setzt die Sorge um die Arete in Kraft. Ihr Ziel ist die Realisierung der Arete und die Konstituierung des ethischen Individuums.

Selbstverständlich leisten auch die Kyniker ihren Beitrag zur Geschichte der Selbstsorge. Immerhin ist der Gewinn, den Antisthenes von der Philosophie hat, der, zu lernen, mit sich selbst zu verkehren. Und die Predigt des Diogenes gegen die, die ihre Fehler unbeachtet lassen und bei denen die eigene Seele nicht zusammenstimmt, dient der Kritik an der Selbstvernachlässigung. Als Lehrer erzieht er die ihm anvertrauten Kinder dazu, für sich selbst zu sorgen, sich um die eigenen Angelegenheiten selbst zu kümmern (*diakoneisthai*). Es geht ihm nicht so sehr um Gesundheit, die zu erlangen oder zu erhalten wäre, es geht ihm um Wahrheit, die zu bezeugen ist, und zwar um jeden Preis; Wahrheit, gewon-

19 Aristoteles, *Nikomachische Ethik* 1099 b 20.

nen aus Logos und Physis, die der Gesellschaft, wenn es sein muß, rücksichtslos ins Gesicht gespuckt wird und mit sorgloser Schamlosigkeit gelebt wird, jedoch getragen von einer Haltung, die einzuüben ist, um die Autarkie zu erreichen.

Zuguterletzt kommt die Selbstsorge als Initiative, seinem Leben Form zu verleihen und es nicht nur dahingehen zu lassen, in der jüngeren Stoa zu einem gewissen Höhepunkt. Hier wird nun auch deutlich unterschieden zwischen ängstlicher Besorgnis (*sollicitudo*), entsprechend der griechischen *merimna*, die abgewiesen wird, und kluger Sorge um sich (*cura sui*), die der griechischen *epimeleia heautou* entspricht, um die es ausschließlich geht. Der Sorge steht die Nachlässigkeit (*neglegentia*) entgegen. Die *cura sui* meint nicht die Sorge um den eigenen Vorteil oder den Nutzen für sich selbst, sondern nicht gleichgültig zu sein gegen sich selbst und eine Veränderung seiner selbst (*mutatio sui*) zu bewirken. Es gibt nichts, was die »intensive und gewissenhafte Sorge« nicht erreichen könnte, und damit ist vor allem die Arbeit an der eigenen Seele gemeint, die zu formen ist und leicht die gewünschte Gestalt annimmt.[20] Die Seele ist das, was fest zusammengefügt werden muß. In ihrer beständigen Unruhe wird die Sorge zum ruhenden Pol des Selbst. Zwar ist paradoxerweise ihr Ziel das Freisein von Sorge, die *securitas*; die Sorge hat letztlich den Sinn, ein sorgloses Leben führen zu können, aber gerade um dieser Sorglosigkeit willen kommt es für die Seele darauf an, sich zu sorgen und sich so für Schwierigkeiten zu »präparieren«, ganz wie der Soldat, der sich im Frieden in Manövern übt.

Die Sorge um sich dient bei Seneca der Selbstaneignung, um sich nicht der Verfügung durch andere Menschen oder gar durch Geschäfte und Dinge zu überlassen. Immer ist sie verbunden mit einer strikten Zeitdisposition und einer Serie weiterer Verhaltensweisen, Regeln und Prozeduren, um praktisch realisiert werden zu können. Die Selbstsorge, die hier wie schon bei Sokrates austauschbar ist mit der »Seelsorge« (im Sinne der Sorge um die eigene Seele), wird nun immer weiter und feiner ausdifferenziert; die Tätigkeit, die diversen Übungen, die Selbstbeobachtung werden immer genauer festgeschrieben: Kontrolle der eigenen Gedanken, morgendlicher Vorsatz, abendliche Prüfung, Meditation, Lektüre, Memorieren von Sentenzen, Gespräche, Briefeschrei-

20 Seneca, *Briefe an Lucilius* 50, 6.

ben, um sich wechselseitig Rat zu geben, Konzentration nur auf
Eines, Wissen, welche Dinge gleichgültig sind und welche nicht,
Vorbereitung auf den Tod, und immer wieder, als wichtigste Aufgabe, die Zeiteinteilung für den Tag wie für das ganze Leben,
Maximen für sich aufzustellen und zu befolgen, sich Ziele zu setzen. Für den eigenen Körper Sorge zu tragen, darf nicht vernachlässigt werden, vollkommen aber ist der Zustand eines Menschen,
»der sich um Körper und Seele sorgt« und so schließlich weder
Unruhe in seiner Seele noch Schmerz im Körper empfindet.[21]
Man muß den Blick vorauswerfen und »sorgend« vorwegdenken,
was auf einen zukommen kann, aufmerksam und wachsam. Man
muß aber auch den Blick gleichsam von außen auf sich selbst
wenden, oder den Blick des Freundes von außen dafür zur Hilfe
nehmen, um die Schwächen zu erkennen, auf die die Sorge sich
besonders konzentrieren muß. Die Selbstsorge, die nun definitiv
nicht mehr um der Politik willen unternommen wird, sondern um
des Selbstes willen, diese Selbstsorge bedarf sehr wohl des Anderen, des Freundes, dessen, der ein gutes Beispiel gibt; es ist nicht
wirklich eine einsame Tätigkeit; der Andere kontrolliert mich,
berät mich, hält mich an, fordert mich auf, und umgekehrt tue ich
dies auch für ihn. Seneca zeichnet dabei das Bild eines früheren
Goldenen Zeitalters der Sorge: »gleich groß war die Sorge für den
anderen wie für sich selbst«; auf einfacher Sorge jedenfalls beruht
das Notwendige, das nicht die Sorge um Luxusdinge, sondern die
Sorge um sich ist.[22]
Die Selbstsorge ist also auf keinen Fall zu verwechseln mit einer
ausschließlichen Fixierung auf sich selbst, sie meint auch nicht
bloße Selbstliebe, sondern will verhindern, zu spät erst daran zu
denken, das Leben selbst zu leben. Es geht nicht um den bloßen
Rückzug in sich selbst, sondern darum, über sich hinaus zu arbeiten. Aber es ist nicht zu bestreiten, daß infolge einer klaren Innen-
Außen-Trennung (*intus – frons*) die Sorge um sich nun zu einer
prononcierten Innenangelegenheit wird und so den Rückzug in
sich selbst symbolisiert, der noch heute in ihr vorzugsweise ver-
mutet wird. Man darf freilich davon ausgehen, daß die Schaffung
eines Innenraums in der römischen Antike eine Frage des puren
Überlebens war.

21 Ebd. 66, 46; Körpersorge 49, 12.
22 Ebd. 90, 16; Goldenes Zeitalter 90, 40.

Bei Epiktet verdichtet sich die Selbstsorge zu einem anthropologischen Grundzug: Das menschliche Wesen ist, wie schon im Prometheusmythos in Platons *Protagoras*, geradezu definiert durch diese Sorge, während für die Tiere von Natur aus alles bereitgestellt ist. Darin ist aber nicht ein Mangel zu sehen, sondern eine Auszeichnung der Freiheit, die nicht nachlässig gehandhabt werden darf. Es kommt darauf an, aufmerksam zu sein auf sich (*prosechein heauto*).[23] So sind wir nun selbst der Gegenstand aller unserer Bemühungen, das Instrument hierfür ist der Logos: er ermöglicht die Selbstsorge, und zwar nicht nur für die Philosophen, sondern für alle, und nicht begrenzt für eine bestimmte Zeit, sondern das ganze Leben hindurch. Es geht darum, ein Verhältnis zu sich zu gewinnen, das nicht von Gleichgültigkeit gekennzeichnet ist. Bei Marc Aurel findet sich schließlich die Aufforderung, sich selbst zu Hilfe zu eilen, »wenn du dich um dich sorgst« (*ei ti soi melei seautou*).[24]

### Der Übergang zur kirchlichen Seelsorge

Die Karriere des Begriffs Selbstsorge kulminierte in den beiden ersten Jahrhunderten unserer Zeitrechnung und bietet einen Anlaß, die verschiedenen Begriffsmomente und Aspekte sich noch einmal zu vergegenwärtigen, bevor die Geschichte des Begriffs eine andere Richtung einschlägt. Nicht alle diese Aspekte wurden zugleich realisiert; mal treten diese, mal jene hervor. Immer jedoch geht es für das Selbst darum, sich nicht der Vielbeschäftigtheit anheimzugeben, nicht von anderen sich besetzen zu lassen, nicht sich die Zeit stehlen zu lassen, nicht selbstvergessen in den Tag hineinzuleben, sondern sich auf sich selbst zu wenden.

1. *Selbstrezeptiver Aspekt*: Das Selbst wird wahrgenommen und ernstgenommen; die Folge dieser »Selbsterkenntnis« ist eine große Aufmerksamkeit auf sich bis in die kleinsten Dinge des täglichen Lebens hinein. 2. *Selbstreflexiver Aspekt*: Die Wendung auf sich selbst ist verbunden mit einer Rechenschaftslegung und Prüfung, meist vermittelt über den Blick eines anderen von außen auf das Selbst. 3. *Selbstproduktiver Aspekt*: Das Selbst ist nicht ein-

---

23 Epiktet, *Encheiridion* 51; Sorge des Menschen: *Diatriben* I, 16, 1-7.
24 Marc Aurel, *Selbstbetrachtungen* (Ta eis heauton) III, 14.

fach nur gegeben, sondern wird hergestellt, wird zum »Werk«; eine regierende Instanz wird in Kraft gesetzt. 4. *Therapeutischer Aspekt*: Die wunde und verletzte Seele ist zu pflegen und zu heilen, um das Selbst, das nun mehr als jemals auf sich selbst gestellt ist, zu stärken; die Affekte und Leidenschaften sind im Maß zu halten. 5. *Asketischer Aspekt*: Nicht nur eine bloße Einstellung oder Haltung steht in Frage, sondern eine praktische Übung, Einübung und Ausübung (*askesis, melete*) ist zu vollziehen, mit einer ganzen Serie möglicher Maßnahmen, zu denen die Lektüre, die Schrift, das Denken an den Tod, das Wappnen gegen Entbehrungen zählen. 6. *Parrhesiastischer Aspekt*: Die Selbstsorge ist damit verbunden, freimütig die Wahrheit über sich zu sagen oder gesagt zu bekommen; dies kann zum Anlaß werden, in das eigene Leben einzugreifen und es zu verändern. 7. *Mutativer Aspekt*: Selbstsorge bedeutet letztlich eben diese Selbstveränderung, ja geradezu eine Selbstverwandlung, nicht um ihrer selbst willen, sondern im Sinne einer Verbesserung auf dem Weg zur Vortrefflichkeit, bis hin zur Vollendung. 8. und 9. *Prospektiver und präventiver Aspekt*: Die Sorge richtet sich aufs Künftige; sie besteht darin, das, was kommen kann, vorwegzubedenken, insbesondere Schicksal und Tod; und sie besteht darin, Vorsorge zu treffen hierfür, Prävention durchaus nach medizinischem Modell. 10. *Pädagogischer Aspekt*: Über die bloße Sorge für sich selbst hinaus sind auch andere anzuleiten zur Sorge um sich. 11. *Politischer Aspekt*: Die Wahrnehmung der Selbstsorge ist als Vorbereitung für die Sorge um Andere zu begreifen, die dem zukommt, der Macht hat; die Fähigkeit zur Regierung seiner selbst gilt als Grundvoraussetzung dafür, Andere und eine ganze Polis zu regieren.

Damit ist die Selbstsorge etabliert als eine Initiative, seinem Leben Form zu verleihen und es nicht einfach dahingehen zu lassen; die Selbstsorge ist »Seelsorge«, Sorge um die eigene Seele, nicht zuletzt als Gegenbegriff zu der übertriebenen Sorge um den eigenen Körper; sie ist eine Möglichkeit für die Philosophenschulen, sich von den medizinisch-diätetischen Schulen abzuheben, die den Körper therapieren. Zugleich aber übernehmen sie deren Vokabular: Es ist die »Krankheit« der Seele, die zu heilen ist. Da ist es dann nur noch ein kleiner Schritt von der »Seelsorge« im Sinne der Selbstgestaltung und Führung seiner selbst, zu jener anderen, bekannteren Seelsorge, die die christliche ist. Zunächst kommt es jedoch im frühen Christentum zur Abdrängung der Selbstsorge in die ängstliche Sorge um die eigene Seele und den Leib: »Sorget Euch nicht um Eure Seele (*me merimnate te psyche hymon*) und nicht um Euren Leib (...) Schaut auf die Vögel des Himmels«, heißt es im Matthäus-Evangelium, und der Evangelist Lukas greift im Gleichnis vom barmherzigen Samariter zwar den Begriff der *epimeleia* auf, bezeichnet damit aber nur die Sorge um den Anderen.[25] Paulus möchte, daß die Mitglieder der christlichen Gemeinde ohne ängstliche Sorge im Sinne der *merimna* bzw. *sollicitudo* sind; aber auch die andere, kluge Sorge wird diskreditiert und als Sorge um das Fleisch (der lateinische Text hat *carnis cura*) denunziert; sie gilt nur als Sorge für das Leben in der Welt, die aber nicht übertrieben werden darf, um nicht den Begierden Raum zu geben: »Pflegt das Fleisch nicht so, daß es lüstern wird«; wenn schon Sorge, dann soll sie dem Herrn gelten.[26] Entscheidend ist allein, »für die Gemeinde Gottes Sorge zu tragen« (*ekklesias theou epimeleisthai*).[27]

Nach dieser schroffen Gegenposition zum antiken philosophischen Sorgebegriff gehen die christlichen Autoren in den folgenden Jahrhunderten nun jedoch sehr viel langsamer vor. Der Übergang von der philosophischen zur kirchlichen Seelsorge wird damit fließend, die beiden Formen überschneiden und überlagern sich; es kommt zu einer Kontinuität des Wandels, so diskontinuierlich im einzelnen der Übergang auch sein mag. Auffällig ist von Anfang an die Aufspaltung von Selbstsorge und Seelsorge, übrig bleibt als Begriff nur letztere; Objekt der Sorge ist nicht mehr das Selbst, das nun allein zurückgelassen wird. Die Theologisierung der Seelsorge untergräbt die Selbstsorge, aber unter Beibehaltung einiger wichtiger Aspekte: Schon in der Stoa zum Beispiel hatte die Selbstsorge des Anderen bedurft, der dem Selbst behilflich sein konnte; wichtig war das *exemplum*, an dem man sich orientieren konnte, der *custos*, den man zum Wächter und Aufseher über sich selbst wählte und der durch Rat und Ermahnung auf die Besserung des Selbst hinwirkte bis in die intimen Fragen der Lebensführung hinein. Der Akzent im Verhältnis zum Anderen wird nun noch stärker zu dieser Seite hin verschoben, bis die Seelsorge nur noch die Führung durch den Anderen meint und den Verzicht

25 Lk 10, 34 f.; Mt. 6, 25, vgl. 6, 31 u. 6, 34.
26 Röm. 13, 14; merimna/sollicitudo 1 Kor. 7, 32.
27 1 Tim. 3, 5.

des Selbst auf sich. Der Seelenführer und Seelsorger, der sich um die ihm anvertrauten Seelen kümmert, war durchaus schon in der Sokratik und in der Stoa vorgebildet, aber er hatte damals noch die Aufgabe, zur Selbstsorge hinzuführen. Diese Aufgabe verändert sich.

Wie gleitend der Übergang ist, zeigt sich bei Clemens von Alexandrien, Mitte des 2. Jahrhunderts in Athen geboren und daher sozusagen von Geburt an schon vertraut mit der Philosophie. Leib und Seele werden bei ihm noch nicht auseinander dividiert: Man muß der Harmonie der Seele wegen für den Leib sorgen (*epimeleisthai*), sagt er unter Bezug auf Platon; denn nur mithilfe des Leibes ist es möglich zu leben und richtig zu leben und die Wahrheit zu verkünden. Die gute Verfassung des Leibes trägt zum gutgewachsenen Geist bei; er wendet dies gegen diejenigen ein, die leichtfertig den Leib vernachlässigen und sich sogar in den Tod stürzen, und damit dürften durchaus auch Christen gemeint sein.[28] Hier wird unterschieden zwischen dem Gottesdienst (der Pflege des Gottes, *therapeia tou theou*), der in einer fortwährenden Seelsorge im herkömmlichen Sinne (*epimeleia tes psyches*) besteht, aber mit einer unaufhörlichen Liebe zum Göttlichen verbunden ist; sowie einem Menschendienst (Pflege im Hinblick auf die Menschen, *peri tous anthropous therapeia*), verbunden mit dem Anliegen der Besserung; in der Kirche werden einige mit der Erziehung der Menschen zu deren Besserung betraut, damit sie Gott tadellos dienen, zur vollen Erkenntnis gelangen und schließlich gerettet werden.[29] Diese Besserung war in der Tat schon ein Thema der Stoa gewesen und war eine Aufgabe der Sorge um sich.

Der Leib wird noch nicht verworfen zu dieser Zeit – es ist ja die Zeit, in der der Arzt Galen Wert auf *tou somatos epimeleia* legt, denn der Leib, wenn er leidet, kann die Seele empfindlich stören; umgekehrt können mithilfe des Leibes erwünschte seelische Effekte erzielt werden.[30] Origenes, der sich im 3. Jahrhundert zwischen Rom, Griechenland, Palästina und Alexandria bewegt, be-

28  Clemens von Alexandrien, *Stromata* IV, 4, § 18, 1; vgl. ebd. IV, 5, § 22, 1; Bezug auf Platon, *Politeia* 410 c, 591 d; richtiger wäre aber Seneca, *Briefe an Lucilius* 92, 1.

29  Ebd. VII, 1, § 3, 1.

30  Galen, *De sanitate tuenda* II, 1, 5 u. II, 1, 9 (ed. Konrad Koch, Leipzig 1923).

tont die Sorge um die Seele wie die um den Leib: Wir sind unserer Seele schuldig, ihr »diese Sorge« zu widmen, so wie wir auch unseren Körper richtig gebrauchen und das Fleisch nicht durch Vergnügungssucht aufreiben sollen.[31]

Damit die Seele vom Leib sich lösen kann, muß erst ein Denken sich ereignen, das, ebenfalls im 3. Jahrhundert, bei Plotin zu finden ist, der die Eigenmächtigkeit der Seele kritisiert, die sich immer mehr dem selbstischen Trieb hingibt und dabei Gott, ihren Vater, vergißt. Es kommt darauf an, sich von Leibesliebe zu befreien, rein zu werden, den Tod zu verachten, um dem Höheren nachzugehen. Platon aufnehmend, entfaltet Plotin nun eine gänzlich andere Sorgelehre als die bisherige sokratisch-stoisch-christliche Tradition, und zwar mit Bezug auf eine Stelle im *Phaidros*: »Die ganze Seele sorgt sich um alles Unbeseelte« (*Psyche pasa pantos epimeleitai tou apsychou*).[32] Im Rahmen seiner ausgefeilten Seelenlehre ist die Seele für Plotin das Erzeugende, sie umwandert den ganzen Kosmos, bald in dieser, bald in jener Gestalt; so erhalten wir, jeder Teil unseres Körpers, aus dem All die Seele: aufgrund ihrer Sorge. Aus der Sorge um die Seele ist die Sorge einer Allseele um alles Unbeseelte geworden. Wie sonst sollte die Seele das sein, was den Leib durchwaltet, formt, ordnet, ja überhaupt schafft?

In dieser Form setzt sich der Begriff der Seelsorge nicht fort, aber Plotin markiert im Sorge-Diskurs die Zäsur, die ihre Spuren hinterläßt, etwa wenn Athanasius im 4. Jahrhundert deutlich die Seele gegen den Leib stellt: Die erste Angelegenheit der Seele ist die Liebe zu Gott und nicht etwa die Sorge um den Leib (*tou somatos epimeleia*). Schlagwortartig heißt es dazu: »Pflege des Leibes, Katastrophe der Seele; Vernachlässigung des Leibes, Erneuerung der Seele. Verachtung des Leibes, Rettung der Seele; die Sorge um den Leib ist eine Falle für die Seele. Vernachlässigung des Leibes ist Erleuchtung der Seele. Den Geist immer nach oben zu wenden, erzeugt die Liebe für Gott; die Sorge um das Leben (*merimna tou biou*) eliminiert die Tugenden.«[33] Bis in den Begriff hinein wird

---

31 Origenes, *De oratione* 28, 2.
32 Platon, *Phaidros* 246 b; hierzu Plotin, *Enneaden* III, 4, 2; IV, 3, 1; IV, 3, 7.
33 Athanasius, *Sermo pros iis qui saeculo renuntiarunt*, Patrologiae graecae, Bd. 28, Sp. 1413; vgl. ebd. Sp. 1489 (*Vita sanctae Syncleticae*), u. Sp. 873 (*Epistula* II *ad Castorem*) mit Bezug auf Röm. 13, 14.

hier deutlich, daß die Bewertung der früheren Selbstsorge ausschließlich auf den Aspekt hin verschoben wird, der sie als Unruhe, Belastung, Störung (*merimna, sollicitudo*) brandmarkt. Die Sorge ist verbunden mit diesem Jammertal, aus dem die christliche Lehre die Erlösung verspricht. Wie sehr dies aber noch immer der Tradition der Selbstsorge verbunden bleibt, erweist sich allein schon am Sentenzencharakter der zitierten Aussagen, die in ihrer Form den Sentenzen gleichen, wie vor allem die stoische Selbstsorge sie zur Lebensbewältigung bereitstellte.

Am intensivsten ist die Christianisierung der Seelsorge aber bei dem rhetorisch gebildeten und in mönchischer Askese erfahrenen Johannes Chrysostomus ausgebildet. Was für die gesamte Patristik gilt, das gilt besonders für seine Arbeit: Sie ist ein Versuch zur Verschmelzung der christlichen Lehre mit der antiken Philosophie, um die Gebildeten unter den Verächtern des Christentums zu überzeugen. In einer groß angelegten Interpretation des Matthäus-Evangeliums betont Johannes Chrysostomus, daß Jesus die Sorge um die Seele mit der Therapie der Leiber verband, um sie auf den rechten Weg zu bringen. Christus sei aber nicht nur gekommen, um Leiber zu therapieren, sondern um Seelen zur Philosophie zu führen: »so gab er uns auch hier die Lehre, daß man sich um die Seele sorgen muß« (*tes psyches epimeleisthai chre*)[34], um sie zu reinigen und die Arete zu verwirklichen. Christus nimmt hier die Stelle des Sokrates oder des stoischen Pädagogen ein, sorgt sich um die Seele anderer und hält sie zur Sorge um die eigene Seele an: Ein Beleg dafür, wie eng die christliche Lehre an die antike Philosophie anschließt. Getreu der mittlerweile vollzogenen Lösung der Seele vom Leib kommt es jedoch auch zum Ausfall gegen diejenigen, die nicht die Sorge um die Seele, sondern nur die Heilung des Leibes vor Augen haben und nur deretwegen zu Christus kommen. Es kommt auf die reine Seele an, dazu wiederum bedarf es aber der Sorge; »lernen wir also zu philosophieren«.[35] Philosophie ist bezeichnenderweise nur ein anderes Wort für die Selbstsorge. Wir aber sind unbesorgt um unsere Seele, als wäre sie ein Feind und Gegner. Es geht darum, die Seele nicht zu vernachlässigen, sondern sie von Übeln zu befreien und zu heilen.

34 Johannes Chrysostomus, *In Matthaeum*, Homilie 25, 2; Jesu Sorge um die Seelen, Hom. 15, 1.
35 Ebd. Hom 50, 3; Heilung des Leibes, Hom. 31, 1.

Wie soll man das machen? Indem man sich bei Paulus und den Evangelisten Rat holt. Welche Mittel soll man gebrauchen? Die *Autarkie.* Dann kann man endlich unbesorgt sein gegen alles Irdische, sich abwenden von allem Äußeren (denn die Sorge um das Äußere ist häßlich), um alle Mühe nur noch auf die Sorge um die Seele zu verwenden.[36] Und erneut heißt es in Verbindung mit dem Begriff der Philosophie auch im Kommentar zum Römerbrief: »Richte deine ganze Sorge auf deine Seele«, aber nicht wirklich um der Selbstsorge willen, sondern um im Herzen Sehnsucht nach dem Himmel zu entzünden.[37]

Waren Selbst und Seele für die antiken Autoren noch synonym, so geht es jetzt ausschließlich um die Seele, die zum Heil finden soll – ein Heil, das nicht im Diesseits und nicht in diesem Leben zu finden ist; das Selbst ist auszulöschen. Hatte schon die Selbstsorge im philosophischen Sinne auch die »Seelenheilung« im Auge, so ist die Bedürftigkeit nach einer umfassenden, metaphysischen Heilung nun so groß, daß die neu interpretierte Seelsorge mit einer Heilslehre verknüpft wird und ohne diese nicht mehr denkbar ist. Das geht bei Johannes Chrysostomus auch mit einer interessanten Umdeutung der *leiblichen* Sorge einher: durchaus geht es um einen Leib, nämlich den Leib Christi (*soma tou Christou*; *corpus Christi*), der die Kirche ist; der Vorsteher der Kirche muß diesen Leib pflegen, und zwar ganz im antiken Sinne der Sorge um den Leib, wo man Ärzte und Turnlehrer, eine genau geregelte Lebensweise (*diaita*) und beständige Übung (*askesis, exercitatio*) nötig hatte, um eine gute Konstitution zu erreichen. So müssen erst recht die Kirchenvorsteher sich aller therapeutischen Mittel bedienen, um den Leib Christi zu pflegen (*to soma therapeuein*; *corporis Christi cura*).[38]

Die Askese als Bestandteil der Sorge ist hier durchaus noch immer in ihrem antiken Wortsinn präsent, während sie zugleich doch schon umgedeutet ist zur Technik der Entsagung von aller Welt und Auslöschung des Selbst, und in diesem Sinne Bestandteil der christlichen Seelsorge geworden ist. Der Begriff der Seelsorge, wie er noch im 20. Jahrhundert geläufig sein wird, erscheint bei Johan-

---

36 Hom. 83, 4; Autarkie (mit Bezug auf Paulus, 1 Tim. 6, 6) und die Sorge um das Äußere, Hom. 74, 4.
37 *In epistulam ad Romanos*, Hom. 30, 5.
38 *De sacerdotio*, Buch 4, Kap. 2.

nes Chrysostomus in voller Klarheit in der Schrift über das Priestertum als die »Sorge um die Herde Christi« (*epimeleia tes poimnes tou Christou*). Die »Sorge um die Seelen« (*psychon epimeleia*) ist die Aufgabe des Vorstehers der Kirche, um das Wort Jesu einzulösen, an Petrus gerichtet: »Weide meine Schafe!« Von allen Seiten muß dieser Seelsorger den Zustand der Seelen durchschauen, aber als Voraussetzung muß er selbst eine außerordentliche Seelenstärke mitbringen, die, ganz stoisch, den Leidenschaften widerstehen kann. Das ist, wie ausdrücklich vermerkt wird, von einer gewissen Wichtigkeit bei der Sorge (*epimeleia*) für die Witwen und Jungfrauen. Wer dieses Amt der Sorge für die vielen Seelen (*psychon de epimeleia mellon*; *cura multarum animarum*) annimmt, muß zuerst sich selbst prüfen.[39]

Den von Platon und Plotin her gesponnenen Faden nimmt zur selben Zeit Gregor von Nyssa wieder auf, um durch diesseitige Sorge (*epimeleia*) oder jenseitige Katharsis die Seele von den Affekten zu befreien und sie zu reinigen von allem Bösen, damit sie nur dem Schönen, Gott nämlich, sich zuwenden kann und Gottähnlichkeit erlangt.[40] Daher muß die Sorge nun darauf gerichtet sein, die Seele von allem Schmutz der Sünde zu reinigen. Seelsorge zielt hier erneut auf die Abkehr vom »Fleisch« und auf den Verzicht auf alle irdischen Bindungen. Dazu ist es nötig, auf sich selbst zu achten und jeden Winkel der Seele auszuleuchten. Ein Aspekt der Selbstsorge, der in der Stoa schon eine gewisse Rolle gespielt hatte, wird nun auch in der christlichen Seelsorge allmählich dominierend, und im Hinblick auf die schon genannten elf Aspekte ist dies der 12.: *Der hermeneutische Aspekt*, die Interpretation seiner selbst. Die ursprünglich eng mit der Selbstsorge liierte Selbsterkenntnis hat sich damit verselbständigt und wird, als immer neue Durchleuchtung und Interpretation der geheimsten Vorgänge der Seele, zu einer Form von Selbstpeinigung. Nicht mehr die Handlungen sind wichtig, sondern die Gedanken, die genauestens zu erfassen sind. Sünden und Begierden ausfindig zu machen: dem gilt nun die Sorge. Die Geschichte der Monastik wäre unter diesem Aspekt genauer zu betrachten, da in den Klöstern einige Praktiken der Selbstsorge auf Dauer überlebt haben,

---

39 Ebd. Buch 4, Kap. 1 u. Buch 2, Kap. 2.
40 Gregorius Nyssenus, *Dialogus de anima et resurrectione*, Patrologiae graecae, Bd. 46, Sp. 89.

zugleich aber die Selbsthermeneutik zum Exzeß getrieben worden ist. Die Ablösung der Selbsterkenntnis von der Selbstsorge hat jedenfalls tief auf die Kulturgeschichte des Abendlandes eingewirkt. Bestimmte Techniken der philosophischen Selbstsorge wie die »Gewissenserforschung« stoischer oder epikureischer Herkunft, das seelsorgerische Gespräch, dieses freimütige, »parrhesiastische« Sagen der Wahrheit gegenüber einem Anderen, all dies findet nun Eingang in die Praktiken der christlichen Seelsorge, insbesondere in die Form der Beichte.[41]

## Selbstsorge in der Moralistik und Aufklärung

Wort und Begriff der Selbstsorge verschwinden damit für lange Zeit aus der abendländischen Kulturgeschichte. Dem christlichen Vorwurf, der verderblichen Selbstsucht Vorschub zu leisten, hielt die antike Selbstsorge nicht stand. Der Begriff verschwindet von der Oberfläche der Sichtbarkeit und wird zu einem unterirdischen Fluß in der abendländischen Geistesgeschichte. Es bedürfte einer eigenen Untersuchung, wieviel von diesem Fluß noch in der mittelalterlichen Mystik, etwa bei Meister Eckhart, zum Vorschein kommt. Und man muß sich darüber klar sein, daß es sich nicht nur um das Schicksal eines Begriffes handelt, sondern daß das Schicksal von Individuen zugleich damit auf dem Spiel steht, deren Lebensmöglichkeiten eröffnet – oder verschlossen werden. In umgewandelter Form bleibt die Sorge um die eigene Seele erhalten, aber nicht als Pflege seiner selbst, sondern um eines jenseitigen Heiles willen; sowie als *Anleitung* zur Sorge um die eigene Seele in diesem Sinn, die nicht so sehr die Führung seiner selbst, sondern die Führung aller Seelen durch die Kirchenvorsteher ist und allein den neuen Begriff der »Seelsorge« besetzt. Beides ist verbunden mit einer umfangreichen Hermeneutik: *autonome* Hermeneutik zur eindringlichen Befragung seiner selbst; *heteronome* Hermeneutik zur peinlichen Befragung durch die Kirchenvorsteher. In beiden Fällen geht es darum, das irdische Selbst aufzulösen und die Seele auf den Weg zum Heil zu bringen; zugleich ist es aber erforderlich, daß die Kirchenvorsteher für sich selbst ein starkes Selbst bewahren, um nicht in Versuchung zu geraten,

41 Siehe hierzu Paul Rabbow, *Seelenführung*, München 1954, 276 f.

vom rechten Weg abzukommen. Daß ihnen damit ein Spagat abverlangt wird, der im Grunde nicht möglich ist und der allzu irdische Konsequenzen hat, kommt zum Vorschein, als Luther den Vertretern der päpstlichen Kirche schließlich vorwerfen wird, die *cura animarum* zu vernachlässigen.

Es bedurfte eines mit den antiken Texten in unvergleichlicher Weise vertrauten Autors wie Montaigne, um im 16. Jahrhundert auf die Selbst- und Seelsorge im ursprünglichen Sinne zurückzukommen, zumindest in rudimentärer Form. Er spricht von der »Sorge, die wir für uns haben« (*le soing que nous avons de nous*) und die zu allen Zeiten sogar noch über den Tod hinaus getrieben worden sei. Aber oft genug steht das in nicht-signifikantem Zusammenhang, wo es nur allgemein darum geht, sich um sich und eben nicht um andere oder anderes zu kümmern: *le soing pour soy-mesmes*.[42] Montaigne hat zum Teil bereits den christlichen Eingriff in die Selbstsorge mitvollzogen, der so ruinös für sie war. Bei der übertriebenen Sorge handelt es sich auch für ihn um »Hochmut«, den geraden Weg des Menschen in die ewige Verdammnis, die Abkehr davon, sich von der Hand eines anderen auf den richtigen Weg führen zu lassen. Die Heilige Schrift erkläre diejenigen für elend, die sich selbst hochschätzen, wo sie doch nur Erde und Asche sind. Mit Skepsis spricht er von denen, die ihre Seele geübt und »befestigt« haben durch Sorge (*par soin*), durch Studium und durch Kunst.[43]

Er bezieht sich zwar zustimmend auf Epikur für die Forderung, im Verborgenen zu leben »und nur für uns zu sorgen« (*et de n'avoir soing que de nous*); er glaubt nur nicht daran, daß es wirklich möglich ist. Im übrigen erscheint ihm durch den beständigen Umgang mit antiken Autoren die eigene, zeitgenössische Umgebung in allzu mittelmäßigem Licht, wo doch die Menschen »wenig Sorge auf die Kultur der Seele« (*peu de soing de la culture de l'ame*) verwenden; die Sorge gilt meist nur den eigenen Reichtümern und dem Renommee.[44] Er selbst bemüht sich nun doch, die Seele zu üben und auch die Sorge um den Leib nicht zu vergessen; was dem entgegensteht, ist nicht nur eine zu große Menge von

---

42 Montaigne, *Essais*, ed. Pierre Villey, II, 3, S. 358; über den Tod hinaus I, 3, S. 17.
43 Ebd. II, 12, S. 501 f.; Hochmut II, 12, S. 498.
44 Ebd. II, 17, S. 658; Epikur II, 16, S. 619.

Pflichten, sondern auch die schlimme Angewohnheit, sich gehen zu lassen und sich selbst seiner Sorge nicht für wert zu erachten. So würde er sich gern vollkommen der Sorge und Regierung eines anderen überlassen, wenn er nur wüßte, wem.[45] Die Natur hat den Lebewesen die Sorge um sich eingepflanzt, den Menschen aber sollte sie besser abgenommen werden durch eine gute Regierung. Prinzipiell ist es nicht gut, sich allzuviel zu sorgen: »Wir trüben das Leben durch die Sorge um den Tod, und den Tod durch die Sorge um das Leben.« Das Leben hängt letztlich nicht von uns, sondern von der Sorge des Schöpfers ab.[46]

Auch bei Justus Lipsius, der 1605 die Werke Senecas herausgibt, findet man Elemente der antiken Sorgetradition, jedoch zudem eine bedeutsame Neuerung. Er setzt auf die Beständigkeit und Festigkeit des Selbst, wie sie Gegenstand der stoischen Selbstsorge gewesen war; das ist nun die Aufgabe der *conservatio sui*, die anstelle des vergessenen Begriffs der *cura sui* hier im Vordergrund steht. Im Unterschied zur stoischen Selbstsorge wird jedoch die Notwendigkeit geordneter politischer Verhältnisse als Bedingung für die Möglichkeit der Konstituierung seiner selbst mitbedacht. Daraus ergibt sich die Funktion eines Curators außerhalb des Selbst, in Analogie zum christlichen Seelsorger. Die Ordnung des Staates gewinnt Vorrang, die Untertanen müssen geführt werden, und zwar um ihrer selbst willen. Zum Curator wird der Herrscher, der Inhaber staatlicher Macht.[47]

Montaigne und Justus Lipsius stehen für die vorsichtige Wiederaufnahme der Inhalte der Selbstsorge, die dann im 17. und 18. Jahrhundert bei den Autoren der Moralistik eine gewisse Rolle spielen werden. Techniken der Selbstsorge wie z. B. »Meditationen« finden sich sogar bei einem Autor wie Descartes, der ansonsten ein Erbe der christlichen Form von Selbsterkenntnis und Hermeneutik seiner selbst ist; Meditationen führen ihn zu einem reinen Subjekt des Denkens, das aber in seiner Unerschütterlichkeit bemerkenswerte Ähnlichkeit mit dem stoischen Selbst hat, das von der Selbstsorge hergestellt worden war. Baltasar Gracián

45 Ebd. III, 9, S. 953; der Sorge nicht wert III, 9, S. 947.
46 Ebd. III, 13, S. 1071; Sorge um das Leben III, 12, S. 1051; gute Regierung III, 13, S. 1073.
47 Justus Lipsius, *De constantia* (1584); *Politica* (1589); *Manuductio ad Stoicam philosophiam* (1604).

vereinigt in seinem *Handorakel* von 1647 viele Themen der antiken Selbstsorge von neuem. Und in der protestantischen Tradition ist es Jan Amos Comenius, der es in seiner *Großen Didaktik* von 1657 zur Aufgabe der Erziehung macht, die jungen Menschen zur »Sorge für das eigene Heil« und zur Sorge für Andere zu befähigen.

In der Moralistik von Larochefoucauld bis zu Vauvenargues werden die antiken Formen von Selbsterkenntnis und Selbstsorge wieder aneinandergebunden. Das Wort der Selbstsorge ist aber nicht geläufig oder wird aufgrund der christlichen Ächtung gescheut; stattdessen beginnt nun in den diversen »Sentenzen und Maximen« eine lange während Diskussion über die Unterscheidung zwischen Eigenliebe und Liebe zu sich selbst (*amour-propre* und *amour de soi*), die nur demjenigen spitzfindig erscheinen darf, der die Nöte nicht kennt, die in einer christlich dominierten Kultur eben herrschten. Freilich ist »Selbstliebe« in keiner Weise zu vergleichen mit der Aktivität und Übung der Selbstsorge, sie ist vielmehr ein Seelenzustand, aber sie wird mit der Fähigkeit zur Selbsterkenntnis verbunden (»aufgeklärte Selbstliebe«) sowie mit der Fähigkeit, Meister seiner selbst zu sein und sein Leben selbst zu führen. Der Begriff stammt von Aristoteles (*philautia*), und seine Wiederaufnahme darf als Versuch angesehen werden, der christlichen Forderung nach Abtötung des Selbst und der einseitigen Fixierung auf Nächstenliebe etwas entgegenzusetzen.

Selbstsorge ist eine Technik des Umgangs mit sich selbst, Selbstliebe ein Gefühl, das diese Technik motivieren kann. War ursprünglich die Selbstsorge der Weg zur Vortrefflichkeit, zur »Tugend«, so sollte nun die Selbstliebe dazu anleiten. Aber der Vorwurf der »Selbstbezogenheit« für diese Selbstbeziehung kann natürlich im einen wie im anderen Fall erhoben werden: Daher ist auch der unvollkommene Ersatzbegriff der Selbstliebe unentwegt umstritten. Die Sache der Selbstsorge bleibt dabei unterschwellig lebendig: In der *Enzyklopädie*, Stichwort »Sokratik«, werden »Prinzipien der Moralphilosophie des Sokrates« genannt, nämlich: »Daß man sich selbst studiere, und erkenne«, und einige weitere Maßnahmen der Selbstsorge erscheinen hier; ebenso beim Stichwort »Stoizismus«. Es ist vor allem die stoische *cura sui*, die inhaltlich fortwirkt, wie aus Diderots Einführung in die Lektüre Senecas von 1779 hervorgeht. Seneca ist der Philosoph, sagt Diderot, »hinter dem ich mich verborgen halte«, und umgekehrt ist

Seneca derjenige, der sich hinter ihm verbirgt, so daß diesen auch die Pfeile treffen sollen, die auf Diderot zielen, denn was Diderot vorhat mit ihm, ist klar: Eine moralische Macht aufzubieten gegen die etablierten Philosophen der Sorbonne und die herrschende politische Macht des Ancien Régime; er rühmt Seneca für seine »starke Seele«, die er gegen den Tyrannen zu wenden vermochte.[48] Ausdrücklich wird darauf verwiesen auf Senecas Wort: »Ich habe begonnen, mir ein Freund zu sein.« Keine der Techniken der Selbstsorge wird außer acht gelassen, wenn Diderot die gesamten Briefe und alle Werke Senecas Revue passieren läßt, die alle seiner Aussage nach und in Anlehnung an Seneca zum Ziel haben, sich von jeder Unterwürfigkeit zu befreien, um Herr seiner selbst zu werden.[49]

Erstaunlicherweise gibt es, was das Vorkommen von Wort und Begriff und nicht nur des Inhalts der Selbstsorge angeht, einen etwas anderen Befund in der deutschen und der englischen bzw. schottischen Aufklärungsphilosophie des 18. Jahrhunderts, bevor sich das Urteil des Platon-Übersetzers Schleiermacher über die »Unechtheit« des Selbstsorge-Dialogs *Alkibiades I* erneut wie ein Schleier über den Begriff legt und ihn noch einmal für einige Zeit den Augen der Philosophen entzieht. In seinem »Essay on the history of Civil Society« von 1767 plädiert Adam Ferguson für die wohlverstandene »Sorge um uns« (*care of ourselves*), die nicht »selbstisch« sein darf, also nicht zum Exzeß ausarten soll, sich nur noch um sich selbst zu kümmern, sondern im richtigen Gebrauch unserer Vernunft besteht. Wir seien aber, als moderne Menschen, zu sehr daran gewöhnt, als einziges Objekt der Sorge das persönliche Glück anzusehen.[50] Das schon bekannte Problem bricht damit im 18. Jahrhundert wieder durch: Ist die Selbstsorge eine Fixierung auf sich selbst, oder ist sie vielmehr ein pfleglicher Umgang mit sich und anderen?

Der Baumgarten-Schüler Georg Friedrich Meier publiziert in sei-

---

48  Diderot, *Essai sur les Règnes de Claude et de Néron et sur les mœurs et les écrits de Sénèque, pour servir d'introduction à la lecture de ce philosophe*, Paris 1779, erw. u. korr. London 1782 (Œuvres complètes xxv, ed. H. Dieckmann u. J. Varloot, Paris 1986), S. 236 u. S. 238; Pfeile auf Diderot, S. 229.

49  Ebd. S. 283 mit Bezug auf Seneca, *Briefe an Lucilius* 75, 18; sich selbst ein Freund S. 232, Seneca, *Briefe* 6, 7.

50  Adam Ferguson, *An Essay on the history of Civil Society*, Edinburgh 1767, S. 78 f.

ner *Philosophischen Sittenlehre* von 1754 neben einem Kapitel über die Selbstliebe ein weiteres mit dem Titel: »Von der Sorge für uns selbst.« Die beiden Begriffe werden damit klar unterschieden: Selbstliebe als anthropologische Kategorie, Selbstsorge als Frage der praktischen Philosophie. Bei der Selbstsorge geht es um die Realisierung der Vollkommenheit unserer selbst, wenn sie auch nie erreicht wird; es geht darum, »beständig aufs mögliche für sich zu sorgen, und sich zu verbessern«, die stoische Meliorisierung. Das ist nicht mit einem sorgenvollen Leben zu verwechseln, sondern als »*Lebens-Kunst*« zu verstehen, um sein Leben als Kunstwerk zu gestalten.[51] Die diversen Punkte stoischer Lebenskunst und Selbstsorge tauchen wieder auf: Urteilskraft zu bilden, wählen zu können und eine Auswahl zu treffen, kontrollierter Umgang mit den Lüsten, das Leben sich selbst anzueignen, bewußtes Verhältnis zur Zeit, Umgang mit dem Tod etc.

Johann August Eberhard thematisiert in seiner *Sittenlehre der Vernunft* von 1781 die tägliche Selbstprüfung, um sich selbst zu beurteilen, durchaus christlich geprägt, aber mit Bezug auf die antike Philosophie. Es überrascht nicht, auch hier die Bedeutung der »Selbstliebe« wiederzufinden, die uns zur Selbstvervollkommnung anhält und die Quelle aller Verbindlichkeit in moralischen Fragen ist; sie darf nicht mit Eigennutz und Selbstsucht verwechselt werden, wird ausdrücklich betont. Und schließlich die Selbstsorge: »Wir *sorgen* für uns, wenn wir uns bemühen die Mittel zu erkennen und zu gebrauchen, wodurch wir uns als Zweck vollkommner machen; wir *bessern* uns, wenn wir unsere Unvollkommenheit heben. Wir dürfen also nicht *sorglos* in Ansehung unserer und unserer Angelegenheit seyn.«[52] Gewisse Handlungen der Seele und des Leibes seien hierzu zu gebrauchen, und die Herrschaft über uns selbst ist auf diese Weise herzustellen; darunter wird die »Fertigkeit der Seele« verstanden, sich selbst und den Körper zu regieren. Ein eigener Abschnitt wird der Sorge um den Körper gewidmet, inbegriffen die »Kunst sich zu vergnügen«, um die Lust am Leben zu befördern.

Themen der Lebenskunst und Selbstsorge finden sich auch bei

51 Georg Friedrich Meier, *Philosophische Sittenlehre* (1754), 5 Teile, Halle 1762, S. 667; für sich zu sorgen S. 654.
52 Johann August Eberhard, *Sittenlehre der Vernunft*, Berlin 1781, S. 191.

Christoph Martin Wieland.[53] Bei solchen Zusammenhängen paßt es gänzlich ins Bild, wenn Herder die *Cura*-Fabel des Hyginus aufgreift, die den Menschen als ein Kind der Sorge darstellt, wovon sich dann Goethe inspirieren läßt, vor allem aber, viel später, Heidegger. Und es ist nun nicht mehr verwunderlich, wenn Kant in seinem Aufsatz »Beantwortung der Frage: was ist Aufklärung?« von 1784 Unzufriedenheit mit dem herrschend gewordenen Begriff des christlichen »Seelsorgers« äußert und zugleich an den Sinn der Selbstsorge (die Selbstbemühung) erinnert: »Habe ich ein Buch, das für mich Verstand hat, einen Seelsorger, der für mich Gewissen hat, einen Arzt, der für mich die Diät beurtheilt, usw., so brauche ich mich ja nicht selbst zu bemühen.« Faulheit und Feigheit sind dafür verantwortlich, die Selbstbemühung zu scheuen. Stattdessen kommt es darauf an, sich selbst zu führen und selbst zu denken, »ohne Leitung eines anderen«; dies aber nicht verstanden als eine reine Privatsache, sondern verbunden mit einem öffentlichen Gebrauch der Vernunft. Das wird von Kant zusätzlich ausgestattet mit einer kaum verhohlenen Kritik an den herrschenden geistlichen und weltlichen Mächten, denn dafür, daß die Unmündigen unmündig bleiben, »dafür sorgen schon jene Vormünder, die die Oberaufsicht über sie gütigst auf sich genommen haben«.[54] Politisch ist die Sorge in dieser Zeit definitiv auf die herrschende weltliche Macht, die Regierung, übergegangen, die für das öffentliche Wohl und die öffentliche Sicherheit sorgt und hierfür die »Polizei« instituiert hat, wie Kant vermerkt.[55]

Elemente der Selbstsorge finden sich, parallel zum »Umgang mit sich selber« und den »Pflichten gegen uns selbst« in Adolph Freiherr von Knigges Buch *Über den Umgang mit Menschen* von 1788 (⁵1796), auch in Kants Begriff der »Pflichten gegen sich selbst« wieder, wie überhaupt in manch anderen Aspekten der Tugendlehre in der *Metaphysik der Sitten*: »Regierung« seiner selbst; »*Vervollkommnung* seiner selbst«; »*Cultur* (als thätiger Vollkommenheit) seiner selbst«; Bildung der Geistes-, Seelen- und Leibeskräfte als »Besorgung« an sich selbst; Übung seiner

53 Siehe hierzu Walter Erhart, *Entzweiung und Selbstaufklärung. Christoph Martin Wielands »Agathon«-Projekt*, Tübingen 1991.
54 Kant, *Akad.-Ausg.* VIII, S. 35.
55 Streit der Fakultäten, *Akad.-Ausg.* VII, S. 26.

selbst, für die er sich ausdrücklich auf die Stoa bezieht und die »Mönchsascetik« mit ihrer Erziehung des Menschen zur »Abscheu an sich selbst« ablehnt – er stellt ihr die »ethische Gymnastik,« die dazu dient, das rechte Maß zu finden, entgegen.[56] Kant macht es schon in der *Grundlegung zur Metaphysik der Sitten* geradezu zur Pflicht, sich selbst nicht zu vernachlässigen, an sich selbst zu arbeiten, um vom Selbst ausgehend die Anlagen zu größerer Vollkommenheit in der Menschheit auszubilden. Freilich, welches »Selbst« ist hier gemeint? Auch die Geschichte des Begriffes »Selbst« muß erst noch geschrieben werden, denn im Unterschied zu anderen Kulturen handelt es sich in der abendländischen Kultur dabei offenbar um ein Konzept, das veränderlich ist in der Zeit. Kant kommt jedoch nicht umhin, auf das starke, selbstbeherrschte Subjekt der Selbstsorge-Tradition zurückzukommen, um seiner Vorstellung von Autonomie eine tragfähige Grundlage zu geben. Konsequenterweise notiert er sein Entsetzen über ein Subjekt, das sich – in der Tradition der verselbständigten Selbsterkenntnis (Rousseau mag ihm vor Augen gestanden haben) – nur noch bloßer Selbstbeobachtung anheimgibt. Mit der Sache der Selbstsorge ist auch bei ihm, wie sich von selbst versteht, nicht ein egoistisches Nur-sich-um-sich-kümmern gemeint: Es sei traurig zu sehen, wie manche »nur immer für sich sorgen«. Sondern es geht darum, sich nicht zu vernachlässigen, nicht von der Vorsorge anderer abzuhängen, sich nicht in die Hände anderer zu begeben, nur um sich die Mühe der Selbstkonstituierung zu ersparen; vielmehr sich zu kultivieren und zu verbessern und zu lernen, »sich selbst zu führen«.[57] Man mag hier einen nicht-signifikanten Gebrauch dieser Begriffe monieren. Aber bei der Verwendung solcher Begriffe bei Kant handelt es sich nicht um belanglose terminologische Ausrutscher oder Zufälligkeiten, sondern um die sichtbaren Endmoränen seiner intensiven Auseinandersetzung vor allem mit der Stoa, von der der handschriftliche Nachlaß zeugt.

56 *Akad.-Ausg.* VI, S. 485; Bezug auf Stoa VI, S. 477; Besorgung VI, S. 445; Vervollkommnung und Kultur seiner selbst VI, S. 419; Regierung seiner selbst VI, S. 408.
57 Pädagogik, *Akad.-Ausg.* IX, S. 453; für sich sorgen IX, S. 444.

Das 19. Jahrhundert ist noch einmal ein Jahrhundert des Vergessens der Selbstsorge; dazu hat eine einseitige Kant-Rezeption, die die Sorge-Elemente bei Kant ausblendete, sicherlich beigetragen. Für »Sorge« werden im Grimmschen Wörterbuch noch die lateinischen Begriffe *sollicitudo* und *cura* genannt, beide aber nurmehr als quälende Empfindung und seelischer Schmerz verstanden, während Adelung in seinem Wörterbuch von 1801 noch zu differenzieren wußte: »*Die Sorge* (...) Eigentlich, die mit Unruhe verbundene anhaltende Richtung des Gemüthes auf die Abwendung eines Übels oder Erlangung eines künftigen Gutes«, daneben jedoch auch die »Unlust oder unangenehme Empfindung«. Es wird hier auch noch unterschieden zwischen einer Sorge um die eigene Seele (weitere Bedeutung), und einer Sorge um Andere (engere Bedeutung), beide noch »Seelsorge« genannt: »*Die Seelsorge* (...) die Sorgfalt für die Wohlfahrt der Seele, für das geistliche Wohl; in engerer und gewöhnlicherer Bedeutung, für das geistliche Wohl anderer, da denn die *Seelsorge* eine Pflicht der Pfarrer, Prediger, Bischöfe usf. ist, deren ganzer Stand und Geschäft daher auch wohl die *Seelsorge* genannt wird.«[58] Zuguterletzt aber gibt es den Begriff »Selbstsorge« nicht mehr, und die ihm ursprünglich entsprechende »Seelsorge« ist im Deutschen Wörterbuch von 1905 nur noch bekannt als »Sorge für die seelen, das seelenheil anderer, gewöhnliche bezeichnung für die thätigkeit der geistlichen«.[59]

Gewiß, es gibt in der ersten Hälfte des 19. Jahrhunderts, nicht zu vergessen, als Fortsetzung der Linie von Christoph Wilhelm Hufelands *Makrobiotik oder die Kunst, sein Leben zu verlängern* (1796), auch die Schrift *Zur Diätetik der Seele* (1838) von Ernst Freiherr von Feuchtersleben und die *Orthobiontik* (1839) von Johann Christian August Heinroth, die zumindest, was ihre Thematik angeht, an die antike Sorgetradition erinnern. Heinroth will allerdings die Selbstliebe durch die Liebe zu Gott ersetzt sehen; nur so finde das Selbst zur wahren Freiheit – eine säkulare Fortsetzung des christlichen Ansatzes. Und Schopenhauer fällt zum Begriff der Sorge nur noch die ängstliche Sorge um Äußeres und

---

58 Adelung, *Grammatisch-kritisches Wörterbuch*, Leipzig 1801, Sp. 14; Die Sorge, Sp. 150.
59 Deutsches Wörterbuch, Leipzig 1905, Sp. 53.

Künftiges ein, die er, ganz in stoischer Tradition, zurückdrängen will; den Begriff der klugen Selbstsorge kennt er nicht. Und Nietzsche? Es finden sich alle Ingredenzien der Selbstsorge in seinen Werken und er bezieht sich in diesem Sinn auf die antiken Philosophenschulen. Neben vielem anderen greift er auch die Technik des »Eins ist noth« (Konzentration auf Eines) wieder auf. Er scheut in seiner Distanz zum Christentum natürlich auch nicht mehr den Vorwurf der Selbstsucht, der gegen die Selbstsorge erhoben worden ist: »Es fehlt am Besten, wenn es an der Selbstsucht zu fehlen beginnt.«[60] Der modernen Arbeit, die eine maschinelle Tätigkeit sei, wirft Nietzsche vor, zum »Sich-selbst-Vergessen«, zur *incuria sui* (*Zur Genealogie der Moral* III, 18) beigetragen zu haben. Ist es die industrielle Welt, die im 19. Jahrhundert die Selbstsorge aufgesogen und ausgelöscht hat? Auch Max Stirners Beharren auf der Selbstsorge (*Der Einzige und sein Eigentum*, 1845) findet kein Gehör; von allen Seiten wird sein »Egoismus« angeprangert.

Eine kleine Zwischenstation im 20. Jahrhundert ist Heidegger, der auf den Begriff der Selbstsorge offensichtlich in Abhebung zur »Fürsorge« für Andere kommt. Zugleich hält er die »Selbstsorge« aber für eine Tautologie aufgrund des in der Sorge, die sich ja auf Künftiges richtet, bereits mitbeschlossenen Phänomens des Selbst: »Sorge kann nicht ein besonderes Verhalten zum Selbst meinen, weil dieses ontologisch schon durch das Sich-vorweg-sein charakterisiert ist.« »Die Sorge birgt schon das Phänomen des Selbst in sich, wenn anders die These zu Recht besteht, der Ausdruck ›Selbstsorge‹ in Anmessung an Fürsorge als Sorge für Andere sei eine *Tautologie*.«[61] Das ist die Ablehnung der Verfahrensweise der antiken *epimeleia heautou* und *cura sui*: Aus dem Selbst heraus sich auf das Selbst zu richten. Aber es geht Heidegger eben nicht um eine Arbeit des Selbst an sich, sondern um die Freilegung eines »eigentlichen« Zustandes, für den dann Selbst und Sorge dasselbe wäre. In einer ontologischen Überhöhung ist Sorge ein Begriff für das grundlegende Verstehen des Seins. Der Bezug auf die Antike scheint für diesen Begriff auszuscheiden: die Vorlesung

---

60 Friedrich Nietzsche, *Götzen-Dämmerung*, Streifzüge eines Unzeitgemäßen, 35.
61 Martin Heidegger, *Sein und Zeit*, § 64, S. 318; Sich-vorweg-sein § 41, S. 193.

über die »Grundbegriffe der antiken Philosophie« von 1926 kennt weder Sorge noch Selbstsorge; aufgrund der ontologischen Fixierung Heideggers können sie gar nicht in den Blick kommen. Im Sorge-Kapitel von *Sein und Zeit* gibt es zwar einen signifikanten Bezug auf die *Cura*-Fabel das Hyginus und den Cura-Begriff bei Seneca, der offenbar aber nur einer vermittelten Lektüre zu verdanken ist.

1938 zeigt Walter Schubart, ein deutscher Philosoph in Riga, in seinem Buch *Europa und die Seele des Ostens*, wie sehr die »Kultur der Sorge« jenes Europa geprägt hat, das man das Abendland nennt und das der »Westen« ist, und daß es zu dieser Kultur der Sorge im »Osten« kein Pendant gibt. Er ist sehr in Unruhe darüber, daß auch im Westen diese Sorge dem Individuum längst abgenommen und zur Aufgabe des Staates gemacht worden ist. Hinter den drei Haupttätigkeiten des modernen abendländischen Menschen – Organisation der Gesellschaft als Ziel der Politik, Herrschaft über die Natur als Ziel der Technik, Produktion auf Vorrat als Ziel der Industrie – recke sich »das Gespenst der Sorge«, einer Sorge, der er nichts mehr abgewinnen kann.

Bei Karl Jaspers, in seinen Vorträgen »Über Bedingungen und Möglichkeiten eines neuen Humanismus«, findet sich, vielleicht inspiriert durch Heidegger und zugleich in Abhebung gegen ihn, die »Sorge um uns selbst« angesichts des Nichts, in das der Mensch zu gehen scheint; angesichts des Massendaseins, in dem das Individuum sich verliert und die Einzelnen sich nur noch führen lassen von Medien oder sonstwelchen Führern.[62] Ein neuer Begriff der Selbstsorge bricht sich damit Bahn: Die Sorge um die pure Existenz des Menschen, die sich infragegestellt findet – eine Antwort auf die technischen Möglichkeiten des Atomzeitalters und bald auch auf die ökologische Zerstörung, die seit den beginnenden sechziger Jahren des 20. Jahrhunderts ins Bewußtsein tritt. *Sorge um den Menschen* nennt denn auch Romano Guardini eine Publikation von 1962: Der Mensch, jeder einzelne, scheine nicht zu sehen, wohin das führt, was er tut – aus Selbstvergessenheit. Ist es übertrieben zu vermuten, daß das Verschwinden der klugen Selbstsorge aus der abendländischen Kultur dazu beigetragen hatte, die Selbstauslöschung des Menschen möglich zu ma-

---

62 Karl Jaspers, *Über Bedingungen und Möglichkeiten eines neuen Humanismus*, Stuttgart 1962, S. 23.

chen? Es war der Verlust der Fähigkeit, vorauszublicken und vorzusorgen, an deren Stelle sich eine Sorglosigkeit des Wirtschaftens und des Konsums ohnegleichen breitgemacht hat.

Aus der Antike erneut aufgegriffen und aktualisiert wird der Begriff der Selbstsorge erst wieder bei Michel Foucault, der Hinweise von Pierre Hadot aufgenommen hat, in seinen beiden letzten Büchern *Der Gebrauch der Lüste* und *Die Sorge um sich* von 1984. Auf der Suche nach »Selbsttechnologien«, mit deren Hilfe ein Subjekt sich selbst konstituieren kann, statt nur ein Produkt heteronomer Mächte und Praktiken zu sein, stößt er auf die Selbstsorge. In einer Vorlesung von 1981 am Collège de France in Paris, »Subjektivität und Wahrheit«, und erneut 1982 unter dem Titel »Hermeneutik des Selbst«, erschließt er diese »Kultur seiner selber« und »Regierung seiner selbst« und bezeichnet sie als zur antiken Form der Selbsterkenntnis gehörig. Den aus der Antike aufgenommenen Begriff der Selbstsorge aktualisiert er und bringt ihn explizit als Konzept für eine moderne Gesellschaft ins Gespräch, in der die Subjekte schon allzusehr ans Regiertwerden und damit an die Abgabe der Sorge gewöhnt worden sind: Politischer und agonaler Index der Selbstsorge, nämlich Macht über sich selbst zu gewinnen und diese Macht ins Spiel zu bringen gegen die Bevormundung durch eine herrschende Macht. Aber als Erben der christlichen Moraltradition und ihrer Betonung der Selbstlosigkeit sind wir »geneigt, in der Sorge um sich selbst etwas Unmoralisches zu argwöhnen, ein Mittel, uns aller denkbaren Regeln zu entheben«.[63] Es sei interessant zu sehen, daß »in unseren Gesellschaften ab einem bestimmten (und sehr schwierig anzugebenden) Punkt die Selbstsorge zu etwas ein wenig Anrüchigem geworden ist«[64]; sie sei nämlich als eine Selbstliebe, als eine Form von Egoismus angeprangert worden. In Wahrheit handelt es sich um eine Beziehung des Selbst zu sich, die erforderlich ist, um eine Praxis der Freiheit zu realisieren. Tautologisch kann der Begriff der Selbstsorge nicht sein, da er diejenige Sorge bezeichnet, die das Selbst erst herstellt und die transformierend auf es einwirkt, über das hinaus, was an ihm schon gegeben ist. Dieses Selbst ist keine Substanz, sondern eine Form, die zu gestalten ist.

Aus voller Kenntnis der antiken Tradition und ihres zeitweiligen

63 Michel Foucault, *Technologien des Selbst* (1982), S. 31.
64 Freiheit und Selbstsorge (Interview 1984), S. 12.

Vergessens nimmt auch Hans Krämer die Selbstsorge wieder auf und macht sie im Rahmen seiner groß angelegten »Integrativen Ethik« von 1992 zu einem konstitutiven Bestandteil der Strebensethik, im Unterschied zu der grundlegenden Selbstlosigkeit in der Moralphilosophie. Aus je unterschiedlicher Perspektive (Individuum auf der einen, Gesellschaft auf der anderen Seite) haben beide, Selbstsorge und Selbstlosigkeit, ihre Berechtigung. Selbstsorge ist die Formel der Strebensethik schlechthin. Die eigene Lebensführung des Individuums kann auf Selbstsorge und »Selbstbekümmerung« nicht verzichten. Fragen der Lebensbewältigung und der alltäglichen Lebensführung werden damit wieder philosophisch ernstgenommen: Die philosophische Reflexion versucht zum »Lebenkönnen« anzuleiten, Lebenskunstgriffe zur Verfügung zu stellen und Ratschläge zu geben. Ein Terrain, das lange brachgelegen hat, wird damit in die Philosophie zurückgeholt, ganz so, wie es einer Zeit angemessen erscheint, in der die christliche »Seelsorge« definitiv an Bedeutung verloren hat.

## Literatur

Böhme, Gernot, *Der Typ Sokrates*, Frankfurt/M. 1988.

Festugière, A.-J., *Etudes de philosophie grecque*, Paris 1971.

Foucault, Michel, *Der Gebrauch der Lüste. Sexualität und Wahrheit Bd. 2* (Paris 1984), Frankfurt/M. 1986.

Foucault, Michel, *Die Sorge um sich. Sexualität und Wahrheit Bd. 3* (Paris 1984), Frankfurt/M. 1986.

Foucault, Michel, Technologien des Selbst, in: Luther H. Martin u.a. (Hg.), *Technologien des Selbst* (Amherst 1988), Frankfurt/M. 1993.

Foucault, Michel, Freiheit und Selbstsorge. Gespräch mit Michel Foucault am 20. Januar 1984, in: Helmut Becker u.a. (Hg.), *Freiheit und Selbstsorge*, Frankfurt/M. 1985.

Hadot, Ilsetraut, *Seneca und die griechisch-römische Tradition der Seelenleitung*, Berlin 1969.

Hadot, Pierre, *Philosophie als Lebensform. Geistige Übungen in der Antike* (veränd. dt. Ausg. v. *Exercices spirituels et philosophie antique*, Paris 1981), Berlin 1991.

Hieronymus, F., *Melete. Übung, Lernen und angrenzende Begriffe*, Diss. Basel 1970.

Kimmich, D., *Epikureische Aufklärungen. Philosophische und poetische Konzepte der Selbstsorge*, Darmstadt 1993.

Krämer, Hans, *Integrative Ethik*, Frankfurt/M. 1992.

Rabbow, Paul, *Seelenführung. Methodik der Exerzitien in der Antike*, München 1954.

Rabbow, Paul, *Paidagogia. Die Grundlegung der abendländischen Erziehungskunst in der Sokratik*. Aus dem Nachlaß hg. v. Ernst Pfeiffer, Göttingen 1960.

Schmid, Wilhelm, *Auf der Suche nach einer neuen Lebenskunst. Die Frage nach dem Grund und die Neubegründung der Ethik bei Foucault*, Frankfurt/M. ²1992.

Schmid, Wilhelm, *Die Geburt der Philosophie im Garten der Lüste. Michel Foucaults Archäologie des platonischen Eros*, Frankfurt/M. 1994.

# Christoph von Wolzogen
## Die eigentlich metaphysische Störung
### Zu den Quellen der Ethik
### bei Heidegger und Levinas

»Souverän ist, wer über den Ausnahmezustand verfügt.«
Carl Schmitt

Mit schöner Regelmäßigkeit wird in der Heidegger-Literatur die Frage erwogen, warum Heidegger keine Ethik geschrieben habe; und regelmäßig beginnen bzw. enden die Überlegungen mit Heideggers berühmtem abschlägigen Bescheid an den »jungen Freund«, der im *Humanismusbrief* referiert wird. In der Tat scheint Heidegger kein Adressat einer Forderung nach einer »Ethik« zu sein, wenn er schon 1920 betont:

»Die Philosophie ist durchherrscht von einer sich ständig erneuernden Grunderfahrung, so daß die Rationalität in dieser Grunderfahrung selbst gegeben ist und sich in ihr inhaltlich bilden muß. Es gibt daher keine philosophischen Disziplinen (wie Logik, Ethik, Ästhetik, Religionsphilosophie). – Diese Scheidung in Disziplinen ist rückgängig zu machen. [...] Die Philosophie kennt keine Disziplinen.«[1]

Daß Heideggers Werk, vor allem *Sein und Zeit* mit seiner Umweltanalyse allerdings ethische Implikationen hat, wird von der Mehrzahl der Interpreten keineswegs bestritten. Doch »ausgerechnet von diesem Ansatz«, so resümiert Gerold Prauss, »der zum Originellsten und Aussichtsreichsten gehört, was *Sein und Zeit* zu bieten hat, rückt Heidegger bald danach mehr und mehr ab.«[2] Können damit die Akten in Sachen Heidegger und die Ethik bzw. praktische Philosophie geschlossen werden? Es scheint indessen, als seien sie überhaupt noch nicht wirklich geöffnet worden. Denn selbst für die Kennzeichnung von *Sein und Zeit* als die »im deutschsprachigen Bereich früheste Konzeption eines konse-

---

1 Martin Heidegger, *Phänomenologie der Anschauung und des Ausdrucks. Theorie der philosophischen Begriffsbildung* (Sommersemester 1920), in: *Gesamtausgabe* Bd. 59, Frankfurt/M. 1993, S. 172.
2 Gerold Prauss, »Heidegger und die praktische Philosophie«, in: A. Gethmann-Siefert / O. Pöggeler (Hg.), *Heidegger und die praktische Philosophie*, Frankfurt/M. 1988, S. 178.

quenten Pragmatismus«, die K.-O. Apel erstmals thematisiert und die C. F. Gethmann systematisch rekonstruiert hat, fehlt bislang eine umfassende historisch-systematische Untersuchung.[3] Ich werde dieses Thema – das einer eigenen Arbeit vorbehalten bleibt – hier nicht weiter verfolgen, sondern das in der Literatur noch wenig beachtete Motiv der »Störung«, das auf das Problem Heidegger und die Ethik ebensosehr wie auf das Verhältnis Heidegger – Levinas ein neues Licht werfen könnte. Immerhin ist ja auch Levinas, obwohl mit seinem Werk der Titel »Ethik als Erste Philosophie« untrennbar verbunden ist, kein Adressat für die Frage jenes »jungen Freundes«; denn »meine Aufgabe«, so Levinas, »besteht nicht darin, die Ethik aufzubauen; ich versuche nur, ihren Sinn zu suchen.«[4] Und die hier von Nietzsche her sich aussprechende »Ethik des Verdachts« ist es auch, die Levinas grundsätzlich mit Heidegger verbindet.[5]

I.

Wer sich heute dem Thema Heidegger und die Ethik nähert, befindet sich sozusagen auf vermintem Gelände, insofern Heideggers Versuch einer – postkonventionellen – Rückgewinnung strebensethischer Begriffe und seine Kritik am Normativen gerade unter das Verdikt des »Neoaristotelismus« fallen. Den Hintergrund bildet dabei eine Auseinandersetzung, ohne deren Kenntnis Heideggers Begriff von Philosophie letztlich unverstanden bleiben muß: die Auseinandersetzung um die »Weltanschauung«.

3 Vgl. Karl-Otto Apel, »Wittgenstein und Heidegger. Die Frage nach dem Sinn von Sein und der Sinnlosigkeitsverdacht gegen alle Metaphysik«, in: O. Pöggeler (Hg.): *Heidegger. Perspektiven zur Deutung seines Werkes*, Königstein / Ts. 1984, S. 358 ff. Vgl. aber schon Max Bense, *Die Philosophie*, Frankfurt 1951. Vgl. Carl Friedrich Gethmann, »Heideggers Konzeption des Handelns in *Sein und Zeit*«, in: A. Gethmann-Siefert / O. Pöggeler (Hg.), *Heidegger und die praktische Philosophie*, Frankfurt/M. 1988, S. 143.
4 Emmanuel Levinas, *Ethik und Unendliches. Gespräche mit Philippe Nemo*, Graz / Wien 1986, S. 69.
5 Vgl. Robert Bernasconi, »Die Ethik des Verdachts«, in: *Fragmente* 39/40 (Dez. 1992): *Das Andere Denken. Zur Ethik der Psychoanalyse*, Kassel 1992, S. 88.

Heideggers Auseinandersetzung mit dem Begriff ›Weltanschauung‹ ist in der Literatur bislang so gut wie unbeachtet geblieben. Schon in einer seiner frühesten Arbeiten befaßt sich Heidegger[6] mit dem ›Weltanschauungsproblem‹:

»Die Philosophie, in Wahrheit ein Spiegel des Ewigen, reflektiert heute vielfach nur mehr subjektive Meinungen, persönliche Stimmungen und Wünsche. Der Antiintellektualismus lässt auch die Philosophie zum ›Erlebnis‹ werden; man geriert sich als Impressionisten, klammert sich an ›Augenblickswerte‹, schliesst im dunklen Drange als ›Eklektiker‹ die einander widersprechendsten Gedanken in eine Weltanschauung zusammen, das System ist fertig. Gewiss, es ist System darin, wie sie heute ›Weltanschauungen machen‹. Eine strenge, eisig kalte Logik widerstrebt der feinfühligen modernen Seele. Das ›Denken‹ kann sich nicht mehr einzwängen lassen in die unverrückbaren ewigen Schranken der logischen Grundsätze. Da haben wir's schon. Zum streng logischen Denken, das sich gegen jeden affektiven Einfluss des Gemütes hermetisch abschliesst, zu jeder wahrhaft voraussetzungslosen wissenschaftlichen Arbeit gehört ein gewisser Fond ethischer Kraft, die Kunst der Selbsterraffung und Selbstentäusserung. Es ist ja schon eine banale Sache: Heute wird die Weltanschauung nach dem ›Leben‹ zugeschnitten, statt umgekehrt.«

»Und bei diesem Hin- und Herflattern«, so zieht nun Heidegger sein Fazit und findet damit zugleich den ursprünglichen Einsprung in seine philosophische Grundfrage, die sich bekanntlich die Option auf abschließende Antworten stets *offengehalten* hat, »bei dem allmählich zum Sport gewordenen Feinschmeckertum in philosophischen Fragen bricht doch bei vieler Bewusstheit und Selbstgefälligkeit unbewusst das Verlangen hervor nach abgeschlossenen, abschliessenden Antworten auf die Endfragen des Seins, die zuweilen so jäh aufblitzen, und die dann manchen Tag ungelöst wie Bleilast auf der gequälten, ziel- und wegarmen Seele liegen.« - Auch in seiner *Duns Scotus*-Arbeit findet sich zu diesem Thema eine aufschlußreiche Stelle:

»Besinnt man sich auf das tiefere, weltanschauliche Wesen der Philosophie, dann muß auch die Auffassung der christlichen Philosophie des Mittelalters als im Gegensatz zur gleichzeitigen *Mystik* stehender Scholastik als prinzipiell verfehlt herausgestellt werden. Scholastik und Mystik gehören für die mittelalterliche Weltanschauung wesentlich zusammen. Die beiden ›Gegensatz‹-paare: Rationalismus-Irrationalismus und Scholastik-

6 Martin Heidegger, »Zur philosophischen Orientierung für Akademiker«, in: *Der Akademiker*, Nr. 5 (März 1911), S. 66.

Mystik *decken sich nicht*. Und wo ihre Gleichsetzung versucht wird, beruht sie auf einer extremen Rationalisierung der Philosophie. Philosophie als vom Leben abgelöstes, rationalistisches Gebilde ist *machtlos*, Mystik als irrationalistisches Erleben ist *ziellos*.«[7]

Weder ist hier eine eindeutige Vermittlung, noch eine eindeutige Trennung zwischen Philosophie und Weltanschauung zu erkennen. Doch ist zu bedenken, daß Heidegger hier bereits seinen methodischen Ausgangspunkt für die Philosophie gefunden hat: »Methodisch ist das zuerst und unmittelbar Gegebene die sinnliche Welt, die ›Umwelt‹«.[8] Bevor ich Heideggers weitere Auseinandersetzung mit dem Begriff ›Weltanschauung‹ verfolge, gehe ich kurz auf Karl Jaspers' *Psychologie der Weltanschauungen* (1919) ein, die für Heideggers weiteren Denkweg bekanntlich von eminenter Bedeutung ist.

Ich kann hier nicht auf die zahllosen Anregungen eingehen, die Heidegger durch dieses Werk erhielt. Ich will nur an zwei Zitaten verdeutlichen, wo der ›Gegner‹ (bzw. Gesprächspartner) zu suchen ist, wenn Heidegger ›Weltanschauung‹ kritisch analysiert. Jaspers schreibt einleitend:

»Es ist philosophische Aufgabe gewesen, eine Weltanschauung zugleich als wissenschaftliche Erkenntnis und als Lebenslehre zu entwickeln. Die rationale Einsicht sollte der Halt sein. Statt dessen wird in diesem Buch der Versuch gemacht, nur zu verstehen, welche letzten Positionen die Seele einnimmt, welche Kräfte sie bewegen. Die faktische Weltanschauung dagegen bleibt Sache des Lebens.«[9]

Und in der Einleitung heißt es:

»Die Philosophie war von jeher mehr als nur universale Betrachtung, sie gab Impulse, stellte Werttafeln auf, gab dem Menschenleben Sinn und Ziel, gab ihm die Welt, in der er sich geborgen fühlte, gab ihm mit einem Wort: Weltanschauung. Die universale Betrachtung ist noch keine Weltanschauung, dazu müssen die Impulse kommen, die den Menschen in seiner Totalität treffen und von seiner Totalität ausgehen. Philosophen waren nicht nur ruhige, unverantwortliche Betrachter, sondern Beweger und Gestalter der Welt. Diese Philosophie nennen wir *prophetische Philosophie*. Sie steht der universalen Betrachtung dadurch als wesensverschieden gegenüber,

---

7 Martin Heidegger, »Die Kategorienlehre des Duns Scotus«, in: *Frühe Schriften*, Frankfurt/M. 1972, S. 352.

8 Heidegger, a.a.O., S. 155.

9 Karl Jaspers, *Psychologie der Weltanschauungen*, München / Zürich 1985, S. VII.

daß sie Weltanschauung *gibt*, daß sie Sinn und Bedeutung zeigt, daß sie Werttafeln als Normen, als geltend aufstellt. Nur dieser Philosophie gebührte der Name Philosophie, wenn der Name den edlen, mächtigen Klang behalten soll.«[10]

– Soweit Jaspers.

Heideggers Vorlesung vom KNS 1919 ist ausdrücklich der »Idee der Philosophie« und dem »Weltanschauungsproblem« gewidmet. Jeder Mensch, so beginnt Heidegger, habe seine »Weltanschauung«. Aber erst »das Bestreben auf eine höherstufige, in eigenem und selbständigem, von religiösen und sonstigen Dogmen freiem Denken auszubildende Weltanschauung« sei »Philosophie«.[11] Und »jede große Philosophie vollendet sich in einer Weltanschauung – jede Philosophie ist, wo sie ihrer innersten Tendenz gemäß zur ungehemmten Auswirkung kommt, Metaphysik.«[12] Nun stellt Heidegger zwei Auffassungen nebeneinander: »Weltanschauung als Grenze der wissenschaftlichen Philosophie, oder: die wissenschaftliche Philosophie, d. h. kritische Wertwissenschaft, als notwendiges Fundament einer kritischen, wissenschaftlichen Weltanschauung. Durch den *Vergleich* beider Auffassungen des Themas«, so resümiert Heidegger, »und durch die Betrachtung seiner historischen Ausprägungen in der Geschichte ist die Einsicht zu gewinnen, daß das Weltanschauungproblem irgendwie im Zusammenhang steht mit der Philosophie: *Einmal* ist die Weltanschauung als die *immanente Aufgabe* der Philosophie bestimmt, d.h. Philosophie ist letztlich *identisch* mit Weltanschauungslehre; *zum anderen* ist die Weltanschauung die *Grenze* der Philosophie. Philosophie als kritische Wissenschaft ist nicht identisch mit Weltanschauungslehre.«[13] In einem dritten Schritt verschärft Heidegger den Gedankengang zur »Paradoxie des Weltanschauungsproblems« und zur These von der »Unvereinbarkeit von Philosophie und Weltanschauung«:

»Der Ausdruck ›Weltanschauungsproblem‹ erhält jetzt eine neue Bedeutung. Soll erwiesen werden, daß die Ausbildung einer Weltanschauung in

10 Jaspers, a.a.O., S. 2.
11 Martin Heidegger, *Zur Bestimmung der Philosophie: 1. Die Idee der Philosophie und das Weltanschauungsproblem* (KNS 1919), in: *Gesamtausgabe* Bd. 56/57, Frankfurt/M. 1987, S. 7.
12 Heidegger, a.a.O., S. 8.
13 A. a. O., S. 10.

keiner Weise, auch nicht als Grenzaufgabe, zur Philosophie gehört, daß sie selbst ein philosophiefremdes Phänomen darstellt, dann schließt solcher Nachweis ein das Aufzeigen der völligen Andersartigkeit der ›Weltanschauung‹, d. h. *Weltanschauung überhaupt und als solche* – nicht diese oder jene bestimmte, nicht die Ausbildung einer solchen: *Das Wesen der Weltanschauung wird Problem*, und zwar in der Richtung seiner Deutung aus einem übergreifenden Sinnzusammenhang.«[14]

Für Heidegger geht es also nicht um einen Abschluß des Problems, um eine Beruhigung in einer bestimmten »Weltanschauung«, sondern vielmehr um das In-der-Bewegung-halten des Problems, kurz: um die »Beunruhigung des Daseins«. In der Vorlesung *Phänomenologie der Anschauung und des Ausdrucks (Theorie der philosophischen Begriffsbildung)* (SS 1920) führt er aus:

»Sofern es [...] nicht vergessen bleibt, daß das ursprüngliche Motiv der Philosophie aus der Beunruhigung des eigenen Daseins entspringt, bleibt die Tendenz auf ›Weltanschauung‹ lebendig. Die Wissenschaft aber ist eine theoretisch ausgeformte Einstellung; im wissenschaftlichen Erfassungsbezug spielt das selbstweltliche Dasein keine Rolle. Dahingegen: sofern Philosophie ihr eigenes ursprüngliches Motiv erhält in *eigenen* Begriffen, kann sie nicht Wissenschaft sein. Das Philosophieren liegt *vor* dem Umschlag in theoretische Einstellungen und *vor* der Ausformung philosophischer Erfahrung in die Aufgabe theoretischer Forschung. Die Philosophie aber hat ebenso wenig Weltanschauung zu geben, die man vorlegen, prüfen und annehmen kann. Sie ist nicht bestimmt, eine Zeit zu retten, zu führen, zu beglücken, Kultur zu fördern und zu steigern – dies ist eine der vorigen analoge Richtung in Verkümmerung. Alle Kulturphilosophie in diesem Sinn verdirbt das ursprüngliche Motiv der Philosophie.«[15]

Und schließlich heißt es in der Vorlesung *Die Grundbegriffe der Metaphysik* vom WS 1929/30:

»Wenn aber die Philosophie überhaupt und von Grund aus *nicht* Wissenschaft ist, was soll sie dann, welches Recht hat sie dann noch im Kreise der Wissenschaften an der Universität? Wird dann nicht die Philosophie lediglich zur Verkündigung einer *Weltanschauung*? Und diese? Was bleibt sie anderes als die persönliche Überzeugung eines einzelnen Denkers in ein System gebracht, das für einige Zeit einige Anhänger zusammentreibt, die alsbald schon wieder ihr eigenes System bauen? [...] Am Ende ist die

14 A. a. O., S. 12.
15 Martin Heidegger, *Phänomenologie der Anschauung und des Ausdrucks. Theorie der philosophischen Begriffsbildung* (Sommersemester 1920), Nachschrift Franz-Jos. Brecht, Transkr. Friedrich Hogemann (Bochum), Mskr. S. 77. Vgl. *Gesamtausgabe* Bd. 59, S. 170.

Auslegung der Philosophie als Weltanschauungsverkündigung nur dieselbe Verlogenheit wie die Kennzeichnung derselben als Wissenschaft. Philosophie (Metaphysik) – weder Wissenschaft noch Weltanschauungsverkündigung.«[16]

Philosophie ist also für Heidegger gerade nicht ein »Mittel« auf dem Wege abschließender Resultate, sondern eine Weise des Offenhaltens ursprünglicher Fragen; seine Formel vom »Unsichermachen des Daseins« entspricht insofern genau dem »zeitaltertranszendierenden Standpunkt«, auf den Fichte in seinen *Grundzügen des gegenwärtigen Zeitalters* abhebt.[17] »Nicht Lehre«, so

16 Martin Heidegger, *Die Grundbegriffe der Metaphysik. Welt – Endlichkeit – Vereinzelung* (Wintersemester 1929/30), in: *Gesamtausgabe* Bd. 29/30, Frankfurt/M. 1983, S. 3.

17 Vgl. Hartmut Traub, *Johann Gottlieb Fichtes Populärphilosophie 1804 - 1806*, Stuttgart / Bad Cannstatt 1992. In seiner für eine Begriffsgeschichte von ›Weltanschauung‹ ungemein aufschlußreichen Arbeit geht Traub (a.a.O., S. 58) aus von einer Analyse der Fichteschen Vorlesungen über *Die Grundzüge des gegenwärtigen Zeitalters* bzw. von einer Rekonstruktion dessen, was Fichte unter »Welt- und Lebensanschauung unter dem Prinzip des gegenwärtigen Zeitalters« versteht: »Ursprung der vollständigen Individualisierung des menschlichen Daseins ist der Aufstand gegen die ›Zwangsanstalten‹ des blind wirkenden Vernunftinstinkts und über diese hinaus gegen jeglichen, das Individuum transzendierenden Geltungsanspruch der Vernunft. Das Mittel der Befreiung ist der Begriff, der im Horizont der individuellen Existenz der ›gesunde Menschenverstand‹ ist (*Sämmtliche Werke*, hg. v. I. H. Fichte, Bd. VII: *Die Grundzüge des gegenwärtigen Zeitalters*, S. 26). Die Kräfte, die ein so verfaßtes Dasein treiben, sind der Selbsterhaltungstrieb und der mit ihm verbundene Drang ›des persönlichen Wohlseyns‹ (ebd.). Ist das menschliche Dasein insgesamt in dieser ›Welt- und Lebensanschauung‹ [was sich bei Fichte in den *Grundzügen* allerdings so wörtlich nicht findet! C. v. W.] aufgefaßt, dann kann hier von einer abgeschlossenen Lebensform gesprochen werden; von einer Lebensform, die die Beschränktheit ihrer Ansicht auf den gesamten Horizont möglicher Wirklichkeitserfahrung projiziert. In dieser Projektion verwandelt sich alles in Kategorien ihres Verstehens und Begreifens, und ein diese Lebensform transzendierender Ausblick kann nicht stattfinden.« »Das Bestehen auf dem Standpunkt der Welt- und Lebensanschauung des gegenwärtigen Zeitalters«, faßt Traub (a.a.O., S. 183) schließlich zusammen, »verhindert aber nicht nur die Einsicht in den Grund der eigenen Existenz und mit ihr die Erkenntnis der Bedingung der zeitalterspezifischen Insuffizienzerfahrung, sondern das Verharren auf ihm muß auch

betont Heidegger 1929 in seiner Rede zum 70. Geburtstag Husserls[18], »ist dann Philosophie, nicht bloßes Schema der Weltorientierung, überhaupt nicht Mittel und Werk des menschlichen Daseins, sondern *dieses selbst*, sofern es in Freiheit aus seinem Grunde geschieht. Wer sich in forschender Arbeit bis zu diesem

notwendig zum Scheitern aller aus dem Prinzip dieses Welt- und Menschenbildes entworfenen Lösungsansätze führen. Erst mit der Überwindung der epochalen Welt- und Lebensanschauung, die von einem zeitaltertranszendenten Standpunkt aus den Grund der Begrenztheit der epochal geprägten Existenz erkennbar macht, können schließlich auch adäquate Ansätze für die Aufklärung der Insuffizienzerfahrung in den Blick kommen.«

18 Martin Heidegger, »Edmund Husserl zum siebenzigsten Geburtstag«, in: *Akademische Mitteilungen. Organ für die gesamten Interessen der Studentenschaft an der Albert-Ludwigs-Universität in Freiburg i. Br.*, Vierte Folge, IX. Sem., Nr. 3 (14. 5. 1929), S. 47. Unverständlicherweise ist diese Rede – ein hochkonzentriertes Lehrstück Heideggerschen Denkens – bislang noch nie (!) in der Heideggerliteratur im Zusammenhang mit der Rektoratsrede interpretiert worden, geschweige, daß sie überhaupt erwähnt worden wäre (bisher nur in zwei Anmerkungen zum Heidegger-Jaspers-Briefwechsel, Frankfurt/M. 1990, S. 250 ff.). Immerhin finden sich hier (a.a.O., S. 46 f.) Vorgriffe einschlägiger Motive: »Philosophie muß die wirkliche Weckung der Freiheit zur letzten Besinnung auf die innere Notwendigkeit werden, vor die jedes menschliche Dasein gebracht ist. Diese Freiheit kann *nicht* das *Ergebnis* der wissenschaftlichen Bildung sein, sondern ist die *Voraussetzung* für ihre mögliche Aneignung. Daß dieser Geist der inneren Freiheit der Universität erhalten und in ihr stark werde, muß das schweigende Gelöbnis eines jeden werden, der Recht und Sinn einer solchen Feier begriffen hat. [...] Was aber Ihre Führerschaft zu dem werden ließ, was sie ist, das liegt in einem anderen beschlossen: der Gehalt und die Art Ihres Fragens zwingen unmittelbar zur letzten Auseinandersetzung und fordern jederzeit die Bereitschaft der Umkehr oder Abkehr. Keiner von uns ist freilich dessen gewiß, ob es ihm beschieden wurde, den Weg dahin zu finden, wohin ihn das Vorbild Ihrer Arbeit – unauffällig genug – ständig zu lenken suchte: in die Gelassenheit, reif zu werden für die Probleme. Und so sind auch die Arbeiten, die wir Ihnen überreichen, nur eine Bezeugung dessen, daß wir Ihrer Führerschaft folgen *wollten*, nicht ein Beweis dafür, daß die Gefolgschaft gelungen. Aber eines verwahren wir als bleibenden Besitz: Sie haben, hochverehrter Lehrer, jeden, der in Ihrer Führung mitgehen durfte, vor die Wahl gestellt, zum Verwalter wesentlicher Dinge zu werden oder aber diesen entgegenzuhandeln. [...] Wer verwandeln will, muß die Kraft der be-

Selbstverständnis der Philosophie gebracht hat, dem fällt die Grunderfahrung alles Philosophierens zu: je weiter und ursprünglicher sich das Forschen ins Werk setzt, um so sicherer ist es ›nur‹ die *Verwandlung* derselben wenigen und einfachen Fragen.« Und das ist in der Tat die Spannung, in welcher sich Heideggers Reflexionen zum Verhältnis von Philosophie und ›Weltanschauung‹ von Anfang an befinden: »Der ›Weltanschauung‹ kann nur das Fragen und die Entschiedenheit zur Fragwürdigkeit entgegen gestellt werden. Jeder Versuch der Vermittelung – von welcher Seite er auch kommen mag – schwächt die Stellung und beseitigt die Bereichsmöglichkeit des echten Kampfes.«[19] –

Vor diesem Hintergrund also läßt sich ein erster, ganz allgemeiner Begriff der »Störung« gewinnen: Philosophie als die Störung, das Aufbrechen der Verhärtungen (die Jaspersschen »Gehäuse«) des lebendigen Vollzuges. In diesem Sinne definiert Heidegger schon 1920 Philosophie: »Sie ist eine über alle wissenschaftliche Strenge hinausgehende Explikation, das Bekümmertsein in seiner ständigen Erneuerung in die Faktizität des Daseins zu erheben und das aktuelle Dasein letztlich unsicher zu machen.«[20] In der Vorlesung über *Die Grundbegriffe der Metaphysik* vom Wintersemester 1929/30 heißt es:

> wahrenden Treue in sich tragen. Keiner aber wird diese Kraft in sich steigen fühlen, der nicht bewundert. Keiner wird bewundern können, der nicht an die äußersten Grenzen des Möglichen gewandert. Nie aber wird einer zum Freund des Möglichen werden, der nicht offen bleibt für die Zwiesprache mit den wirkenden Kräften des ganzen Daseins. Das aber ist die Haltung des Philosophen: das Hineinhören in den Vorgesang, der in allem wesentlichen Weltgeschehen vernehmbar wird. [...] Plato wußte darum und hat in seinem siebenten Brief davon Kunde gegeben: [Ep. VII, 341 c.] Sagbar freilich ist es in keiner Weise, wie anderes (in den Wissenschaften) Erlernbares, sondern es geschieht – auf Grund eines reichen miteinander existierenden Verweilens bei der Sache selbst – plötzlich in der Seele – gleich als wenn ein vom Feuer überspringender Funke ein Licht aufgehen läßt – um dort dann schon allein in sich zu wachsen.«

19 Martin Heidegger, *Beiträge zur Philosophie (Vom Ereignis)*, in: *Gesamtausgabe* Bd. 65, Frankfurt/M. 1989, S. 41.
20 Martin Heidegger, *Phänomenologie der Anschauung und des Ausdrucks. Theorie der philosophischen Begriffsbildung* (Sommersemester 1920), in: *Gesamtausgabe* Bd. 59, Frankfurt/M. 1993, S. 174.

»Philosophie ist das Gegenteil aller Beruhigung und Versicherung. Sie ist der Wirbel, in den der Mensch hereingewirbelt wird, um so allein ohne Phantastik das Dasein zu begreifen. Gerade weil diese Wahrheit solchen Begreifens ein Letztes und Äußerstes ist, hat sie die höchste Ungewißheit zur ständigen und gefährlichen Nachbarschaft.«[21]

In der Urfassung des Vortrages *Vom Wesen der Wahrheit* von 1930 faßt Heidegger sein denkerisches Unternehmen zusammen als »jenes Fragen, in dem es nicht um den Menschen und nicht um Gott geht, jenes Fragen nach dem Sein überhaupt, in dem es nicht ankommt auf das Zurechtbiegen, damit es allen auf den Leib passe, nicht auf das Biegen, sondern einzig auf das Brechen.«[22] Schon zuvor, in Davos, hatte es von der »zentralen Problematik der Philosophie selbst« geheißen, daß sie »den Menschen über sich selbst hinaus und in das Ganze des Seienden zurückzuführen« habe,

»um ihm da bei all seiner Freiheit die Nichtigkeit seines Daseins offenbar zu machen, eine Nichtigkeit, die nicht Veranlassung ist zu Pessimismus und zum Trübsinn, sondern zum Verständnis dessen, daß eigentliches Wirken nur da ist, wo Widerstand ist, und daß die Philosophie die Aufgabe hat, aus dem faulen Aspekt eines Menschen, der bloß die Werke des Geistes benutzt, gewissermaßen den Menschen zurückzuwerfen in die Härte seines Schicksals.«[23]

Solche Formulierungen legen leicht das Mißverständnis nahe – und insbesondere die Literatur im »Falle Heidegger« bietet zahlreiche Beispiele für solche normativen Mißverständnisse[24] –, daß

21 Martin Heidegger, *Die Grundbegriffe der Metaphysik. Welt – Endlichkeit – Vereinzelung* (Wintersemester 1929/30), in: *Gesamtausgabe* Bd. 29/30, Frankfurt/M. 1983, S. 28 f.

22 Zit. nach Ekkehard Fräntzki, *Die Kehre. Heideggers Schrift »Vom Wesen der Wahrheit«. Urfassung und Druckfassungen*, Pfaffenweiler 1987, S. 109.

23 Martin Heidegger, *Kant und das Problem der Metaphysik*, Frankfurt/M. 1973, S. 263.

24 Vgl. Christoph von Wolzogen, »Die ›Sorge‹ des Philosophen. *Sein und Zeit* im Echo seiner frühen Kritiken ab 1928«, Vortrag auf der Tagung *Seins-Verständnis. Zu Martin Heideggers »Sein und Zeit«*, Akademie der Diözese Rottenburg-Stuttgart, Stuttgart 21. / 22. Oktober 1989. Typisch für eine Tendenz in der gegenwärtigen Literatur ist der Kommentar von Thomas Rentsch (*Martin Heidegger. Das Sein und der Tod*, München / Zürich 1989, S. 115) zu dem zitierten Satz der Davoser

hier ein konkreter, d. h. »existenzieller« Entschluß und damit verbunden ein Aufruf zu »heroischem« Handeln gemeint sein könnte. Im Gegenteil sieht Heidegger in Jaspers' Konzeption der »Grenzsituationen«, in denen sich das existierende Dasein bewähren soll, gerade einen »unabgehobenen Vorgriff (Leben als Ganzes)«, von dem her »die Rede von ›Zerstörung‹, ›Gespaltenheit‹, ›Gegensätzlichkeit‹ ihren Sinn nimmt.«[25] Für Heidegger ist die Definition der Idee der Philosophie nichts Äußerliches, also der Begriffsarbeit des Philosophierenden Vorausgesetztes, sondern vielmehr mit dieser Arbeit am Begriff untrennbar verbunden. Gemäß dem Zusammenhang von Kategorien als Lebensweisen und Strukturbegriffen ist Philosophie »Vollzug und Begriff«[26] In diesem Zusammenhang spricht Heidegger von der »Diesigkeit des Lebens«[27], also von der Notwendigkeit, daß dem Leben seine eigene Durchsichtigkeit – durch Philosophieren – erst abgerungen werden muß: »Kategorien kommen nur zum Verstehen, sofern das faktische Leben selbst zur Interpretation gezwungen wird«; und damit ist dasjenige aufgedeckt, was Heidegger die »existenzielle Genesis der Reflexion« nennt. Mit dem Dasein selbst kommen wir also, Heidegger zufolge, nicht ins Reine, indem wir Ideen oder Werte voraussetzen, sondern allein dadurch, daß wir es – und zwar transitiv verstanden – »existieren«[28], d. h. – wie Heidegger gegen Jaspers festhält – unsere »notorische [!] Erbärmlichkeit« aushalten: »In die Reflexion hineintreiben, aufmerksam machen, kann man nur so, daß man den Weg selbst eine Strecke vorangeht.«[29]

Der Mensch ist, so kann man zusammenfassend sagen, nicht mehr Bewohner »zweier Welten«, sondern für die fundierende Arbeit

Disputation: »Die Tonlage ist faschistisch, spätere Reden Heideggers im brachialen Pathos des Nationalsozialismus kündigen sich an.«

25  Martin Heidegger, »Anmerkungen zu Karl Jaspers«, in: ders., *Wegmarken*, Frankfurt/M. 1978, S. 12 u. S. 42.
26  Vgl. Carl Friedrich Gethmann, »Philosophie als Vollzug und Begriff«, in: ders., *Dasein: Erkennen und Handeln. Heidegger im phänomenologischen Kontext*, Berlin 1993, S. 247-280.
27  Martin Heidegger, *Phänomenologische Interpretationen zu Aristoteles. [Einleitung]* (Wintersemester 1921/22), in: *Gesamtausgabe* Bd. 61, Frankfurt/M. 1985, S. 88; im weiteren S. 87.
28  Vgl. E. Fräntzki, *Die Kehre*, a.a.O., S. 63.
29  M. Heidegger, »Anmerkungen zu Karl Jaspers«, a.a.O., S. 42.

des Philosophierenden gilt vielmehr: »Methodisch ist das zuerst und unmittelbare Gegebene die sinnliche Welt, die ›Umwelt‹«[30], d. h. daß die »Ausbildung des Standpunkts das erste im Sein« ist[31]. Hinter diese frühe Einsicht Heideggers, kann nicht – und das beweist die immer noch anhaltende »Lebensweltexplosion« (Blumenberg) – zurückgeschritten werden, ohne sein Werk grundsätzlich mißzuverstehen, und noch heute ist sie die »methodische Wegkreuzung«, die »über Leben und Tod der Philosophie überhaupt entscheidet«, nämlich die Einsicht: »In einer Umwelt lebend bedeutet es mir überall und immer, es ist alles welthaft, ›es weltet‹.«[32] Aus der Sicht der Diskursethik ist in dieser Grundeinsicht nicht viel mehr angezeigt als »eine pragmatisch-hermeneutische Reduktion [der Ethik, Ch. v. W.] auf die jeweils faktisch geltenden Konventionen«, was eben bedeuten müsse, daß die »im Kontext der abendländischen Metaphysik mitimplizierten *universalisitischen* Ansprüche der Ethik natürlich abgestreift« würden – »zugunsten des Rekurses auf verbindliche Positivitäten (institutionelle Verfahren und Konventionen) einerseits, unverbindlich ästhetisch-hermeneutische Interpretationen andererseits.«[33] Aber ist Heidegger wirklich ein Gegner im Streit zwischen »Moralität und Üblichkeit«? Liegt sein Ansatz – zumindest eben sein Ansatz – nicht noch *vor* einer solchen Unterscheidung? Ein anderes ist freilich das Vermittlungsproblem, das sich für Heidegger im Zusammenhang seiner Forderung nach einem »lebendigen« Philosophieren stellt, wenn er in seiner Aristoteles-Vorlesung von 1921/22 geltend macht, daß die »Bewährungen« seiner Überlegungen nicht aus komplizierten Argumentationen folgen, »sondern bei jedem selbst sind, in und an seinem Leben, wie er's treibt.«[34] Ich

30  Martin Heidegger, *Die Kategorien- und Bedeutungslehre des Duns Scotus*, Tübingen 1916, S. 23.

31  Martin Heidegger, *Ontologie. Hermeneutik der Faktizität* (Sommersemester 1923), in: *Gesamtausgabe* Bd. 63, Frankfurt/M. 1988, S. 82.

32  Martin Heidegger, *Zur Bestimmung der Philosophie: 1. Die Idee der Philosophie und das Weltanschauungsproblem* (KNS 1919), in: *Gesamtausgabe* Bd. 56/57, Frankfurt/M. 1987, S. 73.

33  Karl-Otto Apel, *Diskurs und Verantwortung. Das Problem des Übergangs zur postkonventionellen Moral*, Frankfurt/M. 1988, S. 161.

34  Martin Heidegger, *Phänomenologische Interpretationen zu Aristoteles. [Einleitung]* (Wintersemester 1921/22), in: *Gesamtausgabe* Bd. 61, Frankfurt/M. 1985, S. 113. Vgl. a.a.O., S. 166: »Die Frage in der Phi-

werde hier dem Problem, ob damit für die Philosophie nicht doch ein Verlust an intersubjektivem Geltungsanspruch verbunden ist[35], nicht weiter nachgehen, sondern das – wie mir scheint, noch nicht recht gewürdigte – Motiv der »Störung« nun näherhin in Heideggers Konzeption des Handelns verfolgen, wie er es vor allem in *Sein und Zeit* entwickelt hat. Doch zuvor einige Bemerkungen zu der Frage, welchen Ethik-Typus Heidegger eigentlich im Blick hat, wenn er sich denn überhaupt auf Ethik als Disziplin bezieht.

## II.

Daß Heidegger Aristoteles geradezu »geplündert« habe (Volpi), ist eine Einsicht, deren Verspätung nicht zuletzt mit dem späten Erscheinen der frühen Freiburger Aristoteles-Vorlesungen zusammenhängt, obwohl man diese Tatsache doch schon längst Gadamers *Wahrheit und Methode* hätte entnehmen können. Verblüfft nimmt man zur Kenntnis, daß etwa Dieter Thomä in seinem 600-seitigen Heidegger-Buch lediglich auf einer Seite anmerkt, Heidegger habe in seine Philosophie »auch« aristotelische Bestimmungen eingearbeitet.[36] In der Tat hat Heidegger, wie Hans Krämer zu Recht bemerkt, »die im Zeichen des moralphilosophischen Monopols herrenlos gewordene Konkursmasse der älteren Ethik

losophie ist nicht, ob die Sätze allgemeingültig beweisbar sind, ob die Zustimmung möglichst vieler oder aller erzwingbar ist, als ob das irgend das mindeste über den Sinn und die Sinntendenz einer philosophischen Explikation etwas ausmachte. Nicht die objektive Allerweltsbeweisbarkeit steht in Frage, sondern ob die intendierte Verbindlichkeit der Interpretation lebendig wird, bzw. ob der philosophische Erkenntnisvollzug in Ansatz, Vorgriff und Methode so streng ist, daß er in sich selbst die Verlebendigung der genuinen Gegenstandsverbindlichkeit zeitigen kann, d.h. den Gegenstand zur genuinen Erfassung bringt, welche Verbindlicheit selbst je nach der faktischen Situation und der geistesgeschichtlichen Lage verschiedene Weisen des Seins und Vor-kommens hat.«

35 Vgl. Carl Friedrich Gethmann, *Dasein: Erkennen und Handeln. Heidegger im phänomenologischen Kontext*, Berlin 1993, S. 270.

36 Vgl. Dieter Thomä, *Die Zeit des Selbst und die Zeit danach. Zur Kritik der Textgeschichte Martin Heideggers 1910-1976*, Frankfurt/M. 1990, S. 133.

– Affekten- und Tugendlehre, Selbsterhaltung mit Sorge, Temporalität und Thanatologie, Synteresistheorie des Gewissens – übernehmen und gleichsam pseudonym im Rahmen seiner Fundamentalontologie neu aufbereiten und metaphysizieren können.«[37] Dieser Rückgriff auf Aristoteles ist in *Sein und Zeit* in der Tat pseudonym; in den Vorlesungen ist er jedoch offenbar. Besonders in der Vorlesung *Grundbegriffe der aristotelischen Philosophie* vom Sommersemester 1924, in der Heidegger anhand der Lehre von den *páthe* (Affekten) seinen Begriff der »Befindlichkeit« entwickelt. In der Stunde, wo es in Behandlung der *Nikomachischen Ethik* um den Zusammenhang der *hexis* (des »eigentlichen Da«) mit der *areté* (dem »Wie des Daseins«) geht, findet sich eine Passage, die für Heideggers Verhältnis zur praktischen Philosophie besonders aufschlußreich ist:

»Wir begegnen immer wieder der eigentümlichen Kategorie des *Wie*. *Areté* ist ein Wie des Daseins, nicht als feste Eigenschaft, sondern als Wie des Daseins, bestimmt durch dessen *Sein*, charakterisiert durch die Zeitlichkeit, durch die Erstreckung in die Zeit. Daher ist die *areté* und wird sie *ti ethous*, durch die Gewohnheit. Die Möglichkeiten des Gefaßtseins zu den verschiedenen Befindlichkeiten, die dadurch charakterisiert sind, daß ich aus der Fassung bin oder gerate, sind nur ergreifbar dadurch, daß verschiedene Lagen, gefährliche Situationen durchgemacht werden. Erst dadurch, daß das Leben sich nicht von seinen eigenen Möglichkeiten und Gefahren zurückzieht, ist die Gelegenheit geboten, dieses Wie des Daseins selbst auszubilden. In der Art und Weise, daß wir entsprechend unserem Sein gegenwärtig sind, in der vollen Gegenwart der betreffenden Situation, ergreifen wir die *hexis* [...]. Dieses Durchmachen, Gelegenheit nehmen oder aufsuchen, ist ein Umgang; dadurch, daß wir miteinander im Umgang mit Menschen sind, werden wir gesetzt und besonnen. Dadurch, daß wir uns in gefährliche Lagen bringen, haben wir die Möglichkeit, den Mut zu lernen, die Feigheit zu verlieren. Nicht in einer phantastischen Reflexion über das Dasein, sondern in dem Sich-hinauswagen in das Dasein je nach den Möglichkeiten der betreffenden Existenz. [...] Für dieses Gelegenheit nehmen und Sich-hinauswagen [gibt es nicht] so etwas wie einen allgemeinen Armeebefehl, eine apriorische Ethik, nach der eo ipso die Menschheit besser wird. Jeder muß für sich selbst den Blick gerichtet haben auf das, was im Augenblick und ihn angeht.«[38]

37 Hans Krämer, *Integrative Ethik*, Frankfurt/M. 1992, S. 192.
38 Martin Heidegger, *Grundbegriffe der aristotelischen Philosophie*, Nachschrift Walter Bröcker (Dilthey-Forschungsstelle an der Ruhr-Universität Bochum), S. 71.

Auch für diesen Text ist bei seiner Veröffentlichung zu befürchten, daß er im Sinne eines nietzscheanischen Appells »Lebe gefährlich!« interpretiert werden könnte. Dabei geht es Heidegger hier im wesentlichen um die Tatsache, daß es für die »Bezüge der lebendigen Sittlichkeit« kein »absolutes *System der Sittlichkeit*« gibt.[39] Überhaupt liegt die Pointe des Heideggerschen Ansatzes beim *alltäglichen Normalzustand* des »faktischen Lebens«, das sich »jederzeit in einer bestimmten überkommenen, umgearbeiteten oder neuerarbeiteten *Ausgelegtheit*« bewegt[40], mit anderen Worten: bei der »Uneigentlichkeit«. Und in diesem alltäglichen Normalzustand ist das Dasein gewissermaßen moralfrei, »wesenhafte Gewissenlosigkeit, innerhalb der allein die existenzielle Möglichkeit besteht, ›gut‹ zu sein.«[41] Wie kommen dann aber überhaupt die Phänomene moralischer Verbindlichkeit, die in *Sein und Zeit* methodisch dem eigentlichen Seinkönnen entsprechen und deshalb Phänomene eines Sonderzustands des Daseins darstellen, in den Blick? Heidegger zufolge vollzieht sich der alltägliche umsichtige Umgang mit Menschen und Dingen praktisch störungsfrei, so daß es keiner Besinnung auf das, was sein soll, bedarf; erst Störungen in der menschlichen Interaktion beenden den Normalzustand und machen moralische Phänomene als solche ausdrücklich.[42] Dabei ist zu beachten, daß die ontologische Genesis des Ge-wissens derjenigen des Wissens entspricht: Diese hebt

»mit typischen Störungen der Werkwelt an. Das ›umsichtige Besorgen‹ ist gewöhnlich (›zunächst‹ und ›zumeist‹) ein kontinuierlicher Prozeß gelingender kooperationsbezogener Kommunikation und kommunikationsgestützter Kooperation. Gerade in diesem gewöhnlichen Handlungszusammenhang besteht kein Grund, Gegenstände als ›vorhandene‹ aus dem Kontinuum der Werkwelt auszusondern. Erst Störungen der kommunikationsgestützten Kooperation - und zwar instrumentelle Störungen (nicht

39 Martin Heidegger, *Phänomenologische Interpretationen zu Aristoteles. [Einleitung]* (Wintersemester 1921/22), in: *Gesamtausgabe* Bd. 61, Frankfurt/M. 1985, S. 164.

40 Martin Heidegger, »Phänomenologische Interpretationen zu Aristoteles (Anzeige der hermeneutischen Situation)«, in: *Dilthey-Jahrbuch* 6, 1989, S. 241.

41 Martin Heidegger, *Sein und Zeit*, Tübingen 1972, S. 288.

42 Vgl. Carl Friedrich Gethmann, *Dasein: Erkennen und Handeln. Heidegger im phänomenologischen Kontext*, Berlin 1993, S. 309.

etwa erst Konflikte um Zwecke) - führen zur Aussonderung von Gegenständen und entsprechenden kognitiven Modi - schließlich zur Konstitutionsgenese der Wissenschaften. *Wissenschaften sind gemäß der ›existenzialen‹ Konzeption der Wissenschaft kognitive und operative Störungsbewältigungs- (d.h. -vermeidungs- oder -behebungs-)instrumente.*«[43]

Die Pointe bei Heidegger liegt aber m. E. nicht in seinem Beitrag zu einer pragmatisch-instrumentalistischen Theorie des Handelns – die sich bei ihm durchaus rekonstruieren läßt[44] –, sondern in dem, was ich die »metaphysische Störung« nennen möchte.

Bekanntlich besteht das Drama des Menschlichen Daseins für Heidegger darin, daß es den Sprung zum »eigentlichen Seinkönnen« nur von der *Uneigentlichkeit* aus nehmen kann. Diese »notorische« Uneigentlichkeit – die wohlgemerkt nicht mit »unauthentisch« zu verwechseln ist – hat eine Tendenz, die Fragwürdigkeit des Daseins, seine Endlichkeit und Nichtigkeit zu »verdekken«, d.h. die »beruhigte Selbstsicherheit, das selbstverständliche ›Zuhause-sein‹« der »durchschnittlichen Alltäglichkeit«[45] zu verabsolutieren. »Der Mensch«, so heißt es in der Urfassung des Vortrages *Vom Wesen der Wahrheit*, »hält sich im Gangbaren, im Berechenbaren, auch wo es das Erste und Letzte gilt. Und wenn er sich aufmacht, die Offenbarkeit des Seienden in seinen verschiedenen Bezirken seines Tuns und Lassens zu erweitern, zu ändern oder neu zu sichern, dann nimmt er zumeist die Anweisung dazu aus dem Umkreis seiner nächsten Ansichten und Begrifflichkeiten [...] Zwar gibt es auch im Gangbaren Rätsel, Ungleichartiges, Unentscheidbares, aber doch nur neben vielem anderen, was man kennt.«[46] Das Entwerfen eigentlicher Möglichkeiten unterliegt einer ständigen Störung, die Heidegger die »Bewegungsart des Absturzes« nennt. Diese »reißt das Verstehen ständig los vom Entwerfen eigentlicher Möglichkeiten und reißt es hinein in die beruhigte Vermeintlichkeit, alles zu besitzen bzw. zu erreichen.«[47] Die Aufgabe der Philosophie besteht für Heidegger deshalb darin, das »Ge-wissen« für diese Tatsache offenzuhalten. Daß damit kein moralischer Appell – etwa im Sinne des »Mensch werde wesent-

43 Gethmann, a.a.O., S. 188 f.
44 Vgl. a.a.O., S. 189.
45 Martin Heidegger, *Sein und Zeit*, Tübingen 1972, S. 188 f.
46 Martin Heidegger, *Vom Wesen der Wahrheit* (Urfassung), zit. n. E. Fräntzki, *Die Kehre*, a.a.O., S. 83.
47 Martin Heidegger, *Sein und Zeit*, Tübingen 1972, S. 178.

lich« – gemeint ist, geht schon aus der Heideggerschen Definition hervor, derzufolge »das Verfallen eine *wesentliche* ontologische Struktur des Daseins selbst« enthülle[48]; wie überhaupt das »Gewissen« keiner subjektiven, moralischen Instanz, sondern Heideggers Interpretation der Aristotelischen *phronesis* entspringt: »Die *phronesis* ist nichts anderes als das in Bewegung gesetzte Gewissen, das eine Handlung durchsichtig macht.«[49] In diesem Sinne »vollzieht sich dieses Entdecken von ›Welt‹ und Erschließen von Dasein immer als Wegräumen der Verdeckungen und Verdunkelungen, als Zerbrechen der Verstellungen, mit denen sich das Dasein gegen es selbst abriegelt.«[50]

Aber die »phänomenologische Destruktion«, die sich hier unschwer wiedererkennen läßt, hat auch ihre »affektive«, d.h. vorontologische Seite in der »Angst«. Diese, wie ich es nenne, *metaphysische Störung* des Gewohnten und Vertrauten bringt sozusagen schlagartig das Dasein vor sich selbst: »Die Angst [...] holt das Dasein aus seinem verfallenden Aufgehen in der ›Welt‹ zurück. Die alltägliche Vertrautheit bricht in sich zusammen. [...] Das In-sein kommt in den existenzialen ›Modus‹ des *Un-zu-hause*.«[51] Hier wird deutlich, daß es geradezu widersinnig ist, Heidegger einen »bodenständigen Denker«, mit all den Konnotationen, die damit verbunden sind, zu nennen; denn das entspräche ja gerade der »verfallenden Flucht *in* das Zuhause«, die eine Flucht ist »*vor* dem Unzuhause, das heißt der Unheimlichkeit, die im Dasein als geworfenen, ihm selbst in seinem Sein überantworteten In-der-Welt-sein liegt.«[52] Die Pointe bei Heidegger liegt im Unzuhause, woraus auch folgt, daß es für das »Problem« des Daseins keine *normative* Lösung gibt, sondern daß es immer und je für sich neu ansetzen muß:

»Das beruhigt-vertraute In-der-Welt-sein ist ein Modus der Unheimlichkeit des Daseins, nicht umgekehrt. *Das Un-zuhause muß existenzial-ontologisch als das ursprünglichere Phänomen begriffen werden.*«[53]

48 Heidegger, a.a.O., S. 179.
49 Martin Heidegger, *Sophistes* (Wintersemester 1924/25), in: *Gesamtausgabe* Bd. 19, Frankfurt/M. 1992, S. 56. In *Sein und Zeit* unterläßt es Heidegger übrigens in auffälliger Weise, auf die *phronesis* als begriffliche Quelle des »Gewissens« hinzuweisen.
50 Martin Heidegger, *Sein und Zeit*, Tübingen 1972, S. 129.
51 Heidegger, a.a.O., S. 189.      52 Ebd.      53 Ebd.

Das »Problem« dieser »E-normität« ist es, das Heideggers Philosophie wachhalten will, sie ist – nach einem Wort, das Gadamer überliefert hat – »Wachsein am Feuer der Nacht«. Insofern Philosophie beides ist, »Begriff und Vollzug«, so ist bei einer begrifflichen Explikation dieses Problems der Vollzug immer schon »mitgegeben«. »Anwendung« ist für diese Philosophie nicht das eigentliche Problem; ist das ein Mangel? Was die berühmte Heideggersche »Entschlossenheit« betrifft, so hat Löwith den Studentenwitz überliefert: Ich bin entschlossen, aber ich weiß nicht, wozu. »Allerdings«, so gibt C. F. Gethmann zu Recht zu bedenken,

»wäre es zu einfach, Heidegger schlechthin wegen der Gehaltlosigkeit der Entschlossenheit zu kritisieren, weil der Begriff des Gehalts hier zweideutig ist. Systematisch kann die Entschlossenheit nicht eine inhaltlich bestimmte Entschlossenheit zu etwas sein. Eine entsprechende Forderung wäre so wenig konsequent, wie wenn man gegen Kants Pflichtbegriff vorbringen würde, Pflicht müsse Verpflichtung zu etwas Bestimmtem sein. Die Entschlossenheit soll ja gerade diejenige Struktur bezeichnen, die vorausgesetzt sein muß, damit ein jeweiliger Entschluß zu etwas als möglicherweise durch Verbindlichkeiten geprägt verstanden werden kann. [...] Die Bestimmtheit erfährt die Entschlossenheit allein durch den Selbstbezug – der Gehalt der Entschlossenheit, ihr Wozu ist der entschlossene Mensch selbst.«[54]

Heidegger schreibt:

»Zur Entschlossenheit *gehört* notwendig die *Unbestimmtheit*, die jedes faktisch-geworfene Seinkönnen des Daseins charakterisiert. Ihrer selbst sicher ist die Entschlossenheit nur als Entschluß. Aber die *existenzielle*, jeweils erst im Entschluß sich bestimmende *Unbestimmtheit* der Entschlossenheit hat gleichwohl ihre *existenziale Bestimmtheit*.«[55]

So bestimmt Heidegger das menschliche Dasein als ein Sein, das sein Sein zu übernehmen hat, nicht im Sinne eines dunklen Dranges, sondern indem es das »Gewicht der Welt« übernimmt, d.h. sich umsichtig in ihr aufhält. Wenn man denn das »Wesen« dieses Daseins im Sinne Heideggers bestimmen wollte, so könnte man dies vielleicht am besten mit einer Definition, die Manfred Sommer gelegentlich seiner Untersuchung der Philosophie Ernst

54 Carl Friedrich Gethmann, *Dasein: Erkennen und Handeln. Heidegger im phänomenologischen Kontext*, Berlin 1993, S. 315
55 Martin Heidegger, *Sein und Zeit*, Tübingen 1972, S. 298.

Machs gibt, tun: »Ein in sich widersprüchliches Wesen: aus Elementen und gegen sie; fließend und doch beharrend. Gegen den Strom der Elemente sich selbst erhalten heißt eben, störend gestört zu sein.«[56]

## III.

Nun wird man sich vielleicht erinnern, daß schon früh ein Vorwurf gegen Heidegger erhoben wurde, der merkwürdig hellsichtig die Heiddegger-Kritik von Emmanuel Levinas vorwegnimmt. »Heideggers Ontologie«, so schreibt 1929 der Theologe Gerhard Kuhlmann,

»verfehlt das einzig ernst zu nehmende ethische Problem, das Problem des ›Anderen‹. [...] Erst eine kritisch-ethische Philosophie, die das Problem des ›Anderen‹ am Ende ihrer Besinnung nicht doch noch durch einen Identitätssatz (bei Heidegger das ›Mitsein‹) löst, wird mit einer kritischen Theologie gemeinsam erörtern können, wo das Problem des Glaubens liegt, in der eigenen Existenzverfassung oder in der Situation der zu erfahrenden Begrenzung durch den ›Anderen‹.«[57]

Daß es sich hierbei um mehr als nur eine Kritik an der Konzeption des »Mit-seins« handelt, geht aus dem Hinweis auf das »einzig [!] ernst zu nehmende ethische Problem« hervor. Da es mir aber an dieser Stelle nicht um eine Darstellung der Levinasschen Heidegger-Kritik geht, möchte ich den Kuhlmannschen Vorwurf auf die Fragestellung begrenzen, ob Heidegger nicht die »*eigentlich* metaphysische Störung« verfehlt habe. Es ist immerhin bemerkenswert, daß Levinas gerade dort, wo er eine Generalkritik Heideggers gibt, sich implizit auf dessen Störungskonzeption bezieht:

»Dem Blick, der die Handlung leitet, ist es unmöglich, das versehentliche Tun zu vermeiden. Wir haben einen Finger im Getriebe, die Dinge wenden sich gegen uns zurück. Damit ist gesagt, daß unser Bewußtsein und die bewußte Herrschaft über die Wirklichkeit unsere Beziehung zu ihr nicht erschöpfen, daß wir ihr mit der ganzen Dichte unseres Seins zugehören.

56 Manfred Sommer, *Evidenz im Augenblick. Eine Phänomenologie der reinen Empfindung*, Frankfurt/M. 1987, S. 193 f.
57 Gerhard Kuhlmann, »Zum theologischen Problem der Existenz«, in: *Zeitschrift für Theologie und Kirche* (Neue Folge) 10, 1929, S. 56.

Unser Aufenthalt in der Welt fällt nicht zusammen mit dem Bewußtsein der Wirklichkeit – diese Einsicht in der Philosophie Heideggers hat die literarische Welt tief beeindruckt. Aber sogleich verblaßt die Philosophie der Existenz vor der Ontologie. Dieser Umstand, beteiligt zu sein, dieses Ereignis, in das ich mich verwickelt finde, diese Tatsache, gebunden zu sein, wie ich es bin, an das, was mein Gegenstand sein sollte, durch Bindungen, die sich nicht auf Gedanken zurückführen lassen, diese Existenz wird als Verstehen gedeutet.«[58]

Vergewissern wir uns zunächst des Ausgangspunktes des Levinasschen Denkens. Wie Heidegger ist Levinas davon überzeugt, daß »jede philosophische Erfahrung auf einer präphilosophischen Erfahrung« beruht[59]. Damit steht Levinas eindeutig in der Tradition der Heideggerschen Einsicht, daß die »Uneigentlichkeit« methodisch das für die Philosophie Erste ist. Rosenzweig, der für das Verständnis von Levinas' Denken von erheblicher Bedeutung ist, hat dies schon 1921 klar zum Ausdruck gebracht:

»Nicht ›eigentlich‹, sondern ›wirklich‹ ist das Wort des Lebens. Aber der Philosoph spricht: eigentlich. Indem er seinem Staunen nachgibt, stehen bleibt, und das Wirkliche sich weiter ohne ihn auswirken läßt, wird er zurückgeworfen und beschränkt auf das Eigentliche. Hier, und nicht erst später, trennen sich seine Wege von den Wegen des gesunden Menschenverstands. Der gesunde Menschenverstand vertraut dem Wirklichen und seinem Wirken. Der Philosoph zieht sich mißtrauisch vor dem fortwirkenden Wirklichen in den geschützten Zauberkreis seines Staunens zurück und versenkt sich in die Tiefe des Eigentlichen. Hier kann ihn nichts mehr aufstören. Er ist sicher. Was schiert ihn noch das ›Uneigentliche‹. Und alles Wirkliche ist ja uneigentlich. Was schiert ihn, solange er sich im Zauberkreis seines einmal entstandenen Staunens zu halten vermag, noch das Ereignis.«[60]

Auch mit einem anderen Gedanken – dem Grundgedanken seines *Stern der Erlösung* – hat Rosenzweig Levinas vorgearbeitet: mit dem Entdecken einer ursprünglichen Differenz – der unendlichfachen Getrenntheit des Wirklichen –, die sich nicht in Einheit auflösen läßt. Dieses Zerbrechen der Totalität in ihre Elemente,

---

58  Emmanuel Levinas, »Ist die Ontologie fundamental?«, in: ders., *Die Spur des Anderen. Untersuchungen zur Phänomenologie und Sozialphilosophie*, Freiburg / München 1983, S. 107.

59  Emmanuel Levinas, Interview mit Ch. Descamps, zit. nach: Bernhard Taureck, *Levinas zur Einführung*, Hamburg 1991, S. 11.

60  Franz Rosenzweig, *Das Büchlein vom gesunden und kranken Menschenverstand*, hg. v. Nahum N. Glatzer, Königstein i. T. 1984, S. 32.

diese Me-Ontologie ermöglicht aber allererst – und das ist entscheidend – eine *Beziehung* der Elemente, ein Heraustreten aus der Nacht ihres Selbst:

»Die Trennung ihres ›Seins‹ wird hier vorausgesetzt, denn wären sie nicht getrennt, so könnten sie einander nichts tun; wäre der andere mit mir ›im tiefsten Grund‹ derselbe, wie es Schopenhauer will, so könnte ich ihn gerade nicht lieben, ich liebte ja dann nur mich. [...] So wichtig ist die vorausgesetzte Trennung des ›Seins‹, von der doch nun weiterhin gar nicht mehr gesprochen wird. Denn in der Wirklichkeit, die wir einzig erfahren, wird sie überbrückt und alles, was wir erfahren, sind Erfahrungen solcher Brückenschläge.«[61]

All das also, was das Gefüge der menschlichen Erfahrung bildet: Sprache, Zeit, Aus-sich-heraustreten, sind sozusagen nur Derivate dieser ursprünglichen Trennung, ohne die aber eine Beziehung zum Anderen jeglichen Sinn verlöre. »Diese Trennung«, schreibt Levinas, »ist so vollständig, daß das getrennte Seiende sich ganz allein in der Existenz erhält, ohne Teilhabe am Sein, von dem es getrennt ist [...]. Diese Trennung kann man Atheismus nennen.«[62] Und das bedeutet – insofern erst die Begegnung mit dem Anderen die Situation ist, in der mir so etwas wie ›Gott‹, im ursprünglichen Sinne von *religio* als »Rückbindung«, ins Denken fällt – ebenso ein ursprüngliches a-moralisches Getrenntsein. Erst die Beziehung zum Anderen eröffnet die Dimension des Ethischen. Doch diese »Begegnung« ist nicht etwas, das dem Getrennten, neben anderem, auch »passiert«, sondern die *eigentlich Metaphysische Störung*, die die Kompetenz jeglicher normativen »Störfallbewältigung« überschreitet.

Welcher Art ist nun diese eigentümliche Beziehung? – wobei Levinas, wie er selbst sagt, das Wort »Beziehung« möglichst vermeidet[63]. Die klassischen Modelle scheinen hier jedenfalls zu versagen: sei es Hegels »Kampf um Anerkennung«, sei es die Husserlsche »Intersubjektivität« oder schließlich Heideggers Begriff des »Mit-Seins«. Dieses Verhältnis begreift Levinas als eine »meta-

---

61 Franz Rosenzweig, *Gesammelte Schriften*, Den Haag / Dordrecht 1976ff., Bd. III, S. 150.

62 Emmanuel Levinas, *Totalität und Unendlichkeit*, Freiburg / München 1987, S. 75.

63 Vgl.: Intention, Ereignis und der Andere (Gespräch zwischen Emmanuel Levinas und Christoph von Wolzogen), in: Emmanuel Levinas, *Humanismus des anderen Menschen*, Hamburg 1989, S. 139.

physische Asymmetrie«, als »eine nicht reziproke Beziehung, das heißt als der Gleichzeitigkeit zuwiderlaufend«[64]; man »kann sagen«, so betont er, »daß der intersubjektive Raum nicht symmetrisch ist«[65]. Schon Ende der 40er Jahre hat Emmanuel Mounier bezüglich des Sartreschen »Blicks des Anderen« eine bemerkenswerte Umkehrung vorgenommen: »Der Blick stört mich, beunruhigt mich und stellt mich in Frage. Er entkleidet mich tatsächlich, aber er macht mich frei von mir selbst als von meinem eigenen Feind, von meiner egozentrischen Dunkelheit.«[66] Aber erst Levinas hat die philosophischen Konsequenzen aus dieser Einsicht in ihrer ganzen Radikalität gezogen, indem er – vor allem im Spätwerk – das Verhältnis zum Andern in Termini der Störung expliziert, wenn er von einer »Obsession«, von einer »Verfolgung« oder von einem »Trauma« spricht.

Verschärfen läßt sich diese Interpretation noch durch eine sehr bemerkenswerte Deutung, die Alain Finkielkraut von Levinas' Unternehmen gegeben hat, wenn er darauf aufmerksam macht, daß Levinas all jenen Genealogien der Moral, die sich bemühen, das unmoralische Geheimnis der Moralität zu enthüllen, »eine Reflexion über das Böse entgegen[setzt], die das moralische Geheimnis der Unmoralität verbreitet.«[67] Genau dieses »Geheimnis«, von dem gerade die *philosophes maudits* immer schon gewußt haben, gerät stets dann aus dem Blick, wenn es *normativ* gefaßt und damit »ermäßigt« wird.[68] Besonders gut illustrieren läßt sich dieses Verhältnis an der berühmten Freund-Feind-Unterscheidung Carl Schmitts, die man am besten im Zusammenhang mit Clausewitz' Schrift *Vom Kriege* versteht; und bekanntlich beginnen Levinas Gedanken in *Totalität und Unendlichkeit* mit einer Reflexion über den (ontologischen) Krieg. Die Leitfrage, die man mit Kondylis[69] vor allem den moralischen Verächtern von

---

64 Emmanuel Levinas, *Die Zeit und der Andere*, Hamburg 1984, S. 55.

65 Ebd.

66 Emmanuel Mounier, *Einführung in die Existenzphilosophie*, Bad Salzig / Boppard a. Rh. 1949, S. 118.

67 Alain Finkielkraut, *Die Weisheit der Liebe*, Reinbek bei Hamburg 1989, S. 161.

68 Vgl. Panajotis Kondylis, Einleitung, in: ders. (Hg.), *Der Philosoph und die Macht*, Hamburg 1992, S. 9 ff.

69 Vgl. Panayotis Kondylis, *Theorie des Krieges. Clausewitz – Marx – Engels – Lenin*, Stuttgart 1988, S. 9 ff.

Clausewitz stellen kann, ist nämlich die, ob sie nicht gegenüber einem Begreifen dessen, was der Krieg *ist*, allzu schnell einen normativen Standpunkt einnehmen. Im Grunde, so bemerkt Kondylis lapidar, habe der Gegeral nur festgestellt, daß Kriege stattfinden und verschiedene Formen annehmen, und versucht, diese Tatsache zu erklären; weder habe er die Abschaffung der Kriege empfohlen noch den Ratschlag erteilt, bei erster Gelegenheit Krieg zu führen. Wer gar versucht, aus Clausewitz eine Lehre vom »gerechten Krieg« (*bellum iustum*) abzuleiten, steht diesbezüglich vor einer geradezu methodischen Indifferenz, der, was das »Wesen« des Krieges angeht, ein überaus differenziertes begriffliches Instrumentarium entspricht. Deutlich wird die komplexe Architektonik des Clausewitzschen Denkens vor allem an dem berühmten Lehrstück, »daß der Krieg nichts ist als die fortgesetzte Staatspolitik mit anderen Mitteln«. Dieses ist nur im Zusammenhang mit dem zentralen Begriff der »Friktion« – als Begriff eines zerstückelten und dennoch einheitlichen Ganzen eine verblüffende Vorwegnahme der »gebrochenen Formen« der Chaostheorie – und den entsprechenden theoretisch-praktischen Reflexionen zum »Takt des Urteils« – der im Sinne des Herbartschen »Takts« und der Kantischen praktischen »Urteilskraft« das »Rechte fast bewußtlos trifft« –, zu verstehen ist. Der Idealtypus des »reinen« Krieges – den Clausewitz am Modell des Zweikampfes darstellt – ist immer schon »ermäßigt« durch die Unwägbarkeiten (»Friktionen«) des »wirklichen« Krieges sowie teilweise durch Zwecksetzungen der Politik. Diese »Ermäßigungen« kommen aber nicht von außen, als wirke eine »gute« Politik »mäßigend« auf den »bösen« Krieg ein. Clausewitz bestreitet überhaupt eine eigene »Logik des Krieges« als Gegensatz zur Politik, vielmehr fallen Politik – ungeachtet ihres Primates – und Krieg gemeinsam unter den Oberbegriff des »*Konfliktes*«, so daß für den Krieg – und Clausewitz wird nicht müde, dies zu wiederholen – als Spezificum einzig die *bewaffnete* Gewalt bleibt. Politik – und darin folgt Clausewitz konsequent Machiavelli und Hobbes – ist *Bereitschaft* zum Kampf, und fast gleichlautend mit Kondylis hat Carl Schmitt in seinem Werk *Der Begriff des Politischen* dazu schon bemerkt: »Der Krieg ist durchaus nicht Ziel und Zweck oder gar Inhalt der Politik, wohl aber ist er die als reale Möglichkeit immer vorhandene Voraussetzung, die das menschliche Handeln und Denken in eigenartiger Weise bestimmt und dadurch ein spezifisch politisches Verhalten bewirkt.«[70] Böckenförde zitiert diesen Passus ausdrücklich, um das Mißverständnis in der Auffassung auszuräumen, »daß es sich in der Schrift [*Der Begriff des Politischen*] um eine *normative* Theorie der Politik oder des politischen Handelns handele, die die Freund-Feind-Unterscheidung und den kriegerischen Kampf als deren letzte Konsequenz zum Ziel und Inhalt der Politik mache.«

Auch und vielleicht gerade hier steht Schmitt – wie Jacob Taubes sagen würde – »Aug' in Aug'« mit Levinas. Und Taubes hat die »gegenstrebige Fügung« zwischen beiden Denkern anläßlich eines Streitgespräches um Carl Schmitt 1986 in Paris anhand eines Zitats aus dem *Begriff des Politischen* belegt: »Die Unterscheidung von Freund und Feind«, schreibt Schmitt,

»hat den Sinn, den äußersten Intensitätsgrad einer Verbindung oder Trennung, einer Assoziation oder Dissoziation zu bezeichnen; sie kann theoretisch und praktisch bestehen, ohne daß gleichzeitig alle jene moralischen, ästhetischen, ökonomischen und anderen Unterscheidungen zur Anwendung kommen müßten. Der politische Feind braucht nicht moralisch böse, er braucht nicht ästhetisch häßlich zu sein; er muß nicht als wirtschaftlicher Konkurrent auftreten [...]. Er ist eben der andere, der Fremde.«[71]

Nun versteht man, warum Taubes[72] sich darüber aufregt, daß Levinas »jetzt so hoch-bla-blat wird in den Medien als weiser Mann«; denn anders als Hegel – bei dem das Freund-Feind-Verhältnis als »Kampf um Anerkennung« sozusagen schon dialektisch »ermäßigt« wird – begreift Levinas das Freund-Feind-Verhältnis in seiner ganzen Schärfe, indem er den Realismus nicht ermäßigt, sondern vielmehr ethisch fundiert, d. h. als ein ursprünglich *ethisches* Verhältnis begreift (s. o.): »In einem bestimmten Sinne ist nichts störender als der Nächste. Dieser Begehrte, ist er nicht der Nichtbegehrenswerte schlechthin? Der Nächste, der mich nicht gleichgültig lassen kann.«[73] Dieses Nicht-

70 Zit. bei: Ernst-Wolfgang Böckenförde, »Der Schlüssel zum staatsrechtlichen Werk Carl Schmitts«, in: H. Quaritsch (Hg.), *Complexio Oppositorum. Über Carl Schmitt*, Berlin 1988, S. 284.

71 Zit. n. Jacob Taubes, *Ad Carl Schmitt. Gegenstrebige Fügung*, Berlin 1987, S. 50.

72 A. a. O., S. 75.

73 Emmanuel Levinas, *Jenseits des Seins oder anders als Sein geschieht*, Freiburg / München 1992, S. 197.

gleichgültig-sein-können (*non-indifférence*) sprengt in der Tat den traditionellen Vernunftbegriff, den Begriff des Normativen schlechthin: Der Mensch ist sozial, bevor er vernünftig ist.[74] Und deshalb wird man mit guten Gründen zögern, in Levinas' Denken ein »dialogisches« Denken zu sehen. Die von ihm entdeckte metaphysische Asymmetrie – die *eigentlich metaphysische Störung* – bedeutet vielmehr ein Beben des Bodens der Philosophie, welches das Philosophieren auf seinen eigentlichen Ausgangspunkt zurückwirft. Levinas' Philosophie ist in diesem Sinne – und man beachte die gegenstrebige Fügung mit Heidegger – eine Bekehrung zum schlechten Gewissen, zur Einsicht,

»daß ein wirklich menschliches Leben kein zufriedenes (*satis-fait*) Leben bleiben kann in der Gleichheit mit dem Sein, im Leben der Ruhe, sondern daß es bei dem Anderen aufwacht, das heißt immer dabei ist, sich zu ernüchtern, daß das Sein – im Gegensatz zu dem, was so viele beruhigende Traditionen sagen – niemals seine eigene Daseinsberechtigung darstellt, daß das berühmte *conatus essendi* nicht die Quelle allen Rechts und allen Sinns ist.«[75]

Die Philosophie, sagt Levinas mit Nietzsche, könne nicht trösten. Und es liegt gewiß keine Tröstung darin, wenn er feststellt, daß man »in der Gesellschaft, so wie sie funktioniert, nicht leben« könne, »ohne zu töten, oder zumindest nicht, ohne den Tod von irgendjemandem vorzubereiten.«[76] Doch die neueste Physik belehrt uns, daß Ordnung immer einem Symmetriebruch entspricht, und schon der 2. Hauptsatz der Thermodynamik besagt, daß Ordnung, Gestalt, Information immer unwahrscheinliche Zustände sind; ferner die Chaostheorie, daß Ordnung ohne einen »Horizont« von Chaos zusammenbricht; und schließlich die mehrwertige oder »Fuzzy«-Logik, daß es zwischen »richtig« und »falsch« eine Unendlichkeit von Zwischenwerten gibt. Kurz: Damit das Leben gelingt, müssen wir sehr genau wissen, wie es mißlingt.

74 Vgl. A. Finkielkraut, a.a.O., S. 26. Vgl. Emmanuel Levinas, *Totalität und Unendlichkeit*, Freiburg / München 1987, S. 170.
75 Emmanuel Levinas, *Ethik und Unendlichkeit. Gespräche mit Philippe Nemo*, Graz / Wien 1986, S. 96.
76 Levinas, a.a.O., S. 95.

# Martin Endreß
# Zur sozialtheoretischen Grundlegung einer integrativen Ethik

Jeder Grundlegungsversuch einer zeitgemäßen *Ethik* steht vor dem Problem der phänomenalen Angemessenheit seines konzeptionellen Zugriffs. Neben dem alltäglichen Erfahrungsbezug des Ethikers kommt deshalb vornehmlich den im Kontext sozialwissenschaftlicher Disziplinen aufbereiteten und verdichteten Erfahrungsbeständen für den Zuschnitt ethischer Theoriebildung erstrangige Bedeutung zu. Aufgrund dieser vorzüglichen wechselseitigen interdisziplinären Verwiesenheit von Sozialwissenschaften und Praktischer Philosophie kann es zwar nicht darum gehen, die Ethik gleichsam in einer Philosophie des Sozialen aufgehen zu lassen – und zwar weder soziologistisch noch systemisch, anthropologisch oder gar normativ, wie Hans Krämer dies herausstellt (393).[1] Gleichwohl aber darf angesichts des angezeigten Kooperationsverhältnisses den im Rahmen *sozialtheoretischer* Konzeptualisierungen entwickelten kategorialen Rahmungen sozialwissenschaftlicher Disziplinen, um deren Profilierung sich in der Gegenwart besonders Anthony Giddens bemüht[2], kriteriale Bedeutung für einen sachangemessenen Weltbezug Praktischer Philosophie und Ethik zugesprochen werden. Nicht also um strikte systematische oder grundbegriffliche Vorgaben seitens der Sozialtheorie geht es, sondern um ein Ausschöpfen des konzeptionellen Anregungspotentials empirisch gehaltvoller Theoriebildung im Konzert der Sozialwissenschaften, die als eine kategoriale Heuristik für das komplexe Feld der Grundbegriffe und Kategorien einer zeitgemäßen ethischen Theorie fungieren kann.[3]

---

1 Einfache Seitenangaben verweisen nachfolgend durchweg auf die *Integrative Ethik* von Hans Krämer (1992).
2 Vgl. dafür sein theoretisches Hauptwerk *The Constitution of Society. Outline of the Theory of Structuration* von 1984 (dt. 1988) mit der entsprechenden Unterscheidung von Soziologie und Sozialtheorie (1984, xvif.; 1988, 30 f.).
3 Damit greift das hier verfolgte Anliegen weiter aus als Luhmanns

Von diesem Vorverständnis ausgehend wird nachfolgend der Versuch vorgelegt, einen Deutungsvorschlag für das implizite sozialtheoretische Gerüst der *Integrativen Ethik* zu unterbreiten. Dieses Unterfangen einer sozialwissenschaftlich angelegten Lektüre soll die Möglichkeit einer sinndimensionalen Ordnung ihrer Grundbegriffe veranschaulichen, das mit diesem Entwurf verbundene konzeptionelle Anliegen kritisch zu profilieren suchen und ggf. kategorial ergänzen. Der Beitrag sucht damit insgesamt Chancen einer Kooperation von Sozialtheorie und Praktischer Philosophie aufzuzeigen.

Die Überlegungen gliedern sich in fünf Abschnitte: Zunächst dient eine vorbereitende Rekapitulation einiger Grundbegriffe der *Integrativen Ethik* dazu, deren sozialtheoretische Affinität aufzuzeigen und so den argumentativen Spielraum für einen sozialwissenschaftlich angelegten Zugang auszuloten (1). Ausgehend von dem für die externalistische Moralauffassung der *Integrativen Ethik* grundlegenden sozialen Phänomen der »Erwartungen« schließt sich eine Bezugnahme auf das zentrale Problem der wechselseitigen Anschlußfähigkeit von Erwartungen in Situationen *doppelter Kontingenz* im Rahmen der Handlungstheorie Talcott Parsons' an, um die in dieser Sozialtheorie angelegte sinndimensionale Aufstrukturierung des Handlungsphänomens einzuführen (2). In einem dritten Schritt sollen die Vorschläge von Niklas Luhmann für eine Differenzierung von sog. Sinn- bzw. Weltdimensionen und die für eine Aufschichtung der Lebenswelt in der

Plädoyer für eine »Kooperation von soziologischer Gesellschaftstheorie und ethischer Reflexion« (1990, 17), das, ausgehend von der Problematisierung des Begründungsanspruchs der Ethik im Übergang von stratifikatorischer zu funktionaler gesellschaftlicher Differenzierung (1990, 20, 22), a) den erforderlichen Verzicht auf eine moralische Integration funktional differenzierter Gesellschaften (1990, 25), b) die notwendige Neutralisierung des Begriffs der Moral selbst aufgrund ihres polemogenen Ursprungs (1990, 27), c) den paradoxalen Zuschnitt ethischer Reflexionen angesichts komplexer Folgenkalküle (1990, 28) und d) die Notwendigkeit einer angemessenen Thematisierung von Risikoproblemen (1990, 31, 33) herausstellt (vgl. zum Ganzen auch ders., 1989). Die von Luhmann genannten Kriterien werden in der *Integrativen Ethik* unter dem Leitbegriff der »Postteleologie« thematisiert (vgl. z. B. für a) 38, 48 f., 72 f., 88, für b) 39 f., 49, 71, für c) 169 sowie für d) 173, 287 f., vgl. ders. 1990).

Sozialphänomenologie von Alfred Schütz als unterschiedlich operierende Ausarbeitungen einer sinndimensional ansetzenden Sozialtheorie in systematischer Absicht aufgearbeitet werden (3). Beide Ansätze bieten Anschlußchancen für die ethische Theorie, so daß es aufgrund dieser konzeptionellen Suchbewegungen sowohl in Anlehnung an diese Vorschläge als auch in kritischer Distanzierung von ihnen möglich ist, die implizite sinndimensionale Strukturierung des grundbegrifflichen Tableaus der *Integrativen Ethik* zu diskutieren (4). In einem fünften Schritt können dann die im Rahmen der *Integrativen Ethik* formulierten Kritiken an alternativen Ansätzen ethischer Theorie unter Zugrundelegung der vorgestellten sinndimensionalen Ordnung zusammengefaßt werden, um exemplarisch den systematischen Gewinn des von Krämer inaugurierten Projekts einer integrativen Ethik zu profilieren (5).

## 1. Die Grundlegung der *Integrativen Ethik* in sozialtheoretischer Perspektive

Ein sozialwissenschaftlich orientierter Zugang zur *Integrativen Ethik* ist vorrangig durch zwei Elemente ihres Argumentationsprofils motiviert: So verdankt sich ihr konzeptioneller Ansatz einer sozialgeschichtlichen Reflexion, für die das übergreifende Stichwort der ›postteleologischen Epoche‹ steht. Und ihr leitendes Anliegen der Entwicklung einer systematisch gesehen *Dritten Ethik* manifestiert sich in einer innovatorischen Begrifflichkeit, die deutliche sozialtheoretische Imprägnierungen aufweist.

Die grundsätzliche Absage an die Möglichkeit einer (universal-) teleologischen Ethik verbindet Hans Krämer nicht nur mit einer Verabschiedung »einheitsethischer Entwürfe« (106 ff.), sondern er sieht die Signatur der postteleologischen Moderne insbesondere durch eine duale Strukturierung des ethischen Argumentationstableaus in zwei relativ eigenständige, sich wechselseitig gleichwohl bedingende und funktional ergänzende Typen ethischer Theorie gekennzeichnet (122). Dieser idealtypischen Differenzierung von Sollens- und Strebensethik korrespondiert postteleologisch eine Reflexion auf die Pluralität gelebter Sittlichkeiten und Ethosformen sowie die Einsicht in ihre prinzipielle Legitimität (88). Deren Kehrseite bildet nicht nur die Anerkennung eines zeitgemäßen Toleranzprinzips als Metanorm (72, 88), sondern ebenso die Einsicht, daß in der postteleologischen Unübersichtlichkeit und Komplexität moderner Gesellschaften die Etablierung »moralischer Supernormen« stets auf gruppenmoralische Substrate, also eine konkrete soziale Situierung angewiesen bleibt (38, 88). Dieser Zugang zieht in sozialtheoretischer Optik die Notwendigkeit einer entsprechenden Ebenendifferenzierung von Sozialität nach sich.[4]

Für den Zielbezug der Selbst- und Sozialverhältnisse des Menschen bedeutet das, daß postteleologisch ohne Subjektivität überhaupt keine Ziele mehr denkbar sind (229), daß das Naturverhältnis des Menschen anthropozentrisch zu reflektieren (271) und daß in allen drei Hinsichten postteleologisch kein allgemein verbindlicher, metaphysisch garantierter Sinn mehr zu erwarten steht (295). Mit Rücksicht auf die menschliche Handlungswirklichkeit impliziert dieser Zugriff einen grundsätzlichen Vorrang der Möglichkeit vor der Wirklichkeit (163) und aufgrund des Zerfalls eschatologischer Denkweisen steht jedwede Zukunft dabei prinzipiell unter Risiko (173 u. ö.). Diese Einsicht bringt Krämer in der Entwicklung einer *präsentischen* Ethik zur Konsequenz (97, 302, 308-311), die aufgrund der gesteigerten Wahl- und Entscheidungsspielräume nicht nur die Priorität des Handelns akzentuiert, sondern insbesondere auch eine konsiliatorische Dimension als unabdingbaren Baustein des konzeptionellen Grundrisses einer zeitgemäßen Ethik einfordert (97).

Neben dieser, der aktuellen soziologischen Gegenwartsdiagnostik affinen Bestimmung der Ausgangslage ethischen Argumentierens in der fortgeschrittenen Moderne[5] weist die *Integrative Ethik* ei-

4 Mit Bezug auf die aktuellen Kontroversen um Konsens oder Dissens nimmt die *Integrative Ethik* damit eine reflektierte mittlere Position ein: Die Anerkennung der Toleranznorm auf der »Reflexionsstufe der Moral ... entbindet wirklich individuelle Freiheit« und lehrt, daß zur Toleranz »die Anerkennung des moralisch Aufgeforderten durch den Fordernden« gehört, »der die Andersheit des Anderen als solche anerkennt und beläßt, eine Anerkennung also, die diversifizierend und nicht identifizierend wirkt« (73). Damit ist das integrative Anliegen der Moral durch Schärfung ihres Differenzbewußtseins begründet.

5 Insgesamt trägt der von Krämer skizzierte phänomenale Ausgangspunkt der *Integrativen Ethik* also dem von Luhmann (1990, 40) formulierten Kriterium hinreichend Rechnung, daß man »von einer Ethik

nen sowohl soziologisch inspirierten wie sozialtheoretisch anschlußfähigen Ansatz und eine entsprechende Terminologie auf. Ansetzend beim Faktum der Soziabilität des Menschen (257) sucht sie die Veränderbarkeit und prinzipielle Offenheit menschlicher Lebenswirklichkeiten in der fortgeschrittenen Moderne zu spiegeln. Das läßt sich anhand der Rekapitulation einiger ihrer zentralen Begriffe veranschaulichen. Unter ihnen sind für das hier verfolgte Anliegen die der »Erwartungen« und der »Internalisierung« sowie – unter metatheoretischen Gesichtspunkten – die Charakterisierung ihres argumentativen Zugriffs als »strukturelle Konzentrik« von vorrangiger Bedeutung.

*Erwartungen*: Eine sozialtheoretische Optik auf die philosophische Ethik steht zunächst vor dem Problem, ob und wie »Sozialität« hier überhaupt in den Blick kommt. Diese Frage mag im Horizont der aktuellen, weitgehend intersubjektivitätstheoretisch schattierten Diskussionslage zunächst irritieren. Philosophisch gesehen kann sie jedoch gerade mit Blick auf die Traditionsgeschichte ethischer Theoriebildung im 20. Jahrhundert keineswegs als trivial angesehen werden. Das belegt exemplarisch die in der phänomenologisch orientierten Materialen Wertethik (Scheler, N. Hartmann) und im metaethischen Intuitionismus (Moore) jeweils vorgenommene subjektunabhängige Setzung des Guten bzw. der Werte, die u. a. zu dem Dilemma der nicht aufweisbaren Vermittlung von Wertsphäre und sozio-historischer Realität führt. Aber auch mit Blick auf Kant läßt sich, wenn man mit Krämer an der Charakterisierung und Kritik des Kantischen Entwurfs als »internalistischer Moralauffassung« festhält (14, 16), ein vergleichbarer Einwand formulieren. Denn gegen diesen wirkungsmächtigsten moralphilosophischen Prototyp ist daran zu erinnern, daß »die wesentlich *inter*personale Verantwortungsrelation *intra*personal nicht reproduzierbar ist« (18, 22). Das Phänomen des Sollens ist von intersubjektiven Verhältnissen prinzipiell nicht ablösbar: Die moralische Grundsituation ist »primär durch das Urteil der *Anderen* definiert, dem sich der potentielle Akteur stellen muß und das ihn zur praktischen Entscheidung herausfordert« – eine Situation »ursprünglichen Gefordertseins« (28, 30, 43, 45). So nimmt der Argumentationsgang der *Integrativen Ethik* seinen

sollte ... verlangen können, daß sie die Strukturen des Gesellschaftssystems mitreflektiert« (vgl. auch oben Anm. 3).

Ausgang von einer *externalistischen* Begründung der Sollensethik (19, 28, 31, 43, 269). Sie setzt auf seiten der Subjekte die Fähigkeit zur Ausbildung einer »minimalen Erwartungshaltung« voraus (274). Durch diese prominente Stellung des Erwartungsbegriffs wird die primär »sozionome« Typik des Sollens einsichtig (43, 44, 399). »Sollen« und damit auch »Verantwortung« sind soziale Konstrukte und resultieren als solche aus Zuschreibungsprozessen normativer und kognitiver Erwartungen: »Sollen« ist eine Konsequenz der entfalteten Erwartungshorizonte Anderer, so daß diese Horizonte für die moralische Grundsituation konstitutiv sind (31; auch: 28, 43, 45, 46, 71, 110). Diese Umschreibung der »Unverfügbarkeit des moralischen Sollens« meint in genetischer Perspektive nichts anderes als die prinzipiell historisch-soziale Konstitution von Erwartungen, also von sozial angesonnenen (kognitiven und normativen) Verhaltensstandards und Handlungsnormen: Es ist ein »Sollen, das vom Wollen der Anderen ausgeht« (84). Aus dieser sozialen und geschichtlichen Situierung des Sollens als das Wollen Anderer kann nun allerdings keineswegs eine Bestätigung des diskursethischen Intersubjektivitätsparadigmas folgen. Die sozionome Typik der moralischen Grundsituation begründet in geltungstheoretischer Hinsicht keine Priorität von Intersubjektivität vor Subjektivität, sondern betont die prioritäre anthropologische und geltungstheoretische Stellung von Subjektivität im Diskurs der Praktischen Philosophie (394).

Eine vergleichbare Zentralstellung kommt dem Erwartungsbegriff für die strebensethische Dimension der *Integrativen Ethik* zu. In dieser Perspektive ließe sich von einer »soziomorphen« Typik, d. h. von einer durch die sozialen Verhältnisse geformten Typik des Umgangs mit sich selbst im steten Bezug auf Andere sprechen, insofern es in alltäglichen Handlungszusammenhängen wesentlich darauf ankommt, »Zwischentöne und Nuancen zu beherrschen, Erwartungshaltungen Anderer rechtzeitig zu erraten und ihnen zu entsprechen oder sich ihnen in angemessener Form zu entziehen, ferner [darauf,] die Grenze zwischen moralisch Relevantem und moralisch Indifferentem zu erkennen« (185). Das Erreichen des eigenen Glücks und die Realisierung des selbstgesteckten Guten weisen sich nicht nur in ihrer Zielstruktur, sondern ebenso hinsichtlich der zu ihrer Erlangung erforderlichen Handlungstypik als sozio-historisch imprägniert aus.

*Internalisierung*: Die sozionome und soziomorphe Typik der

ethischen Grundsituation verweist in ontogenetischer Perspektive auf die sozialisatorische Prägung von Erwartungshorizonten durch *Internalisierungsprozesse* (68 f., 30, 35, 70, 71, 235, 237, 405: Anm. 10). Moral muß, um zu funktionieren, über Internalisierungsprozesse auf Dauer gestellt werden (69 f.). Für die Ausprägung von Handlungsdispositionen ist dabei wiederum ein Stufenbau zu berücksichtigen: Eine Grunddisposition als Disposition für konkrete Dispositionen, d. h. also die Disponibilität des Menschen als anthropologischer Invariante, ist von den »Dispositionen bestimmter geschichtlicher Formen« und ihrer Prägung in konkreten sozio-kulturellen und gruppenspezifischen Kontexten zu unterscheiden (44, 69, 113). In diesem Zusammenhang rekurriert Krämer auf die herrschaftssoziologische Dimension von Moralen. Er verweist auf den Einfluß der gesellschaftlichen Verteilung von Definitions- bzw. Deutungsmacht für die Prägungsrichtung von Konventionalisierungsprozessen (69) und damit auf die stets unhintergehbare Einbindung von Moralen in Herrschaftsverhältnisse (70). Die unmittelbare ethische Relevanz dieser Aspekte ergibt sich über den Verweis auf den Typus fremderzeugter Hemmungen (19: Anm. 1, 28), so daß der Hemmungsbegriff auf der Handlungsebene nicht nur auf internalisierte, sondern ebenso auf äußere, sozialitäre Ursachen zu beziehen ist (235, 237). Die entsprechenden Implikationen sind im komplexen, mehrdimensional angelegten Aufbau einer postteleologischen integrativen Ethik im Rahmen ihrer konsiliatorischen Dimension zu berücksichtigen. Damit kann eine *soziologisch informierte* Ethik den insbesondere von Foucault akzentuierten Widerspruch zwischen individueller Selbstbestimmung und anratender Hilfe als Chimäre aufweisen (239). Diese vermeintliche Antithese ist – zugespitzt formuliert – Ausdruck eines ins Charismatische übersteigerten Autonomiebegriffs einerseits und einer einseitig pejorativ als Indoktrinationsinstanz diffamierten Beratung andererseits.

Darüber hinaus verweist Krämer zur Erklärung von über das Eigeninteresse hinausgehenden Leistungen auf durch Internalisierungsprozesse stabilisierte »emotive Dispositionen«, die »quasi-automatisch als Instinktersatz wirken und über die Grenzen des Eigeninteresses hinaus handeln heißen« (68). Moralische Leistungen deuten danach auf ein Motivationspotential hin, das »hinter dem Rücken der Akteure gleichsam blind wirkt« (ebd.). Sowohl hinsichtlich des Erwartungs- als auch des Internalisierungsbegriffs schließt Krämer damit an bekannte Argumentationen soziologischer Sozialisations- (Parsons) und psychologischer Motivationstheorien (Freud) an, ohne deren deterministische Implikationen zu übernehmen, insofern die Annahme eines bewußten, eines reflexionskompetenten Akteurs leitend bleibt.

In *metatheoretischer* Perspektive schließlich steht im Gefolge der postteleologischen Bestimmung ethischer Theoriebildung und der Anerkennung der Kontingenz und Relativität von Konsensen (51, 52) – ihrer Perspektivität (128) und Situativität (66, 138, 175, 219, 346, 367) – vornehmlich eine *konzentrische Anlage* des Reflexions- und geltungstheoretischen Horizonts im Zentrum der *Integrativen Ethik*. Sie bildet die grundlegende Koordinate der angezielten Explikation der »geschichtlichen Multivalenz der Praktischen Vernunft« (59). Die *Integrative Ethik* versteht sich als »Moraltheorie konzentrischer Geltungshorizonte« (367). Die Einsicht in die postteleologische Pluralität von Moralen und ethischen Vorzugsordnungen (60, 130, 186, 188 f., 253, 367) nötigt in geltungstheoretischer Hinsicht zum Plädoyer für eine »Aufstufung konzentrischer konsensueller« bzw. »moralischer Horizonte« (49, 57; vgl. 123, 188, 264, 269, 367, 375, 406). In ihrer Konsequenz liegt die Absage an jede Form eines »Moralpositivismus einzelner Gruppenmoralen« (49): Der Rekurs auf den jeweiligen Bezugsrahmen des Handelns (»action frame of reference«) bildet, so läßt sich programmatisch formulieren, die argumentative Leitfigur für die systematisch angezielte »mittlere Lösung zwischen [universalistischem] Fundamentalismus und [gruppenspezifischem] Moralpositivismus« (64). Diese Konzeption impliziert in zentrifugaler Perspektive eine Zunahme des Geltungsgrades von Normen und eine Abnahme des Verantwortungsdrucks eigenen Handelns (50). Damit schlägt sich die Konzentrik unmittelbar im Begründungsprofil der *Integrativen Ethik* nieder und zieht die Entwicklung einer moraladäquaten, gleichfalls konzentrisch angelegten Rationalitätstypik nach sich (54, 56).

Die »strukturelle Konzentrik der Moral« (74, 275) materialisiert sich im Aufbau der *Integrativen Ethik* in mindestens acht Hinsichten: in der Unterscheidung von ethischem Nah- und Fernhorizont (32), in der »Aufstufung konzentrischer Erwartungshorizonte« (64: Anm. 13), in der Unterscheidung konzentrischer Horizonte der Gegenwart (der Moment, das Heute, dieses Semester, das aktuelle Jahrzehnt, unsere Epoche) (303), in einer konzentri-

schen Anlage der Reflexion der Lebensphasen als Konsequenz der
»immanenten Strukturierung des Lebensganges« (97, 311) unter
dem Gesichtspunkt der Phasenrichtigkeit der Bilanzen (313), in
einer sektoriellén und temporären Graduierung und Partialisierung des Glücksbegriffs (96), in der Konzentrizität der Anderen
(217), in einer konzentrischen Bestimmung des Verhältnisses von
Selbst und Welt (143, 147) sowie schließlich in der Differenzierung von Freundschafts-, Gruppen- und Makroethik (293-294).
Der konzentrischen Aufstufung *moralischer* Geltungshorizonte
korrespondiert darüber hinaus eine entsprechende *strebensethische Problematizität*, d. h. eine stets »nur mögliche Geltung [ihrer
Optionen] im alternativenreichen Pluralismus von Lösungsty-
pen« (85, vgl. 188) – auch in der konsiliatorischen Dimension.
Hier impliziert die konzentrische Anlage zudem eine Absage an
die hypothetisch-kontrafaktische Unterstellung von kongruieren-
den oder konvergierenden Erfahrungen und eines entsprechenden
Wissens in Diskurs- und Beratungssituationen. Der Akzent ist im
Gegensatz dazu auf die empirisch dominierenden Erfahrungen
von Divergenzen, Gegenläufigkeiten und/oder Komplementaritä-
ten von Erfahrungsbeständen, Wissensvorräten und Deutungs-
bzw. Orientierungsmustern zu legen, woraus systematisch wie
praktisch die Unentbehrlichkeit einer konsiliatorischen Dimension folgt (325).
Die genannten Hinweise auf die sozialwissenschaftliche Affinität
und Anschlußfähigkeit der *Integrativen Ethik* gewinnen ihr eigentliches Profil über den Versuch, ihre sozialtheoretische Grundlegung in sinndimensionaler Perspektive zu rekonstruieren. Dieser Zugriff verfolgt das Ziel, die implizite sozialtheoretische Basis
der *Integrativen Ethik* als adäquates Paradigma für eine komplexe
Ethik und Praktische Philosophie in der fortgeschrittenen Moderne zu profilieren.

## 2. Externalistische Moralauffassung
## und die Situation doppelter Kontingenz

Die *Integrative Ethik* nimmt ihren Ausgang von einer *externalistischen* Moralauffassung, derzufolge »die moralische Grundsituation ... primär durch das Urteil der *Anderen* definiert [ist],
dem sich der potentielle Akteur stellen muß und das ihn zur prak-

tischen Entscheidung herausfordert« (28). Von diesem phänomenalen Grundtatbestand her sucht sie das moralphilosophische *Sozial*verhältnis und das strebensethische *Selbst*verhältnis in eine für
das konkrete Handeln praktikable Beziehung zu setzen (123,
171). Mit diesem Versuch der Zusammenführung einer zeitgemäßen Neuthematisierung der Strebensethik mit einer am Phänomen intersubjektiver Sozialverhältnisse orientierten Sollensethik[6] nimmt Krämer – soziologisch gesprochen – die Kritik Emile
Durkheims an der Eindimensionalität der Kantischen Ethik
(1906) und ihre konzeptionelle Fortführung zu einer Theorie
sozialer Ordnung bei Talcott Parsons auf (1937, I. 386f. und
1939, 178-182) – ohne sich damit aber der latenten »normativisti-
schen« Engführung der strukturellen Zielorientiertheit des Handelns insbesondere bei Parsons anzuschließen (vgl. z. B. 1939, 71,
75). Wichtiger als diese theoriegeschichtlichen Zusammenhänge
sind im vorliegenden Zusammenhang allerdings konzeptionelle
Fragen des Themenzugriffs. Die Beantwortung seiner Leitfrage
nach der Möglichkeit sozialer Ordnung führt für Parsons nämlich
über die Angabe eines Lösungansatzes für das Problem von Situationen *doppelter Kontingenz*.[7] Dieser Begriff markiert eine für die
Soziologie zentrale Problemanzeige hinsichtlich der Chancen von
intersubjektiven Handlungsanschlüssen und der Integration moderner Gesellschaften. Parsons formuliert:

»There is a *double contingency* inherent in interaction. On the one hand,
ego's gratifications are contingent on his selection among available alter-
natives. But in turn, alter's reaction will be contingent on ego's selection
and will result from a complementary selection on alter's part. Because of
this double contingency, communication, which is the precondition of
cultural patterns, could not exist without both generalization from the
particularity of the specific situations (which are never identical for ego
and alter) and *stability* of meaning which can only be assured by »con-
ventions« observed by both parties« (Parsons / Shils 1951a, 16).

Während Parsons für eine Lösung des mit dem Begriff der »doppelten Kontingenz« bezeichneten Problems der Anschlußfähigkeit von Erwartungen und Handlungen in interaktiven Prozessen

6 Vgl. zur Sozialbindung des Phänomens des Sollens auch Tugendhat
  (1986, 31).
7 Vgl. dazu: Parsons / Shils (1951a, 14-17; 1951b, 105-109) und Parsons
  (1951, 10-13, 36-39; 1968, 436-437) sowie: Luhmann (1972, 19-21, 31-
  39; 1976; 1984, 148-190).

gleichermaßen auf das Abstrahieren von situativen Kontexten wie auf gemeinsam geteilte, internalisierte Normen als Bedingung der Möglichkeit der erforderlichen Ausbildung einer *Komplementarität von Erwartungen* verweist, löst in seinem Gefolge Luhmann das Bezugsproblem der sozialen Ordnung auch noch von der Frage des Erhaltes eines allgemein geteilten Wertsystems:

»Die Grundsituation doppelter Kontingenz ist dann einfach: Zwei black boxes bekommen es, auf Grund welcher Zufälle immer, miteinander zu tun. Jede bestimmt ihr eigenes Verhalten durch komplexe selbstreferentielle Operationen innerhalb ihrer Grenzen. Das, was von ihr sichtbar wird, ist deshalb notwendig Reduktion. Jede unterstellt das gleiche der anderen. Deshalb bleiben die black boxes bei aller Bemühung und bei allem Zeitaufwand (sie selbst sind immer schneller!) füreinander undurchsichtig. Selbst wenn sie strikt mechanisch operieren, müssen sie deshalb *im Verhältnis zueinander* Indeterminiertheit und Determinierbarkeit unterstellen. ... Der Versuch, den anderen zu berechnen, würde zwangsläufig scheitern. ... Die Unberechenbarkeit wird mit Freiheitskonzessionen aufgefangen, fast könnte man sagen ›sublimiert‹« (1984, 156).

Brüchig gewordene kulturelle Traditionen und die Pluralisierung normativer Orientierungen führen zu einer Öffnung des Handlungsraums und damit zum fallbezogenen Operieren mit und Austesten von Erwartungen, d. h. von Selektionen und damit von »Einschränkungen des Möglichkeitsspielraums« (1984, 397). Das Problem der sozialen Ordnung ist danach in der Gegenwart weder vorrangig eines der politischen Herrschaft, noch eines (gelingender) Sozialisationsprozesse, sondern stellt sich – ein entwicklungsgeschichtlich dritter Schritt – als ein solches der Ausbildung von Reflexivitätskompetenz dar. Entsprechend akzentuiert die Einführung der sollens- und auch strebensethischen Grundsituation über den Erwartungsbegriff bei Krämer die in beiden »Handlungsbezugsrichtungen« konstitutiven Einschränkungen des Möglichkeitsspielraums eigenen Handelns und Erwartens, also des reflexiv zur Verfügung stehenden Variantenspielraums. So läßt sich die durch eine wechselseitige Abstimmung von Erwartungshorizonten mögliche Bewältigung von Situationen doppelter Kontingenz in handlungstheoretischer Perspektive als eine Form von *Hemmung* begreifen; wobei dieser Hinweis auch hier mit einer Absage an Parsons' Vorstellung, Interaktionen seien durch vordefinierte Erwartungen für die Handelnden so weit strukturiert, daß sie sich unter einem quasi-kausal wirkenden, von allen

Intentionen unabhängigen normativem Handlungszwang befänden, einhergeht.[8]

Die Einführung dieses Problemzugangs ist bei Parsons eingebettet in die – durchaus klassische – Konzeption eines Handlungsbegriffs, der sich durch vier Elemente [unit acts] konstituiert bzw. diese »logisch« impliziert (1937, I. 43 f., II. 731, 737 f., 739): einen *Aktor* als Träger bzw. Zurechnungspunkt der Handlung (1), eine *Ziel*struktur der Handlung (2), die *Situation*, in der ein Handlungsvollzug konkret verortet ist und die sich aus für den Handelnden hinsichtlich ihrer Konformität zu seinen Zielen nichtkontrollierbaren Aspekten [conditions] – wie bspw. dem Faktum der Körperlichkeit – und aus kontrollierbaren Elementen oder Ressourcen [means] – wie bspw. der eigenen Handlungsmächtigkeit – aufbaut (3) sowie schließlich einer spezifischen Verzahnung bzw. *Relationierung* von Aktor, Zweckausrichtung und Situationsbestimmung, die für Parsons – wie bereits angedeutet – eine normative Strukturierung aufweist (4) (vgl. 1937, I. 44-48, 77, II. 731 ff. und 1939, 59 ff.). Diese am einzelnen Akteur entwickelte Fassung des handlungstheoretischen Bezugsrahmens des frühen Parsons, die er als »the indispensable logical framework in which we describe and think about the phenomena of action« charakterisiert (1937, II. 733), läßt sich m. E. lesen als eine Differenzierung von vier Bezugshorizonten bzw. -dimensionen von Handlungsvollzügen: Da ist zunächst in Gestalt des handelnden Subjekts die *Sozialdimension*, sodann die *Zeitdimension*, insofern Handeln stets ein Prozeß in der Zeit im Sinne eines spezifischen Verhältnisses von Mitteln und Zielen ist (1937, I. 45, II. 732), weiter die *Raumdimension* in der zweifachen Bedeutung der eigenen Körperlichkeit (Leib) und der konkreten situativen Verortung [spatial location] des Handelns und schließlich die *Sachdimension* der elementaren Vernetzung dieser Komponenten, die postteleologisch nicht mehr einseitig normativ zugeschnitten werden kann.[9]

8  Vgl. bereits Luhmann in seiner *Rechtssoziologie* (1972, 299): »Die Gesamtheit der in Gesellschaft als Struktur fungierenden Prämissen läßt sich nicht auf normative Erwartungen ... reduzieren«.

9  Parsons' Hinweise, daß »the time category is basic to the scheme« und daß, »while the phenomena of action are inherently temporal, that is, involve processes in time, they are not in the same sense spatial« (1937, I. 45), wären in einer weiteren Ausarbeitung dahingehend aufzunehmen, daß – in einer nochmaligen Anwendung der vier Dimensionen auf

Diese Differenzierung von vier konstitutiven Dimensionen einer handlungstheoretischen Analyse soll nachfolgend einer Respezifizierung für die Ausarbeitung eines adäquaten grundbegrifflichen Repertoires einer zeitgemäßen ethischen Theorie unterzogen werden.[10] Für einen entsprechenden Versuch der phänomenalen Sättigung dieser vier sinnkonstitutiven Dimensionen sind im Rahmen der allgemeinen soziologischen Theorie zwei verschiedenartige Vorschläge zur Hand: die Differenzierung von sog. »Sinn- bzw. Weltdimensionen« bei Niklas Luhmann und die sozialphänomenologischen Analysen der »Aufschichtungen der Lebenswelt« im Werk von Alfred Schütz.

sich selbst – im Zuge der gesellschaftlichen Entwicklung hin zur fortgeschrittenen Moderne eine sozialräumlich dominierende Akzentuierung der vier Dimensionen zunehmend durch eine Dominanz ihrer zeitlichen Akzentuierung abgelöst wird. Die sozialräumliche Aufstrukturierung und Situierung bliebe damit für soziales Handeln zwar konstitutiv – allerdings nunmehr prozessual gebrochen. Die auf den ersten Blick intuitive Plausibilität von Hinweisen auf die Ablösung des vermeintlich archaischen Raumprinzips in der Moderne ist stets daraufhin zu befragen, ob damit nicht phänomenale Evidenzen, also empirisch zu konstatierende Entwicklungstendenzen der Industrialisierung, Urbanisierung, gesteigerter Mobilitäten und weltgesellschaftlicher Verflechtungen mit strukturtheoretischen Aussagen verwechselt werden. Hier dient diesbzgl. die Vermutung als Grundlage, daß die verschiedenen Modernisierungsschübe hin zu fortgeschrittenen Gesellschaften nicht etwa eine theoretische Eliminierung der Raumdimension, sondern lediglich ihre veränderte Thematisierung in zeittheoretischer Perspektivierung erfordern.

10 Insofern Parsons für die Entwicklung des *action frame of reference* von einem einzelnen Handelnden ausgeht, muß die weitere Argumentation sich von dieser Perspektive lösen. Allerdings hat Parsons selbst in einer späteren Formulierung die Aspekte der Sozialität und Reflexivität in die Problemformel der *doppelten Kontingenz* integriert: »The crucial reference points for analyzing interaction are two: (1) that each actor is *both* acting agent and object of orientation *both* to himself and to the others; and (2) that, as acting agent, he orients to himself and to others and, as object, has meaning to himself and to others, in *all* of the primary modes or aspects. ... From these premises derives the fundamental proposition of the *double* contingency of interaction. Not only, as for isolated behaving units, animal or human, is a goal outcome contingent on successful cognition and manipulation of environmental objects by the actors, but since the most important objects

## 3. Sinndimensionen des Handelns:
## Vorschläge zu ihrer Unterscheidung

Unter dem Begriff der »Sinndimensionen« seien hier nachfolgend elementare, gegenstandsspezifisch gegliederte Strukturierungsebenen von sinnkonstitutiver Relevanz verstanden – und zwar in sowohl subjektiver als auch objektiver Perspektive. Sinndimensionen gliedern den thematischen Horizont eines Problemzusammenhangs in analytisch zu differenzierende Relevanzaspekte. Ebenso lassen sie sich – gleichsam aus der von der sog. Teilnehmer- abkünftigen Beobachterperspektive – als konstitutive Richtungen der deutenden Bezugnahme auf soziale Phänomene verstehen. Luhmann spricht von Grundtypen der »Interpretation der Realität« (1984, 116).[11] Die Einführung von Sinndimensionen dient einer Dekomposition des komplexen Feldes handelnder Bezugnahme zu analytischen wie systematischen Zwecken, insofern erst ein differenzierender Blick auf die phänomenalen Grundbestände, und d. h. für das hier leitende Bezugsproblem: auf die ganze Breite »praktischer Phänomenfelder« (Krämer 1992, 76), den kriteriologischen Ansprüchen systematischer Theoriebildung genügen kann. Entsprechend geht Krämer davon aus, daß unter den postteleologischen Bedingungen der Epoche die Funktionstüchtigkeit praktischer Philosophie und Ethik nur dann gewahrt bleibt, wenn ihre jeweiligen Kategoriensätze »tendenziell vollständig« sind und sie »darüber hinaus in einen systematischen Zusammenhang gebracht werden« können (66). Dem soll die Differenzierung von Sinndimensionen als Schema des konzeptionellen Zuschnitts ethischer Theoriebildung und damit als Kriterium der Vollständigkeit ihrer Grundbegriffe und Kategoriensätze dienen.[12]

involved in interaction act too, it is also contingent on *their* action or intervention in the course of events« (1968, 436).

11 Diesen Sinndimensionen kommt nicht der Status anthropologischer Invarianten zu, weder ihrer Anzahl noch ihrer Reihen- bzw. Rangfolge nach. So kann bspw. sowohl die Einführung als auch die prioritäre Stellung der Sachdimension bei und mit Luhmann als Resultat gesellschaftlicher Differenzierungsprozesse gedeutet werden (1984, 127).

12 Im Unterschied zu den von Krämer entfalteten »Zielsequenzen« und »Struktursätzen« der sozialen und politischen Philosophie bewegen

Im Rahmen ihrer theoriestrategisch divergierenden Ansätze operieren sowohl Niklas Luhmann als auch Alfred Schütz mit zudem grundsätzlich verschieden angelegten drei- bzw. vierdimensionalen Differenzierungen des Sinn- bzw. entsprechenden Aufschichtungen des Lebensweltbegriffs. Unter Bezugnahme auf die Schützsche Auseinandersetzung mit Parsons' *action frame of reference* läßt sich die Differenz als ein solche von objektiver (Luhmann) und subjektiver (Schütz) Perspektive deuten (1940, 52 ff., 59). Luhmann selbst verdeutlicht seine Form des Operierens mit Sinndimensionen im direkten Bezug auf den Begriff der *doppelten Kontingenz* von Parsons dahingehend, daß in diesem Konzept, das »von einem Problem der Sozialdimension ausgeht, ... generalization für die Problemlösung in der Sachdimension und stability für die Problemlösung in der Zeitdimension« stehe (1984, 148: Anm. 1). Danach führt die Abstraktion vom situativen Kontext von Alter und Ego zum Typus einer sachdimensionalen Problemlösung, während die Ausprägung potentiell stabilisierender Konventionalisierungen den Typus einer zeitdimensionalen Problemlösung markiert. Über den sachdimensionalen Problemlösungsmechanismus führt Luhmann an dieser Stelle also seinen Verzicht auf eine Raumdimension ein, insofern die als konstitutiv angesehenen Abstraktionsleistungen im Sinne einer »Enträumlichung« zu verstehen sind.[13] Dieser, dem dominierenden zeittheoretischen Trend der Philosophie des 20. Jahrhunderts affine (vgl. u. a. Bergson, Husserl, Heidegger, Whitehead) interpretative Zugriff ist zunächst im Zusammenhang zu entwickeln.[14]

sich die nachfolgenden Überlegungen auf einer lediglich vorgelagerten Ebene, insofern sie in einer vorbereitenden Reflexion einen kriterialen Apparat unter sozialtheoretischen Gesichtspunkten bereitzustellen suchen, dem ggf. themenspezifisch die Explikation von Zielsequenzen und/oder Struktursätzen folgen kann (vgl. 1990a).

13 In ihrer Konsequenz führt sie zu einer Formalisierung von Kommunikationen und leitet damit zur Theorie der Interaktionsmedien über.

14 Insoweit das »Theoriestück« der Unterscheidung von Sach-, Zeit- und Sozialdimension im Luhmannschen Œuvre in der Literatur m. E. bisher im eigentlichen Sinn weitgehend unbearbeitet geblieben ist, kann es im vorliegenden Zusammenhang lediglich um eine erste Annäherung gehen. Es ist somit keine vollständige Erfassung aller mit dieser Unterscheidung einhergehenden Theorieprobleme bei Luhmann beansprucht.

### 3.1 Die Sinndimensionen
### in der Systemtheorie Niklas Luhmanns

Das Thema der Sinn- bzw. Weltdimensionen ist von Luhmann erstmals wohl im Jahr 1967 in dem programmatischen Beitrag *Soziologie als Theorie sozialer Systeme* angeschnitten worden. Deutlich ist seit diesem erstmaligen Auftreten, daß den Dimensionen kein systematischer Ort im Ganzen der Theorie sozialer Systeme zukommt, auch wenn eine durch sie angeleitete unterscheidende Bezugnahme in seinen Arbeiten immer wieder begegnet. Aus diesem Grund scheint eine gleichsam eklektische, frei von etwaigen systematischen Zwängen des zunächst systemtheoretischen, nunmehr autopoietischen Argumentationshorizontes operierende Aneigung dieses Theoriestück nicht ab ovo unzulässig. Die nachfolgende Darstellung konzentriert sich dabei auf Luhmanns Arbeit über *Soziale Systeme* (1984), seine selbsternannte erste richtige Publikation.[15]

Im Kontext seines übergreifenden Anliegens, die Bestände der alteuropäisch-metaphysischen Denkgeschichte abzuarbeiten (1984, 107 ff.), gehen Luhmanns Überlegungen dahin, »Sinn« nurmehr als »eine allgemeine Form der selbstreferentiellen Einstellung auf Komplexität« (1984, 107) zu deuten und somit zu einer rein formalen, in keiner Weise material-gesättigten Definition dieses Begriffs überzugehen. »Sinn« ist demnach – so eine frühe Formulierung – »Selektion aus anderen Möglichkeiten und damit zugleich Verweisung auf andere Möglichkeiten« (1967, 116). Und die kombinatorische Logik des systemtheoretischen Beschreibungsinventars verlangt dann eine entsprechende duale Schematisierung als Dekompositionskriterium: Als Basis aller Sinnerfahrung wird die Differenz zwischen aktuell Gegebenem und dem aufgrund dieser Gegebenheit Möglichen ausgemacht (1984, 111). Diese Bemühung um eine »Dekomposition des Abstraktums Sinn« führt zur Unterscheidung von drei sog. »Sinndimensionen«, gelegentlich auch »Weltdimensionen« genannt (1967, 133: Anm. 20; 1984, 109, 112): von Sachlichkeit (realitas),

---

15 Luhmann selbst scheint die dortige Abhandlung dieses Themas für den nach wie vor gültigen Stand der Dinge zu halten, wie ein entsprechender Verweis in einer jüngeren Publikation zu verstehen gibt (1992, 100: Anm. 13).

Zeitlichkeit und Sozialität, von Sachdimension, Zeitdimension und Sozialdimension. Danach existieren in jeder dieser drei Dimensionen spezifische Verarbeitungsmechanismen von Komplexität, die jeweils nach operativ-dualen Schematismen strukturiert sind (1984, 123-126): Es ist die »Differenz zweier Horizonte« (1984, 112), sog. »Doppelhorizonte« (1984, 119-123), die Luhmann zufolge eine »sinnkonstituierende Relevanz« nach sich zieht (1984, 129).

Die funktionale Stellung im Ganzen der Systemtheorie scheint damit zunächst klar: Unmittelbar zugeschnitten auf das übergreifende Bezugsproblem dieser Theoriekonzeption, die Komplexitätsreduktion, sind die Dimensionen evolutionär ausdifferenzierte Formen der aspektbezogenen Beschreibung von Reduktionsprozessen, also von sachlich, zeitlich und sozial »unterschiedlichen Sinnperspektiven« (1984, 153), die als solche noch keinerlei thematische Spezifität aufweisen, sondern diese erst durch die Vorgabe eines spezifischen Relevanzhorizonts erhalten. So läßt sich jede Sinndimension durch jeweils ein bestimmtes Bezugsproblem der durch sie geleisteten Komplexitätsreduktion differenzierend qualifizieren: Sie markiert »eine Differenz, die gegen andere Differenzen differenziert wird« (1984, 112).

In der *Sachdimension* geht es zunächst um die Ausgrenzung von Gegenständen oder Themen durch die Zerlegung der »Verweisungsstruktur des Gemeinten ... in ›dies‹ und ›anderes‹« (1984, 114). Diese Unterscheidung von Innen- und Außenhorizonten, von »externaler und internaler Zurechnung« von Ursachen (1984, 123 f., 128, 132 f.; vgl. 1979, 84; 1967, 116), konkretisiert sich für das – so Luhmann (1984, 427) – »Sonderding Mensch« als Unterscheidung von »Erleben und Handeln« (1984, 124). Unter dem Titel »Erleben« werden realisierte Sinnselektionen der Umwelt zugerechnet, in der dann auch Anschlußstellen für weitere Selektionen ausgemacht werden müssen. »Handeln« steht dagegen für systeminterne Sinnselektionszurechnungen. Die Beschreibung sinnhaften menschlichen Verhaltens als Erleben oder Handeln hat ihren Grund also in unterschiedlichen interpretativen Zuordnungen (1978, 68-70; vgl. auch: 1984, 265, 632; 1967, 116, 118).[16] Es

16 Die Unterscheidung ist Luhmann zufolge nicht identisch mit der zwischen Aktivität und Passivität (1978, 67). Dabei scheint sich das weitreichende und zuweilen fragwürdige Interesse Luhmanns, »sich von

geht in dieser Unterscheidung um die Frage von Wirklichkeitsakzenten: Erleben und Handeln sind »unterschiedliche Typen der Erlebnisverarbeitung im zwischenmenschlichen Verkehr« (1978, 71).[17]

In der *zeitdimensionalen* Ordnung wird »für Sinnsysteme die Interpretation der Realität im Hinblick auf eine Differenz von Vergangenheit und Zukunft« vorgenommen (1984, 113, 116f., 128, 131f.). Diese Differenz umreißt für Handlungsphänomene das Spannungsfeld der Erfahrung von Irreversibilität, also Un*ver*änderlichkeit bzw. Un*ab*änderbarkeit, und der Erfahrung von Möglichem, von »realisierbarer Reversibilität« (1984, 117, 120). Damit ist die an Handlungsvollzügen beobachtbare Deutung des Spielraums für Veränderungen in einer konkreten Handlungssituation angesprochen, die stets vor dem Hintergrund des Problems der Bestandserhaltung, -veränderung und/oder -auflösung erfolgt (1967, 118). Diese Differenz unterliegt in gegenwartsbezogener Perspektive Deutungsprozessen im Interpretationsrahmen von Kontinuität und Diskontinuität (1984, 125; vgl. 1979, 83f.; 1967, 118).

Akzentuiert wird schließlich unter dem Titel der *Sozialdimension*[18] die Differenzierung der »Auffassungsperspektiven« von Ego und Alter (1984, 120, 125f., 132f.) und damit die rekonstruierbare Relevanz der Sinnkonstitution von alter Ego »für jede Welterfahrung und Sinnfixierung« von Ego (1984, 119). Im Bezugskontext von Handlungsvollzügen verweist diese Differenz auf das Spannungsfeld von Vertrautheit und Fremdheit. Die stets soziale Konstruktion von Weltauffassungen und Wirklichkeits-

---

der lebensweltlich-phänomenalen Evidenz unabhängig« zu machen (1978, 69), an dieser Stelle insofern nahezulegen, als es durch die Problemverlagerung von der anschaulichen Oberfläche auf die Frage der intentionalen Zurechenbarkeit möglich wird, Tun und Unterlassen gleichermaßen als intendiertes Handeln auszuweisen. Ein allerdings kein so neuer Gedanke.

17 Das ist eine Neuakzentuierung gegenüber dem vormals als Spezifizierung der Sachdimension angegebenen Problem der Knappheit (1967, 118) für bspw. Wirtschaft, Energie, Zeit und Wählerstimmen.

18 Die Ausdifferenzierung der *Sozialdimension* als der »besonderen *Weltdimension* für sozial unterschiedliche Sinnperspektiven« ist Luhmann zufolge ermöglicht durch das Problem der »doppelten Kontingenz« (1984, 152f.).

deutungen bewegt sich objektiv im Doppelhorizont der Zurechnungspole von Konsens und Dissens (1984, 113, 120 f., 130; vgl. 1967, 119). Dabei kann, so die zuvor bereits notierte nähere theoriestrategische Abgrenzung insbesondere von Durkheim und Parsons, das Abstimmungskriterium der verschiedenen Weltauffassungen, also die »Gesamtprogrammierung der Sozialdimension«, postteleologisch nicht mehr auf nur Moral reduziert, sondern es muß von multiplen Zurechnungshorizonten, einer Pluralisierung von Deutungsmustern, ausgegangen werden (1984, 121 f.).

Zusammenfassend ergibt sich, daß Luhmann im Rahmen der drei Dimensionen jeweils eine gleichsam objektive, ›quasi-ontologische‹, sinndimensionale Differenz unterscheidet – hierin liegt, bei allem Konstruktivitätsbewußtsein, seine phänomenale Basis – und sie anschließend einmal hinsichtlich ihrer objektiven sozialen Bedeutung für die Handelnden aufgrund von »Sinngrenzen« (1984, 265) und sodann hinsichtlich der dafür konstitutiven Zurechnungspole spezifiziert.[19]

*Tabelle 1: Luhmanns Beobachtungsschema der Sinn- bzw. Weltdimensionen*

| | Sachlich | Zeitlich | Sozial |
|---|---|---|---|
| Interpretationsschema | Außen – Innen (externale – internale Zurechnung) | Vergangenheit – Zukunft | Ego – Alter |
| Handlungsbezugshorizont | Erleben – Handeln | Reversibilität – Irreversibilität | Vertrautheit – Fremdheit |
| Zurechnungspole (Gesamtprogrammierung) | Umwelt – System | Konstanz – Varianz (Kontinuität – Diskontinuität) | Konsens – Dissens |

In selbstreferentieller Bezugnahme der sinndimensionalen Unterscheidung auf das leitende Grundproblem der Luhmannschen Va-

19 Im Anschluß an diese Feststellung legt sich die weitergehende Frage nahe, ob hier nicht ein systematisch unausgeglichenes Verhältnis von tendenziell ontologischen und wissenssoziologischen Überlegungen bzw. ein Changieren zwischen beiden Perspektiven vorliegt.

riante von Systemtheorie fungieren alle Dimensionen unter *sachlichen* Gesichtspunkten demnach als Komplexitätsreduktionsmechanismen (1967, 116). Und dies wiederum unter *sozialen* Aspekten spezifiziert als Kontingenzausschaltungsmechanismen und unter *zeitlichen* Hinsichten spezifiziert als Kontinuitätsherstellungsmechanismen. Die Kriterien der *Komplexität, Kontingenz und Kontinuität* bilden somit den metatheoretischen Orientierungsrahmen dieser Version von Systemtheorie. Das zunächst augenfällige Problem der vorgestellten Luhmannschen Konzeptualisierung ist, daß sich bei ihm weder eine Begründung für die Auswahl von drei noch für die gewählte Reihenfolge der Erörterung dieser Dimensionen findet, in der im Unterschied zu früheren Publikationen inzwischen die Zeitdimension gegenüber der Sachdimension an die erste Stelle gerückt ist.[20] Diese Defizite bestehen seit der Einführung dieser sinndimensionalen Gliederung im Jahr 1967. Damals erklärte Luhmann mit Blick auf die »Weltdimensionen, die in allem Sinn involviert sind«, daß »ihr Konstitutionszusammenhang, ihre Trennbarkeit und ihre Interdependenz ... nur durch umfangreiche transzendental-phänomenologische Analysen geklärt werden« könne, für die er in der fraglichen Arbeit keinen Raum sah (1967, 133: Anm. 20). Erst in seinem allgemeinen Theoriegrundriß *Soziale Systeme* findet sich eine erste systematisch angelegte Erörterung dieses Themenkreises, die der vorstehenden Darstellung zur Grundlage diente (1984, 107-135).

Eine weitere Frage stellt sich mit Bezug auf das Ausbleiben einer »Raumdimension« im Rahmen der Luhmannschen Konzeptualisierung. Zwar sind für einen alltäglichen Reflexionshorizont ihre räumlichen Konnotationen – zumindest an der Oberfläche – evidentermaßen präsent. Dieser Hinweis scheint trivial angesichts

20 Auch der Hinweis darauf, daß – aufgrund der Zentralstellung des Kommunikationsbegriffs für die Grundlegung der Systemtheorie in ihrer autopoietischen Entwicklungsphase – die drei Dimensionen analog den drei, Kommunikationsakte konstituierenden Selektionen der Information, der Mitteilung und des Verstehens (1984, bes. 194-198) entwickelt werden, hilft hier nicht weiter – Entsprechendes gilt bspw. auch für die Unterscheidung der drei »Formen der Selbstreferenz« (1984, 600-602) –, da Luhmann – wie dargelegt – die sinndimensionale Differenzierung bereits lange vor seiner Arbeit über *Soziale Systeme* entwickelte.

der das gesamte Theoriearrangement auch in seiner autopoietischen Phase tragenden System-Umwelt-Differenzierung. Allerdings ordnet Luhmann diese Zurechnungspole der Sachdimension zu, mit der Folge, daß »Räumlichkeit« selbst nicht explizit zu
den Sinndimensionen zählt. Dieser Aspekt weist zunächst zurück
auf Luhmanns zuvor angeführte sinndimensionale Deutung der
Parsonsschen Problemlösungsformel der doppelten Kontingenz
mit ihrer sachdimensional begründeten Enträumlichungsthese.
Jedoch zeigen die vorstehenden Überlegungen, daß ein räumlicher Verständnishorizont bei Luhmann von allen anderen Dimensionen gleichsam implizit »aufgehoben« wird[21]: »Die Sozialdimension allen Sinnes – so Luhmann bspw. – betrifft die ganze
Welt, die ganze Weiträumigkeit eigenen Erlebens und eingeschätz-
ten fremden Erlebens im Ausgang vom jeweils konkreten Hier
und Jetzt« (1984, 161). Damit wird eine konzentrische Aufstrukturierung des sozialen Raumes angedeutet, wie sie auch im Werk
von Alfred Schütz begegnet. An anderer Stelle wird die Raumdimension gleichsam zeitdimensional »eingerahmt«, wenn es heißt,
daß der »Raum dadurch konstituiert [wird], daß man davon ausgeht, daß zwei verschiedene Dinge nicht zur gleichen Zeit die
gleiche Raumstelle einnehmen können« (1984, 525).
Diese Hinweise auf eine über die räumliche Konnotationen auf-
weisende Leitwährung der System-Umwelt-Differenzierung hinausgehende Imprägnierung des Luhmannschen Denkens mit
raumbezogenen Differenzierungen lenken die Aufmerksamkeit
auf ein anderes, von räumlichen Vorstellungen ebenfalls durch-
setztes Lehrstück seiner Systemtheorie: Auf die Unterscheidung
der drei Ebenen der Bildung sozialer Systeme, also von *Interaktion, Organisation und Gesellschaft* (1975) als den sozialen Formen »des Umgangs mit doppelter Kontingenz« (1984, 551: Anm.
2).[22] In dieser Differenzierung, die explizit von der System-Um-
welt-Differenz unterschieden wird (1984, 552 f.), hat Luhmann m.
E. seinen Vorschlag einer sozialdimensional »eingeschlossenen«

---

21 Vgl. zudem die Hinweise oben in Anm. 9.
22 Konau (1977, bes. 60-63, 213) nimmt diese Luhmannsche Differenzierung auf, um sie als Unterscheidung von »Makro-, Meso- und Mikro-
horizonten der Raumbezogenheit sozialen Handelns« umzudeuten.
Allerdings geschieht dies noch ohne Bezugnahme auf die Unterscheidung der drei Sinn- bzw. Weltdimensionen und eine Erörterung des
Verhältnisses beider Konzeptualisierungen.

räumlichen Differenzierung der sinnhaften Strukturierung sozialen Handelns vorgelegt. Der Unterscheidung von Interaktion, Organisation und Gesellschaft aufgrund der Kriterien Anwesenheit, Mitgliedschaft und Kommunikabilität liegt nun aber selbst keine einheitliche Differenzierungskonzeption, also keine einheitliche Fassung von Kriterien der »Grenzziehung« zugrunde. Denn im Falle der Interaktion benennt Luhmann eine Wahrnehmungsgrenze, für die Organisation einen Mechanismus der sozialen Schließung, also eine Form reflexiver Grenzziehung, und für das soziale System Gesellschaft verweist er schließlich auf eine wiederum natürliche, die Kommunikationsgrenze (1975, 10-12; 1984, 555-557, 560, 563 f.). Es fällt zudem auf, daß Luhmann in einer kurz zuvor erschienenen Arbeit über die *Weltgesellschaft* darauf hinwies, daß »der Raum trotz aller technischen Errungenschaften seine Bedeutung als Interaktionssubstrat« zwar gewiß behalte, es aber »fragwürdig« werde, »ob er weiterhin das primäre Differenzierungsschema sozialer Realität und damit Grenzprinzip der Gesellschaftsbildung sein könne, oder ob er auf einen spezifischen Differenzierungsgesichtspunkt zurückgeführt werde, der je nach dem Funktionskontext mehr oder weniger relevant werden könne, also auf der Ebene der gesellschaftlichen Teilsysteme unterschiedlich institutionalisiert werden« müsse (1971, 60 f.). Dieser Überlegung zufolge operiert Luhmann mit dem Raumbegriff äußerst sparsam, wohingegen der mit räumlichen Konnotationen gesättigte Begriff der Grenzen ständig wiederkehrt. Für die mittlere Systembildungsebene der »Organisationen« hält jedoch auch Konau noch an der Raumbezogenheit ihrer Strukturierung fest: »Auch wenn sie nicht raumbezogen oder raumgebunden im anschaulichen Sinn zu sein scheinen, strukturieren heute wesentlich Organisationen den Raum« (1977, 63). Und diese Überlegung dürfte sich mit Luhmann insoweit in Übereinstimmung befinden, als seiner Auffassung zufolge nur dann von »sozialen Systemen« gesprochen werden kann, als »Handlungen mehrerer Personen sinnhaft aufeinander bezogen werden und dadurch in ihrem Zusammenhang abgrenzbar sind von einer nichtdazugehörigen Umwelt« (1975, 9). Im Zeitalter der Organisationsgesellschaft kann dann wohl insbesondere von Organisationen als ebenso wesentlichen Kristallisationspunkten der sinnhaften räumlichen Strukturierung moderner Lebenswelten gesprochen werden. Luhmann hat diese Anschlußchancen, soweit ich sehe, nirgends eingehender verfolgt. Der deutlichste Hinweis in dieser Richtung ist in der bereits angesprochenen Bemerkung in der Arbeit über *Soziale Systeme* zu sehen, wonach der »Raum dadurch konstituiert [wird], daß man davon ausgeht, daß zwei verschiedene Dinge nicht zur gleichen Zeit die gleiche Raumstelle einnehmen« (1984, 525). Zwar räumt Luhmann, ohne die offenkundigen ontologischen Konnotationen seiner Bestimmung zu reflektieren, in der angeschlossenen Anmerkung ein, daß »das Verhältnis sozialer Systeme zur Konstitution von Raum ... im Anschluß an [das] Konzept von Widerspruch genauerer Klärung« bedürfe, um aber sogleich fortzufahren:

»Einerseits finden soziale Systeme die Realrepugnanz [d.h. den in der Sache, nicht bloß im Begriff liegenden Widerspruch, M.E.] anderer Systeme mitsamt einer räumlichen Autopoiesis des Lebens immer schon vor (genau so wie sie die Irreversibilität der Zeit vorfinden). Andererseits ist die Vorstellung des Raumes als durch Raumstellen organisierte Widerspruchsvermeidung ihre Leistung. ... Vor allem aber scheint der Raum das Grundmodell für die Entwicklung der Logik zu sein. Am Raum lernt man Logik. So wie es ausgeschlossen ist, dort ein Haus zu bauen, wo schon ein Haus steht, muß es auch ausgeschlossen sein, ein Haus mit den Eigenschaften eines anderen Hauses zu denken. In dem Maße, als die Logik in nichträumliche Verhältnisse expandiert, wachsen dann auch die Freiheitsgrade und Kontrolleistungen in der Fixierung von Widersprüchen« (1984, 525: Anm. 54).

Diese Hinweise zusammengenommen wird es m. E. nicht vollständig einsichtig, wieso aus dem richtigen Argument, daß es fragwürdig geworden sei, ob der Raum heute noch als »das primäre Differenzierungsschema sozialer Realität« fungiere (1971, 60), die Schlußfolgerung gezogen werden sollte, ihn damit schlicht aus der sinndimensionalen Differenzierungslogik zu verbannen (vgl. oben Anm. 9). Leitend scheint hier letztlich eine theoriestrategische Entscheidung zu sein, die die prägende Bedeutung moderner Verzeitlichung als Ausdruck eines Wechsels evolutionärer Leitwährungen bzw. Strukturierungslogiken (vom Raum zur Zeit) interpretiert. Will man diesem Programm evolutionärer Logik nicht umstandslos folgen, und dazu besteht metatheoretisch gesehen zunächst kein Anlaß, da sich hier lediglich die Entscheidung für ein bestimmtes Beobachtungsschema durchdrückt, dann lenkt das für die hier im Zentrum stehenden Fragen eines phänomenalen Bezugsgerüsts einer zeitgemäßen Ethik die Aufmerksamkeit

auf das Problem der zu vermutenden phänomenalen Unterbestimmtheit der dreigliedrigen sinndimensionalen Differenzierung
Luhmanns für die Analyse *subjektiven* Handlungserlebens.


### 3.2 Alfred Schütz: Die Aufschichtungen der Lebenswelt[23]

Im Unterschied zu Luhmann, der sich auf das Problem der Entwicklung eines angemessenen grundbegrifflichen Beobachtungs-
rahmens zur Analyse der sozialen Konstruktion und Reproduktion von Welt über den analytischen Bezugspunkt selbstreferentieller Systeme konzentriert, interessiert Schütz sich für die Prozesse der Sinnkonstitution in der »mundanen Sozialität«, also im
Bereich der alltäglichen Lebenswelt, mit dem analytischen Bezugspunkt sinnverstehender und handelnder Personen in der »re-
lativ-natürlichen Einstellung«, also in *subjektiver* Perspektive.[24]

23 Der Titel der »Aufschichtungen der Lebenswelt« ist von Schütz selbst
   geprägt worden (1957, 154, 156; 1958, 218, 247), der auch von den
   »Schichten der Lebenswelt« spricht (1957, 156; 1958, 235, 241). Er
   wurde von Thomas Luckmann für seine Bearbeitung der entsprechenden Abschnitte der *Strukturen der Lebenswelt* übernommen (vgl.
   Schütz / Luckmann 1975, 5, 45, 62, 63). Nachfolgend ist hier bewußt
   von »Aufschichtungen« und nicht von »Strukturen« die Rede – auch
   wenn Schütz beide Begriffe gelegentlich als Synonyma zu verwenden
   scheint –, da Schütz zu letzteren auch seine Wissens- und Relevanz-
   theorie zählt.
24 Diese Konstitutionsanalysen werden von Schütz im Rahmen des *Sinnhaften Aufbaus* in drei Schritten vorgelegt: Zunächst wird vornehmlich im Ausgang von Bergsons Analysen des Erlebnisstromes (der du-
   rée) über die Analyse der Akte des inneren Zeitbewußtseins (Husserl)
   gezeigt, über welche Schemata der Kontextbildung sich der Sinn eines
   Erlebnisses bzw. einer Handlung konstituiert, sodann wendet Schütz
   sich der sozialen Genese von Erfahrungsschemata über die Koordinie-
   rung von Erlebnisströmen in Wirkensbeziehungen zu, die zu einer
   intersubjektiven Verkettung von Handlungsmotivationen (Um-zu-
   und Weil-Motive) mit dem Resultat intersubjektiv geteilter Deutungs-
   muster führen, um schließlich den dauerhaften Aufbau der Sinnstruktur der sozialen Welt als Ausdruck wechselseitig von den Handelnden
   anerkannter Typisierungen von Personen, Handlungen, Handlungssituationen aufzuweisen, die interaktiv und kommunikativ aktiviert, erhalten und verändert werden.

Bereits in der ersten Grundlegung seiner sozialphänomenologischen Analysen, in der Arbeit *Der sinnhafte Aufbau der sozialen Welt* von 1932, legt Schütz eine idealtypische Differenzierung »sozialer Sphären« (1932, 301) in Gestalt der zeitlichen Ordnung sinnkonstitutiver »Sozialwelten« in eine soziale Umwelt, Mitwelt, Vorwelt und Folgewelt vor.[25]

Danach ist die *soziale Umwelt* durch das aufeinander Eingestelltsein (250) in der Form des Typus der reinen Wirbeziehung (233, 229) und damit durch eine vorprädikative Erfahrung und die Dueinstellung (228, 255) charakterisiert. Die Koexistenz (227), d. h. das leibhaftige Gegebensein in der Gleichzeitigkeit meiner und seiner Dauer, begründet hier die sozialen Formen räumlicher und zeitlicher Unmittelbarkeit: Die Anderen sind »Mitmenschen« (228). Der Gegenwartssphäre ebenso zugehörig ist die konzentrisch an die Umwelt anschließende *soziale Mitwelt*, die, als »jenseits der Leibhaftigkeit und räumlichen Unmittelbarkeit« (246) befindlich, eine Verkleinerung des Spielraums der Auffassungsperspektiven und damit eine abnehmende Symptomfülle mit sich bringt (246). Diesem »mannigfaltig gestuften« Anonymisierungsprozeß (251) korrespondiert die reduzierte Erwartung eines bloßen sozialen Aufeinanderbezogenseins (251). Die umweltliche Erlebnisfülle verblaßt zur typisierenden Erfassung (252) und führt zur mittelbaren Setzung eines Soseins des Anderen als »Nebenmensch« (252 f.). Dieser Form prädikativer Erfahrung (255) entspricht im Unterschied zur umweltlichen Du- eine Ihreinstellung (255), die aus dem konkreten Alter Ego einen mit ihm bzw. ihr niemals identischen personalen Idealtypus werden läßt (257). Neben der Gegenwartssphäre unterscheidet Schütz noch eine Vergangenheits- und eine Zukunftssphäre der Sozialwelt. Der *sozialen Vorwelt* (258) ist dabei kein Jetzt und So meiner Dauer in echter Gleichzeitigkeit zuordenbar (292). Sie weist keinerlei Zukunftshorizont auf (292) und ist als solche invariant, fertig und geworden (292), so daß bezogen auf diese Welt keine echte Sozialbeziehung mit anderen möglich ist (293): Diese Anderen sind »Vorgänger« und die Vorwelt selbst ist »wesensmäßig nur in Idealtypen erfaßbar« (306: Anm. 56). Demgegenüber ist die *soziale Folgewelt* oder auch *Nachwelt* unserer »Nachfolger« absolut un-

25 Die nachfolgenden Seitenangaben ohne Jahresangabe verweisen in diesem Abschnitt ausnahmslos auf diese frühe Arbeit von Schütz.

bestimmt und unbestimmbar (301), für sie gelten in unserer Erfahrung keine Zugangsprinzipien (301). Als notwendig unhistorisch und absolut frei kann sie zudem nicht entworfen werden (302), sie »steht in grundsätzlich leerer Anonymität dahin« (1957, 156).[26]

Dieser erste und vorbereitende Zugriff wird von Schütz dann bis hin zu den Materialien für sein abschließend geplantes Hauptwerk über die *Strukturen der Lebenswelt* generalisiert und differenzierend ausgearbeitet. Im Zusammenhang der dortigen Unterscheidung der Aufschichtung der Lebenswelt in räumlicher, zeitlicher und sozialer Hinsicht gehören die Ansätze des *Sinnhaften Aufbaus* in den Bereich ihrer sozialen Strukturierung bzw. Aufschichtung. Die entwickelte dreifache »Aufschichtung der Lebenswelt« wird von Schütz in diesem Zusammenhang als »quasi ontologisch« charakterisiert (1958, 247).

Danach geht die *»räumliche* Strukturierung« der Lebenswelt von meinem Hier und Jetzt (Situation), d. h. u. a. meiner Hör- und Sehweite, aus zu den konzentrisch angelegten Welten meiner aktuellen und meiner potentiellen Reichweite, die meinem gegenwärtigen »Manipulationsbereich« entzogen sind. Letztere gliedert sich noch einmal – vergangenheitsbezogen – in die Welt in wiederherstellbarer Reichweite und in die – zukunftsbezogene – Welt in erzielbarer, in erlangbarer Reichweite. Beide sind mit jeweils entsprechenden Könnens-, Erfahrungs- und Veränderungsoptionen verbunden (1957, 154 f.; 1958, 218, 248 f., 378-381; vgl. Schütz / Luckmann 1975, 63 ff.). Die *zeitliche* Aufschichtung der Lebenswelt wird von Schütz differenziert nach objektiver (Welt-) Zeit, d. h. ihrem subjektunabhängigen sozialen und physischem Bestand sowie ihrer Geschichtlichkeit, zweitens den »subjektiven Korrelaten« in der Lebenszeit des Einzelnen, der Aktualität, der vergangenheitsbezogenen Wiederherstellbarkeit (Retention und reproduzierende Wiedererinnerung) und der zukunftsbezogenen Erreichbarkeit (Protention und Erwartung bzw. Antizipation), sowie schließlich den subjektiven Zeiterlebnissen (1958, 218 f.; 249; vgl. 1975, 73 ff.).[27] Für die *soziale* Gliederung bzw. Strukturierung der Sozialwelt schließlich übernimmt Schütz die zuvor entfaltete Schichtung von Um-, Mit-, Vor- und Nachwelt (1957, 155 f.; 1958, 219, 250, 375).[28] Schütz' lebensweltliche Schichtungstheorie läßt sich damit tabellarisch zusammenfassen:

---

26 Vgl. dazu auch: Schütz 1957, 155-157 sowie 1958, 219, 250, 375 f.

*Tabelle 2: Subjektbezogene Aufschichtungen der Lebenswelt*
*nach Alfred Schütz*

| Räumlich | Zeitlich | Sozial | Sachlich |
|---|---|---|---|
| Mein Hier und Jetzt (Situation/Leiblichkeit) | Zeiterlebnisse | Soziale Umwelt (Mitmenschen) | Du-Einstellung |
| Welt in meiner aktuellen und potentiellen (wiederherstellbaren und erzielbaren) Reichweite | Lebenszeitliche Korrelate (Aktualität, Wiederherstellbarkeit, Erreichbarkeit) | Soziale Mitwelt (Nebenmenschen), Soziale Vorwelt (Vorgänger), Soziale Nachwelt (Nachfahren) | Ihr-Einstellung |

Insgesamt verdeutlicht dieser Überblick, daß für Schütz' Schichtungstheorie der Lebenswelt werkgenetisch zwei Zugänge dominant bleiben: Das ist zum einen der analytische Zugriff über den

27  Dabei sind Retention und Protention, die zusammen mit dem Jetzt die Strukturmomente des inneren Zeitbewußtseins im Sinne der Husserlschen Zeittheorie bilden, jeweils als nicht-intentional von den intentionalen Akten der Reproduktion und der Antizipation zu unterscheiden. Vgl. für einen ersten Versuch der integrierenden Diskussion der hier von Schütz angedeuteten Typen von Zeittheorien die Arbeit *Zeit und Zeiterfahrung* von Peter Bieri aus dem Jahr 1972.

28  Für die *soziale Struktur* der Lebenswelt unterscheidet Schütz in metatheoretischer Perspektive (1) das Faktum der Sozialität, also den Umstand, daß es Andere gibt und ich in eine konkrete soziale Struktur hineingeboren werde, und das Wissen um dieses Faktum, das wiederum sozial geprägt, gebilligt und verteilt ist, von ihrer, im *Sinnhaften Aufbau* im Vordergrund stehenden (2) Gliederung auf der Zeitschiene mit ihren biographisch erfahrbaren Übergängen (Geburt, Altern, Generationen, Tod), sodann von den ihnen (3) zuzuordnenden Erfahrungsformen von der Du- über die Ihreinstellung bis zur Typisierung und schließlich (4) von der stets subjektiven und gruppenbezogenen Prägung der Interpretation der Lebenswelt (1958, 219, 250f.; vgl. 1975, 87ff.).

Wirkenscharakter, den handelnden, pragmatisch motivierten Weltzu- und -umgang des Menschen[29]; und das ist zum anderen der auch die räumliche und soziale Schichtungsanalyse prägende zeittheoretische Fokus der Analysen.[30] Für eine weitergehende phänomenale Bestimmung der – von Schütz selbst nicht abgehobenen – Sachdimension wäre ergänzend auf sein – über William James vermitteltes – Konzept der »finite provinces of meaning«, also die Differenzierung von sog. »Sinngebieten«, von »Realitätsbereichen geschlossener Sinnstruktur« hinzuweisen (vgl. bes. 1945 sowie 1958, 353-356, 382-399). Zwar konzentriert sich die Schützsche Sozialphänomenologie auf die Analyse der alltäglichen Wirklichkeit, als der für den Menschen »ausgezeichneten«, der »Vorzugsrealität« (1958,354), aber der Begriff der Lebenswelt wird hier durchaus weiter gefaßt. Zu ihr gehören ebenso die Welten der wissenschaftlichen Kontemplation, der Phantasie, des Traumes und bspw. auch der religiösen Erfahrung: »Die Geschlossenheit eines Sinngebietes ... beruht auf der Einheitlichkeit des ihm eigenen Erlebnis- bzw. Erkenntnisstils« (Schütz / Luckmann 1975, 49). Insofern diese »Wirklichkeitsordnungen nicht durch eine etwaige ontologische Struktur ihrer Objekte, sondern durch den Sinn unserer Erfahrung konstituiert werden«, ließe sich die von Schütz selbst nicht ausdifferenzierte Sachdimension danach durch die differente Typik von lebensweltlich komponierten »Realitätsakzenten« weiter aufschließen (a.a.O. 1975, 48 f.). Diesen Hinweisen und Anschlußstellen kann im vorliegenden Zusammenhang allerdings nicht weiter nachgegangen werden. Vielmehr sind die Resultate der objektiv-dimensional (Luhmann) und

29 In der von Schütz zeit seines Lebens durchgehaltenen pragmatischen (handlungsorientierten) Zuspitzung seiner Analysen kann die Theorie der Aufschichtungen der Lebenswelt somit auch verstanden werden als Theorie der grundlegenden Orientierungen sinnhaften, handelnden Weltzugriffs (vgl. 1958, 371-381).

30 Diese Grundorientierungen spiegeln sich bereits auf der Textebene des *Sinnhaften Aufbaus*. Den Auftakt bildet hier – im Anschluß an einen einleitenden Abschnitt – die Analyse des Phänomens der eigenen inneren Dauer im Ausgang von Henri Bergson (1932, 62-136), und das Zentrum des Buches, die »Strukturanalyse der Sozialwelt«, wird – wiederum im Anschluß an einleitende Bemerkungen – durch eine Analyse sozialen Handelns und der Wirkensbeziehung im Ausgang von Max Weber vorbereitet (1932, 204-227).

subjektiv-strukturierend (Schütz) entfalteten analytischen Kapazitäten des Sinn- und des Lebensweltbegriffs knapp zu kontrastieren, um anschließend zu einer sinndimensional angelegten Lektüre der *Integrativen Ethik* überzugehen.

## 3.3 Vergleichendes Resümee

Das Ergebnis der Durchsicht der Theorievorschläge von Luhmann und Schütz stellt sich zunächst weniger als Lösung denn viel eher als Problemanzeige dar: Zwar decken sich beide Entwürfe in der Differenzierung von Zeitlichkeit, Sozialität und Sachlichkeit (wenn auch bei Schütz nur implizit), aber im Unterschied zu Schütz wird bei Luhmann der soziale Raum im Rahmen seines weltdimensional zugeschnittenen Beobachtungsschemas nicht explizit thematisch. Liegt im einen Fall somit eine explizite Dreifachunterscheidung in der Reihenfolge: zeitlich – sachlich –sozial vor (Luhmann), so im anderen Fall eine rekonstruierbare vierfache Unterscheidung in der Reihenfolge: räumlich – zeitlich – sozial – sachlich (Schütz). Wichtiger als diese Oberflächenphänomene ist aber vor allem eine Erinnerung an die durchgreifend divergierenden theoretischen Anlagen beider Entwürfe: Während Schütz eine subjektzentrierte Perspektive verfolgt, ist der Luhmannsche Zugriff dezidiert auf eine Dezentrierung des Subjekts ausgelegt. Entsprechend verfahren beide Autoren auf der Ebene der dimensionsinternen Aufstrukturierung: Während im Falle von Schütz eine durchgängig konzentrische Anlage im Ausgang vom konkreten Hier und Jetzt des Ich konstitutiv ist, geht Luhmann vom Verlust einer derart konkretisierend angelegten Konzentrizitätsperspektive aus und beschränkt die Beobachtungsperspektive auf operativ-duale Schematisierungen. Darüber hinaus wird deutlich, daß Luhmann den Akzent auf die evolutionär zunehmende Differenzierung der Sinndimensionen selbst und damit ihrer Doppelhorizonte gegeneinander legt (vgl. bspw. 1984, 128, 132 f.), während in den Analysen von Schütz der leitende Bezugspunkt des handelnden Ich den Grund dafür abgibt, daß der über den Zeitfluß vermittelten Verzahnung der lebensweltlichen Schichten der alltäglichen Wirkwelt eine prioritäre Stellung für die sozialphänomenologischen Analysen zukommt.

Aus den genannten grundlagentheoretischen Differenzen der Ansätze von Schütz und Luhmann folgt für die weitere Argumentation insbesondere, daß eine schlicht additive Verbindung ihrer vorstehend skizzierten Theorieelemente keine tragfähige Option darstellen kann. Die Frage eines entsprechenden konzeptionellen Zugriffs würde sich allerdings auch nur dann stellen, wenn es im vorliegenden Zusammenhang um die Ausarbeitung eines integrativ angelegten sozialtheoretischen Argumentationsrahmens ginge, was nicht der Fall ist. Denn die bewußt vollzogene Herauslösung der sinndimensionalen bzw. schichtungsspezifischen Differenzierungen beider Ansätze aus ihren theoretisch-systematischen Kontexten zielt lediglich darauf, deren analytisches Potential für eine konkretisierende Zuspitzung der über den Parsonsschen Handlungsrahmen differenzierten Sinndimensionen für das Kategorisierungsanliegen einer ethischen Theorie einholen zu können. Dabei stellt die Abgrenzung von subjektiver und objektiver Perspektive für das Folgende insofern kein Problem dar, als für eine Ethik mit ihrer Unterstellung eines der Reflexivität mächtigen Akteurs eine konstitutive Verschränkung beider Perspektiven auf der Ebene sozialen Handelns festzuhalten ist. Dieser Stand der Überlegungen gestattet es nunmehr, den konzeptionellen Ansatz und die argumentative Aufstrukturierung der *Integrativen Ethik* anhand der herausgearbeiteten Gesichtspunkte einer sinndimensionalen Analyse zu unterziehen.

## 4. Sinndimensionale Aufgliederung der Grundbegriffe der *Integrativen Ethik*

Eine sinndimensionale Differenzierung wird nicht einfach von außen an die ethische Grundbegrifflichkeit im allgemeinen und den Entwurf Krämers im besonderen herangetragen. Abgesehen von der hier mit Parsons am Phänomen menschlichen Handelns aufgewiesenen Ausfaltung konstitutiver sinndimensionaler Bezüge, legt sich ein solcher Zugang auch aufgrund der übergreifenden lebensweltlichen und alltagssprachlichen Situierung ethischen Handelns in der primären alltäglichen ebenso wie in der sekundären wissenschaftlichen Reflexivitätsstruktur nahe. So lauten die grundlegenden Orientierungsfragen z. B. mit Rücksicht auf den Begriff der Pflicht, *welcher* Bezugshorizont ihr zugrunde liegt

(*Sachdimension*), *wem gegenüber* (*Sozialdimension*) und *wann* ihr nachzukommen ist (*Zeitdimension*) und in *welcher* historisch-sozialen *Situation* sie sich stellt bzw. man sich vor sie gestellt sieht (*Raumdimension*). Analog angelegte Orientierungsmuster sind sowohl für den Verantwortungsbegriff (wofür, vor wem bzw. für wen, wann und in welcher Situation), für den Begriff der Sorge (welche, um wen, wann, in welcher Situation) als bspw. auch für den Erwartungsbegriff (woraufhin, wessen und gegenüber wem, wann, in welcher Situation) phänomenal aufweisbar. Darüber hinaus eröffnet die entsprechende Optik in disziplinärer Perspektive Einblick in den historischen Wandel der Theoriebildung im Rahmen der Ethik: Während sich frühere Ethiken in sozialer Hinsicht wesentlich auf anwesende Zeitgenossen, in räumlicher Hinsicht auf den Nahbereich, in zeitlicher Hinsicht auf den lediglich weiteren Gegenwartshorizont und in sachlicher Hinsicht auf Selbst- und/oder Sozialverhältnisse konzentrierten, kommt eine zeitgenössische Ethik nicht umhin, ihren Reflexionshorizont – handlungsfolgenbezogen – auf die Gattung, den Fernhorizont, weitreichende Zukunftskonstellationen und Naturverhältnisse auszudehnen. Der leitende systematische Fokus der sinndimensionalen Analyse geht in diesem Sinne dahin, eine Ethik, die einen dieser Aspekte gänzlich ausblendet oder unterbelichtet läßt, als grundbegrifflich defizitär auszuweisen.

Ein unmittelbarer Anschluß der handlungstheoretischen Herleitung der Sinndimensionen für die Diskussion der Grundlegung der *Integrativen Ethik* ergibt sich zudem aus der dort emphatisch vertretenen Vorzugswürdigkeit des Handelns vor dem Nichthandeln, dem Quietismus. Diese Position ist nicht nur Resultat ihrer Abgrenzung von der Nichtthematisierung einer Handlungstheorie im Kontext der Materialen Wertethik (191 f.) und der Tendenz zur stoizierenden Vergleichgültigung des Handelns im Rahmen der Existenzphilosophie bspw. bei Jaspers (aber auch bei Heidegger, 194 f.), sondern darüber hinaus eine systematische Konsequenz der über die sozionome Typik des Sollens hergeleiteten These der Moralphilosophie als Hemmungsethik, die durch eine als Enthemmungsethik zu verstehende Strebensethik zu komplettieren sei (242): Der Moralphilosophie bzw. Sollensethik als einer Ethik der Hemmung des Strebens und Wollens (77 f.) steht eine Strebensethik als »Ethik des Könnens« (164; vgl. 161, 247) zur Seite. Das »praktische Feld der Strebensethik« ist danach durch das Begriffsquartett: Ziel[31] – Streben – Haltung – Handlung[32] gekennzeichnet (229; vgl. 77, 199, 377 f.), wobei ihr die Aufgabe zukommt, zum Handeln »anzuraten« und »anzuleiten« (237, 308 f., 313). Dabei führt der postteleologische Primat der Möglichkeit vor der Wirklichkeit zu einer leitenden Bestimmung der Handlungssituation durch eine prinzipielle Optionalität. Die durch die Begriffe der Willkür, Wahl, Entscheidung und Selektion (56: Anm. 8, 62, 93, 97, 129 f., 198, 256, 375) charakterisierte Freisetzung des Handelns aus konventionell tradierten Mustern und Regelstrukturen führt zum Primat seiner strebensethischen Regulierung durch »Vorzugswahlen« (77, 129, 146, 169, 204, 206). Da diese ihrerseits der Veränderung unterliegen, spricht Hans Krämer vom experimentellen bzw. Projektcharakter des Handelns (131, 155, 375). Die handlungstheoretischen Zentralbegriffe der *Integrativen Ethik* sind demzufolge die der Möglichkeit und des Könnens (158, 162, 166).[33] Damit lassen sich unschwer Paral-

---

31 Insofern postteleologisch Ziele ausschließlich über Subjektivität zu bestimmen sind, erfolgt die Ableitung der Handlungsschritte notwendig aus der »vorgegebenen Zielorientierung des Eigenwollens« (85). Das führt in Abgrenzung von moralischer Unbedingtheit (Kategorizität) und Allgemeingültigkeit (Apodiktizität) auf metatheoretischer Ebene zum Vorrang von Hypothetizität.

32 Vgl. die formale Bestimmung des Handlungsbegriffs als »Zielverwirklichung oder Verhinderung von Antizielen« (378).

33 Vgl. Luhmann (1984, 160): »Die Sinneinheit Handlung wird als Synthese von Reduktion und Öffnung für Auswahlmöglichkeiten konstituiert.« Mit Rücksicht auf eine Verlängerung dieser Argumentation für die Zwecke einer anthropologischen Fundierung ließe sich sagen: Die anthropologische Tiefendimension dessen, was Krämer die Sorge um die Optimierung des Könnens zum Können nennt (162, 167: Risiko, 186: Können des Selbst- und Weltverhältnisses, 249, 250, 254), läßt sich in der von Max Scheler von der gesellschaftlichen Tendenz zur Todesverdrängung unterschiedenen sog. natürlichen Verdrängung festmachen. Diese – vermutlich über Nietzsches Rede vom ›Leichtsinn‹, von der ›Oberflächlichkeit aus Tiefe‹ vermittelte – als »metaphysischer Leichtsinn« charakterisierte Grundhaltung ist für Scheler Bedingung der Möglichkeit des Menschen, Träger einer nicht unmittelbar todesfürchtigen Alltagswelt, d. h. einer sog. »natürlichen Weltansicht«, zu sein. Im Gegensatz also zu Heideggers ontologischer Deutung des »uneigentlichen Seins zum Tode« charakterisiert Scheler diese Grundhaltung in der Perspektive der lebendigen Person als ebenso positiv wie

lelen zu Parsons' Charakterisierung der Situation doppelter Kontingenz ausmachen. Aus der für eine zeitgemäße Bestimmung der Orientierungs- und Beratungsaufgabe einer Ethik konstitutiven Einsicht in die Freisetzung der Individuen aus tradierten Handlungs- und Orientierungsmustern folgt, daß für eine erfolgreiche Zielausrichtung und eine hinreichend gesicherte Anschlußfähigkeit sozialen Handelns ein bestimmter Grad von wechselseitiger Erwartungssicherheit erforderlich ist, um die individuell zur Verfügung stehenden Mittel und die restringierenden Rahmenbedingungen des Handelns abklären bzw. einschätzen zu können. Das wiederum geschieht unter postteleologischen Vorzeichen im Horizont des übergreifenden, metatheoretischen und strikt formalen Kriteriums der Toleranz. Im einzelnen zeigt die *Integrative Ethik* folgende sinndimensionale Ausgestaltung:

Die *Zeitdimension*[34] spielt, u. a. unter dem Titel der Temporalität, in mindestens sechs Hinsichten eine zentrale Rolle: (a) Eine zeitliche Gliederung liegt einmal in der Unterscheidung von »Lebensalterstufen« vor: Neben der Jugendphase, dem Prozeß des Erwachsenwerdens, wird die Lebensmitte und die Phase des (höheren) Alters unterschieden, die sich wiederum in Alterskrise und Letalphase untergliedert (313-317). Charakteristisch ist – in Aufnahme von Gedanken Epikurs und Schelers – für jede dieser Phasen eine typische Strukturierung ihres »Zeithofes nach vor- und rückwärts« um die jeweilige Gegenwart herum (159).[35] (b) Davon

biologisch zweckmäßig (vgl. in diesem Zusammenhang auch Krämers Kritik am »Negativismus des Welt- und Menschenbildes« der Existenzphilosophie (196) und seine Heideggerkritik (197)).

34 Einzig dieser Dimensionenbegriff kommt in der *Integrativen Ethik* auch explizit vor: vgl. u. a. 141: Anm. 7, 299 ff., 311, 350. Mit diesem im Vordergrund der Analysen stehenden Zugriff trägt die *Integrative Ethik* dem zuvor bereits mehrfach angeschnittenen Umstand einer durchgreifend prägenden Verzeitlichung moderner Lebensverhältnisse konzeptionell Rechnung.

35 Vgl. dazu Max Scheler im Idealismus-Realismus-Aufsatz: »Auch das Erlebnis des Alterns und Sterbens als eines Hingehens auf ein Nicht- und Nichtmehrleben *können* ist dem Menschen schon in dem eigenartigen Wechsel der je erlebten *Zeitstruktur* von Gegenwart, Vergangenheit und Zukunft gewiß. ... Denn das dynamische Erleben der Zukunft hat je einen bestimmten *Spielraum von miterlebter Mächtigkeit*, der im Alternsprozeß ständig abnimmt, wogegen die andere Sphäre, die Sphäre des ›Unabänderlichen‹-Gewesen in Form eines

abzuheben ist der Aspekt, daß jede dieser Phasen unter dem Anspruch steht, Zwischenbilanzen zu formulieren (97), sich also in je gesonderter Weise mit dem Problem einer »temporalen Integration« konfrontiert sieht (158), deren bilanzierender Charakter sich zum Lebensende hin steigert. (c) Der Unterscheidung von Lebensphasen zugeordnet ist zudem eine temporäre Graduierung und Partialisierung der Erfahrung und Bedeutungsschichtung von »Glück« (96). Das gilt nicht nur mit Rücksicht auf die faktisch flexible Stufung der Lebensziele (97), sondern auch vor dem Horizont eines pluralen Gefüges von Vorzugsordnungen. Entsprechend ist hier nicht nur ein einseitig auf ein Optimum fixierter Glücksbegriff, sondern gleichfalls eine die Lebenszeit und Lebensgeschichte mit ihrem Infinitismus des Strebens (128/129), also eine, das Verhältnis von Vergangenheit, Gegenwart und Zukunft eindeutig zuspitzende teleologische Perspektive zu verabschieden (97, 311, 314). (d) Eine weitere Bedeutung kommt der Zeitdimension im Sinne einer zeitlichen Konzentrik zu (74), die die Unterscheidung von ethischem Nahhorizont, mit seiner prioritären Bedeutung für die Strebensethik (90), und ethischem Fernhorizont konstituiert. Letzterer gründet sich, wie dargelegt, auf die Verantwortlichkeit des moralischen Subjekts vor dem, »was *andere* von ihm erwarten oder doch erwarten könnten« (28), so daß der Verweis auf zukünftige Generationen hier in weiterer Perspektive eingeschlossen ist.[36] Bezogen auf diese Konzentrik

intensiv steigenden dynamischen Widerstandserlebnisses seiner auf die ›Gegenwart‹ drückenden und lastenden ›Vergangenheit‹ ständig zunimmt; die Gegenwartssphäre selbst aber wird von der Kindheit bis zum Greisenalter immer enger und ›flüchtiger‹« (*Gesammelte Werke* Bd. IX, 229). Wobei Scheler betont, daß wir es hier nicht mit Erfahrungsbegriffen zu tun haben, sondern mit dem »Wesensgesetz des Lebens«: »Das *steigende Determinationserlebnis* und das Erlebnis des abnehmenden ›Noch könnens‹-Spielraums ist nichts, was die Zeit als Gegenstand der Anschauung oder des Gedankens schon voraussetzte, sondern etwas, was wesensgesetzlich mit Leben und Erleben des Lebens verknüpft ist« (ebd.).

36 Vgl. in diesem Zusammenhang die entsprechende Unterscheidung von Walter Schulz in seiner *Philosophie in der veränderten Welt* von 1972 (bes. 781-840). Hier wirkt wiederum eine Unterscheidung Max Schelers, und zwar die von »*Mit*erleben« und »*Fern*erleben« bspw. mit Blick auf die Verbannung des Sterbens und des Todes (wie der Geburt) aus der lebensgemeinschaftlichen Intimität von Haus und Familie in

nimmt der Geltungsgrad vom Nah- zum Fernbereich zu, der Verantwortungsdruck dagegen ab, d. h. unter dem Verantwortungsgesichtspunkt kommt dem Nahbereich für das ethisch relevante Handeln Vorrang zu (50).

(e) Die *Integrative Ethik* bringt sodann den »*Primat der Gegenwart*« betont zur Geltung (301, 302). Es ist, so Krämer, »in der Gegenwart anzusetzen und ... eine präsentische Ethik zu befolgen« (97). Dieser Primat, der zur Rehabilitierung eines »basalen negativen Hedonismus« auch in Bezug auf Zukunftskalküle führt (138 f.), mündet in die Etablierung des Kriteriums der »Phasenrichtigkeit« als der unter lebenszeitlichen Gesichtspunkten leitenden Richtschnur des Entscheidens und Handelns (313). Dabei ist, stets mit Bezug auf eine Gegenwart, zwischen objektiver und subjektiver Rechtzeitigkeit zu unterscheiden: Der Bestimmung des richtigen Zeitpunkts muß die Rechtzeitigkeit des Sichdazuverhaltens korrespondieren (160). Das entsprechende synthetische Handlungskriterium lautet »Zeitrichtigkeit« (305). (f) Ein letzter Gesichtspunkt der zeitdimensionalen Aufstrukturierung ist der der Reflexivität im Hinblick auf das Selbstverhältnis des Handelnden und das subjektiv jeweils zugeordnete Bewußtsein des Handelnkönnens (207 f.). Dieser, in den Aspekten (a) und (b) immer schon mitthematisierte Aspekt, gruppiert sich um Fragen nach alternativen, antizipierten, vergessenen oder verdrängten (Handlungs-)Möglichkeiten.

Insgesamt läßt sich aufgrund dieser sechsfachen Aufstrukturierung des zeitdimensionalen Zugriffs Folgendes festhalten: Die von Luhmann favorisierte formale Entfaltung des Doppelhorizontes Vergangenheit – Zukunft kann für die Zwecke ethischer Theoriebildung mit ihrer subjekt-, handlungs- und gegenwartszentrierten Perspektive nicht übernommen werden. Es bedarf für deren Zwecke einer Absage an das evolutionstheoretisch angelegte Beobachtungsschema Vergangenheit – Zukunft und einer Neuakzentuierung im Hinblick auf die dominierende Zeitdifferenz von Gegenwart und Zukunft, da jedwede Vergangenheit im Rahmen einer ethischen Theorie und Praxis hinsichtlich ihrer Problemlösungskapazität auf Gegenwart und Zukunft hin als funktionalisiert zu betrachten ist, wobei die Zukunft als eine po-

den gesellschaftlich institutionalisierten Rahmen des Krankenhauses nach.

tentiell in den Gegenwartshorizont hineinholbare vorzustellen ist. Handeln steht damit im generellen Horizont des Früher und Später, der auch der Schützschen Differenzierung lebenszeitlicher Korrelate der in unterschiedlich gestufte Reichweiten gegliederten Handlungswelt zugrunde liegt.[37]

Drei Einsichten sind es, die die Grundlage für eine analytische Differenzierung der *Sozialdimension* bilden: Das ist zunächst der Aufweis der geltungstheoretischen Unhintergehbarkeit von Individualität (25, 47), sodann die Skizzierung der moralischen Grundsituation als die intersubjektive Relation von Forderndem/r und Gefordertem/r (46), mit der – so der dritte Gesichtspunkt – daran anschließenden Aufstufung konzentrischer sozialer (zunächst gruppenbezogener) Horizonte. Die von Krämer vorgeschlagene Unterscheidung von Freundschafts-, Gruppen-, Makroethik (293) schlägt sich hier allerdings nicht in einer gesonderten Berücksichtigung dyadischer Sozialformen nieder.[38] Da für die Sozialfigur der Dyade aber eine qualitative Differenz nicht nur hin zum Einzelnen, sondern ebenso zu Gruppen festzuhalten bleibt, wäre der Ansatz der *Integrativen Ethik* in dieser Richtung wohl zu ergänzen. Daß sodann die »Überhöhung der individuellen Lebensführung« zu Gruppen nicht einfach zu einer »quantitativen Vervielfältigung«, sondern »in eine qualitativ andere Dimension führt«, hat Krämer herausgestellt: »Die Gruppenbildung ermöglicht es, durch die Summierung und Kumulierung der Kräfte und Machtmittel sowie durch kooperative, arbeitsteilige

---

37 Dieser Horizont ist also primär in handlungstheoretischer Hinsicht zu verstehen als Aufstrukturierung der zeitlichen Sukzession in der Vorzugsordnung des Handelns; nicht jedoch als Horizont objektiver Weltzeit. Zu greifen ist damit ebenso die Abfolge der Lebensphasen (vgl. 97, 311) wie die vom Jetzthorizont aus aufstrukturierten Zeithorizonte des Augenblicks, der Kohorte oder Generation (351), der Epoche (63 f.) bis evtl. hin zur Menschheitsgeschichte (vgl. 299 ff., zsfd. 303). Die Qualifizierung der zeitdimensionalen Zuordnung nach den Aspekten der objektiven Weltzeit, der subjektiven Lebenszeit und den Typen subjektiven Zeiterlebens bei Schütz wird hier nicht aufgeführt, da sie systematisch m. E. einerseits als in der Konzentrik des Früher – Später, andererseits als im Kontext der – nachfolgend erläuterten – sachdimensionalen Differenzierung von Selbst-, Sozial- und Naturverhältnis aufgehoben gedacht werden kann.

38 Vgl. u. a. lediglich die Hinweise 49, 293.

Großstrategien die Grenze möglicher Problemlösungen weiter hinauszuschieben und das für den Einzelnen Unverfügbare operationalisierbar zu machen. Die Ziele des Überlebens, der Aporienvermeidung und der Optimierung können in der Gruppe weiter gesteckt und ihre Realisierung besser und zuverlässiger garantiert werden« (395). Diese Charakterisierung veranschaulicht umgekehrt gelesen die qualitative Differenz der Gruppe gegenüber dyadischen Sozialfiguren. Angesichts atomarer Bedrohung und fortschreitender Zerstörung unserer natürlichen Lebensressourcen ist zudem dem Gattungsbegriff ein fester Ort im Rahmen jeder zeitgemäßen Ethik als sozietärer Referenzpunkt einzuräumen.

Es ergibt sich im Unterschied zu Schütz, der für das Feld des Sozialen über die zeitliche bzw. geschichtliche Verteilung der Gattungsgenossen und die dadurch jeweils ermöglichte Beziehungstypik nicht hinausgeht, und im Unterschied ebenso zu Luhmann, der sich hier lediglich auf den Gesichtspunkt der möglichen Rekonstruierbarkeit der Anschlußfähigkeit der Erwartungsstrukturen von Ego und Alter mit den Zurechnungspolen von Konsens und Dissens konzentriert und emergente Ordnungen des Sozialen in diesem Zusammenhang ausklammert, daß eine Ethik beiden Vorschlägen gegenüber breiter ansetzen muß. Für ihre Grundlegung ist eine Reflexion auf die möglichen unterschiedlichen, nicht aufeinander zurückführbaren bzw. reduzierbaren geltungstheoretischen und erwartungsstrukturierenden Formen von Sozialität, d. h. vom Einzelnen, über die Dyade und die verschiedenen Gruppentypen bis hin zur Gattung erforderlich, die mit unterschiedlichen Anonymisierungsschichten (Vertrautheit/Fremdheit) und handlungsprägenden Identitätsformationen einhergehen.

Hinsichtlich der *Sachdimension*[39], also der Frage, welche Strukturierung von Relevanzhorizonten zur Erfassung und Charakterisierung der zentralen Probleme und ihrer perspektivischen Gliederung erforderlich ist, sind es im Rahmen der *Integrativen Ethik* insbesondere zwei sog. »Bezugsrahmen« (403), die die Überlegungen tragen: das »Selbstverhältnis« und die möglichen »Sozial-

---

39 In entwicklungsgeschichtlicher Perspektive muß die sachliche Differenzierungsfähigkeit – insbesondere auch zwischen Wollen und Sollen – als ein Resultat der Achsenzeit mit dem Ende der weltumspannenden Erklärungskraft des Mythos begriffen werden.

verhältnisse« (17, 28, 88 f., 100, 402 f.). Ergänzend tritt zu diesen beiden in der Moderne dann noch das »Naturverhältnis« des Menschen (270 f.). Alle drei sachdimensionalen Relationierungen faßt Krämer unter dem Titel »Weltverhältnisse« zusammen (100, 113 u. ö.). Die Qualifizierung dieser Verhältnisse ist jeweils in konzentrischer Anlage nach den Differenzierungen zwischen eigenem Wollen, dem moralisch Indifferenten, also dem Erlaubten, und dem entgegentretenden Sollen als dem Wollen Anderer vorzunehmen.[40] In der *Integrativen Ethik* liegt damit eine Differenzierung nach thematischen Horizonten vor, die nicht bezogen ist auf eine übergreifende System-Umwelt-Differenzierung einer Beobachterperspektive, sondern auf Reflexionsrichtungen ethischer Problemkreise aus der Teilnehmerperspektive: auf die Sorge um das Selbst, auf die Ansprüche Anderer und der Sozialität sowie auf die erforderliche Lebensfähigkeit und Erhaltung der Natur mit Bezug auf menschliches Handelnkönnen auch zukünftiger Generationen.

Diese Aufgliederung ist in gewisser Hinsicht anschlußfähig an die von Schütz aufgrund der zunehmenden Anonymisierungsgrade im Hinblick auf Mit- und Nachwelt vorgenommene Differenzierung von Du- und Ihr-Einstellung, insofern mit dieser dreigliedrigen Verhältnisbestimmung eine fortschreitende phänomenale Ausdünnung der Ausleuchtung des eigenen Handlungskreises einhergeht: Erwartungen werden riskanter, Erwartungshorizonte labiler und Handlungsentwürfe unbestimmbarer. Ebenso kann mit Luhmann zwar die Perspektive einer Differenzierung von Zurechnungspolen auf die angesprochene sachdimensionale ethische Aufgliederung Anwendung finden, insofern – idealtypisch gesprochen – im Selbstverhältnis eine internale, im Sozial- und Naturverhältnis hingegen eine externale Zurechnung vorliegt.

Explizite Reflexionen zur sozial*räumlichen* Gebundenheit und Strukturierung ethischen Handelns finden sich in der *Integrativen Ethik* schließlich nicht. Entsprechende Überlegungen firmieren implizit unter den Begriffen der »Konzentrik« und der »Situativi-

---

40 So ist – zugespitzt formuliert – unser Selbstverhältnis durch die Frage dominiert, was wir »Wollen«, unser Sozialverhältnis durch die Frage, was wir »Sollen«, und unser Naturverhältnis durch die Frage, was wir »Dürfen«. Vgl. zu den Begriffen ›Wollen‹ und ›Sollen‹ bes.: 65, aber auch: 48, 72, 113, 378.

tät« und sind als Explikationen eines »dialektischen Verhältnisses wechselseitiger Bestimmungen von Selbst und Welt« aufzufassen (146 f.). Eine konzentrische Perspektive formuliert Hans Krämer zunächst in subjekttheoretischer Hinsicht bzgl. der Bestimmung des Selbst, als dem »Ensemble meiner Möglichkeiten, ... mit dem ich der Welt gegenübertrete« (Handlungsmächtigkeit). Unter diesem Blickwinkel ist es vornehmlich die Leiblichkeit des Menschen (147), die nicht nur seinen internen und externen Raum konstituiert, sondern auch die konzentrische Anlage seiner Handlungsreichweite, seiner Handlungsmächtigkeit bedingt. Darüber hinaus liegt, neben der zeitlichen Schichtung von kurz-, mittel- und langfristigen Perspektiven, in der Unterscheidung von ethischem Nah- und Fernbereich (32, 50, 74) eine räumliche Konzentrik (74) im Sinne einer Unterscheidung von Handlungsreichweiten und zuzuordnenden Handlungsräumen vor.[41] Dieser differenzierenden räumlichen Typik korrespondiert – wie bereits angesprochen – eine sektorielle Graduierung und Partialisierung von Glück (96). Dadurch wird die über seine temporäre Graduierung bereits eingeführte Kritik an einem einseitig auf ein Optimum ausgerichteten Glücksbegriff abgerundet. Sie setzt sich im Rekurs auf einen Situationsbegriff fort, dessen Implikationen ebenfalls nicht durch eine zeitdimensionale Reflexion ausgeschöpft werden können, da er prinzipiell mit Gegenwärtigkeit verbunden wird, so daß seine eigentliche Sinnspitze in einer ortsbezogenen Konkretisierung als spezifischem Resonanzhorizont des Handelns gesehen werden muß.[42]

Ungeachtet dieser Bestimmungen scheint eine sich als integrativ verstehende Ethik hier nochmals breiter ansetzen zu müssen, um sowohl den unmittelbaren Horizont der Leiblichkeit überschrei-

41 Mit dem entsprechenden Konsequenzen für die Komplexitätssteigerung hinsichtlich der Handlungsfolgenabschätzung, der Sicherheit bzw. Kalkulierbarkeit von Handlungssequenzen, kurz: des Kontingenzzuwachses.

42 Die Unabdingbarkeit der Einbeziehung sozialräumlicher Reflexionen im Kontext der praktischen Philosophie wird gegenwärtig insbesondere im Kontext der feministischen Theorie hinsichtlich des Problems der Teilung des gesellschaftlichen Raumes in eine häuslich-private und eine öffentlich-politische Sphäre mit den entsprechenden Konsequenzen für eine geschlechtsrollenspezifische Aufgabenverteilung kritisch akzentuiert.

ten als auch eine konkretere Typik situationeller Erwartungs-
strukturierung in den Blick bekommen zu können. Von Seiten der
soziologischen Theorie ist dafür insbesondere die Figur der ›Territorien des Selbst‹ im Werk von Erving Goffman zur Hand. Diese
Territorien deckte Goffman im Zuge seiner Untersuchungen zu
den »Grundregeln und Verhaltensregulierungen [auf], die im Bereich des öffentlichen Lebens wirksam sind«. Sie sind Teil der
sozialen, öffentlichen bzw. rituellen Ordnung für Interaktions-
prozesse, wobei die mit ihnen seitens ihrer »Träger« verbundenen
»Ansprüche markiert« und »Grenzübertretungen« entsprechend
sanktioniert werden (vgl. bes. 1971, 54-96; hier: 14, 71, 74, 81 ff.).
Dabei liegt der Kreis dieser von Goffman unterschiedenen Territorien im Spannungsbogen von räumlichen und nicht-räumlichen,
sog. symbolischen Territorien wie dem Informations- und dem
Gesprächsreservat. Zu den »räumlichen Territorien« sind vorrangig zu zählen: a) der persönliche Raum (56) als ein »temporäres,
situationelles Reservat« (57), »dessen Betreten seitens eines anderen vom Individuum als Übergriff empfunden wird, der es zu
einer Mißfallenskundgebung und manchmal zum Rückzug veranlaßt« (56), b) die Box (59) als ein ebenso temporär beanspruchtes
Reservat, daß eine »externe, deutlich sichtbare, verteidigungsfä-
hige Begrenzung eines räumlichen Anspruchs« beinhaltet (61),
dessen Behauptung nicht an Anwesenheit gebunden ist und in ein
»ortsgebundenes Territorium« übergehen kann (60), c) der Benut-
zungsraum als das »aufgrund offenbarer instrumenteller Erfor-
dernisse« von anderen anerkannte Territorium (62), d) die Reihen-
position als die »Ordnung, nach der ein Anspruch erhebender in
einer bestimmten Situation ein bestimmtes Gut im Verhältnis zu
anderen Ansprucherhebenden bekommt« (63) sowie e) die Hülle
als die den Körper schützende Haut und die ihn bedeckende Klei-
dung (67). Dazu treten die wesentlich symbolischen Besitzterrito-
rien als die »Reihe von Gegenständen, die als mit dem Selbst identisch betrachtet werden können« (u. a. die persönliche »Habe«)
(67), sodann das Informationsreservat als »der Reihe von Fakten
über es selbst, bezüglich derer ein Individuum in Anwesenheit
anderer den Zugang zu kontrollieren beansprucht« (68), und
schließlich das Gesprächsreservat als der Anspruch eines Individuums auf Kontrolle seiner Gesprächsaufnahmen und kommuni-
kativen Einbeziehungen (69). Mit Bezug auf diese temporären
und egozentrischen Territorien ist ihre, auch bei Goffman im Vor-

dergrund stehende, Erwartungen konstituierende Bedeutung herauszustellen.[43]

Ergänzend empfiehlt sich hinsichtlich der Verzahnung von zeitlichen und räumlichen Konnotationen in der Unterscheidung von Nah- und Fernethik im Rahmen der *Integrativen Ethik* die Einführung der ebenfalls typologischen, also mit gleitenden Übergängen verbundenen Unterscheidung von Gegenwarts- und Zukunftsethik, so daß die erstgenannte Typik für die räumliche Dimensionierung reserviert bliebe.[44] Die angeführten Gesichtspunkte ergeben folgenden Interpretationsvorschlag für die sinndimensionale Aufgliederung[45] einer integrativen Ethik:

*Tabelle 3: Sinndimensionale Aufgliederung des phänomenalen Bezugsrahmens einer integrativen Ethik*

|  | Sachlich | Sozial | Zeitlich | Räumlich |
|---|---|---|---|---|
| *Konzentrische Bezugsgrößen* | Selbstverhältnis Sozialverhältnis Naturverhältnis | Individuum Dyade Gruppe Gattung | Gegenwart Zukunft | Selbst-Territorien Lokalität (Milieu) Globale Bezüge |
| *Konzentrischer Horizont* | Wollen – Sollen | Sein – Werden | Früher – Später (Zeitrichtigkeit) | Näher – Ferner |

43 Das Erfordernis einer Einbeziehung der Raumdimension in die ethische Theoriebildung läßt sich – jenseits offenkundiger intuitiver Plausibilität – zudem anhand des sozialgeschichtlichen Beispiels der Entwicklung der Schrift veranschaulichen: Sie ermöglicht die Entkopplung kommunikativer Vorgänge vom Kriterium der Anwesenheit der Interaktionspartner in zeitlicher Hinsicht, also über Generationenfolgen, Epochengrenzen und Jahrhunderte hinweg, und in räumlicher Hinsicht, also als lokale, regionale, nationale und kontinentale Grenzen transzendierend. Das Institut der Wanderschaft zur Herstellung kommunikativer Zusammenhänge mit dem Vorteil der Anschaulichkeit und Anwesenheit des/der Gesprächspartner wird dann entbehrlich bzw. inadäquat (vgl. z.B. Luhmann 1984, 127f., 219).

44 Vgl. als ein charakteristisches Beispiel dieser Zusammenführung der räumlichen und zeitlichen Dimensionierung über die Begriffe Nah- und Fernethik: 49f.

Insgesamt ist das Unterfangen einer entsprechenden Materialisierung des sinndimensionalen Zugriffs als hochriskant zu qualifizieren. Es kann sich dabei nur jeweils um eine Aufgliederung zu heuristischen Zwecken handeln, die sich an den Phänomenen stets neu zu bewähren hat. Die abgehobene dimensionsspezifische Auffächerung konzentrischer Horizonte ist hierbei lediglich aspektiv zu verstehen. Es handelt sich also nicht um eine prinzipielle, umgreifende Konzentrik räumlich zunehmend ausgedehnterer Horizonte, wie es der Versuch einer graphischen Darstellung dieser Zusammenhänge nahelegen könnte. Die dimensionsspezifische Angabe konzentrischer Horizonte bezieht sich einerseits auf die in den vorstehenden Zeilen für jede Dimension angegebene typologisch zu verstehende Gesamtgliederung, andererseits aber auch auf jeden dieser typischen Dimensionsakzente selbst.[46] Darüber hinaus ist hier – gerade auch im Unterschied zu Schütz – die Vorstellung der Differenzierung von Dimensionen als voneinander unabhängigen Reflexionshorizonten – durchaus im Sinne von Luhmann – leitend: Die sinndimensionalen Differenzierungen sind nicht einfach aufeinander abbildbar, sondern gegeneinander ebenso ergänzend wie differenzierend, mit anderen Worten: spezifisch aspektiv. Insgesamt bestätigt sich hier erneut die prioritäre basale zeitliche Strukturierung aller dimensionalen Differenzierungen in der fortgeschrittenen Moderne.[47]

45 In der *Integrativen Ethik* legt Krämer selbst für die zusammenfassende Bestimmung der »strukturelle[n] Konzentrizität der Moral« eine räumliche, zeitliche, soziale und sachliche Aspektivierung zugrunde, die sich der nachfolgend dargestellten einfügt (74).

46 So gibt es bspw. innerhalb von Gruppen in der Regel nicht nur im Blick auf eine Person intern abgestufte Vertrautheits- und Fremdheitsverhältnisse (vgl. 217), sondern auch mit Blick auf die Gruppe selbst, für die es typischerweise zwischen ihrem Kern und eher randständigen, lockerer assoziierten Teilen zu unterscheiden gilt.

47 Mit Blick auf die konsiliatorische Ausrichtung der *Integrativen Ethik* kann nach dem Gesagten festgehalten werden, daß die von Krämer geforderte »strukturelle Konzentrik« der Ethik, mit ihrer Option eines mittleren Weges zwischen Partikularität und Uniformität, zur Einsicht führt, daß die Typizität sozial-standardisierter Verhaltenserwartungen durch zeitliche Dauerhaftigkeit, sachliche Situationsunabhängigkeit und soziale Institutionalisierung (vgl. Luhmann 1967, 121-122) im Beratungsvorgang in sollens- und strebensethischer Perspektive individuell-biographisch zugeschnitten werden muß durch zeitliche Variabili-

Mit der skizzierten sinndimensionalen Aufgliederung des kategorialen Rahmens der *Integrativen Ethik* kann nunmehr der Bogen zur aktuellen Theoriedebatte in der Ethik geschlagen werden. In Gestalt eines abschließenden Ausblicks soll der vorstehende Interpretationsvorschlag für die dort erarbeitete Kritik konkurrierender ethischer Theorieentwürfe fruchtbar gemacht werden.

## 5. Abschließende Überlegungen in komparativer Absicht

Meine abschließende These ist es, daß sich nicht nur der Ansatz der *Integrativen Ethik* selbst, sondern auch die dortige Kritik an alternativen Varianten ethischer Theoriebildung als implizite Anwendung eines sinndimensionalen sozialtheoretischen Ansatzes explizieren läßt. Das läßt sich über eine exemplarische Rekonstruktion ihrer Auseinandersetzungen mit dem Utilitarismus (a), der Diskursethik (b) sowie den als »Theorien der Gruppenmoral« qualifizierten Ansätzen (c) in Grundzügen verdeutlichen.

(a) Die Kritik Krämers am *Utilitarismus* (29 ff., 32, 109, 112 ff.) akzentuiert in *sozialer* Hinsicht dessen Überforderung des »Motivationspotentials von Einzelnen und Gruppen« durch seine Fixierung auf einen »totalisierenden Gesamtkalkül der menschlichen Gattung« (32) und lehnt damit einen »Monopolismus zugunsten des Kollektivs« ab (113). In *sachlicher* Perspektive werde der »dehumanisierende ... Kalkulationszwang« der »Spontaneität des Selbst- und Weltverhältnisses« nicht gerecht und sei als Form einer »totalitären Überfremdung des Individuums« zu verwerfen (32, 113). Gleiches gilt für die daraus resultierende strebensethische Überformung der Typik moralischen Sollens durch individuelles Selbstverwirklichungsstreben, die den Charakter des Moralischen verfehle (29-30). Dem Utilitarismus ist die sozionome Typik des Moralischen nicht durchsichtig: »Es bleibt unklar, daß moralische Leistungen vom Eigeninteresse wesentlich unabgedeckt sind« (113). Die »Inkongruenz zwischen Gesamt- und Einzelinteresse« wird hier überspielt (29, 30, 112 f.). Hinsichtlich der *Zeitdimension* stuft Krämer, wenn auch in anderem Zusammen-

tät, sachliche Spezifizität, soziale Positionierung wie Motivierung und räumliche Situierung.

hang, die nicht nur für utilitaristische Positionen leitende Behauptung des Primats des Zukunftkalküls als phänomenal nicht ausweisbar ein. Zudem verfehlt der Utilitarismus mit dieser Akzentuierung das Erfordernis der Entwicklung einer präsentischen Ethik. In *räumlicher* Hinsicht schließlich wird dem Utilitarismus die »Nichtbeachtung des konzentrischen Gefälles zwischen Nah- und Fernethik« angelastet (32). Es bleibt eine geltungstheoretische Sensibilisierung für die differente Reichweite moralischer Normen, für ihre konkrete Situierung, zu vermissen, weshalb die interpretative Schattierung sollens- und strebensethischer Aspekte konzeptionell nicht eingeholt werden kann.

(b) Die Kritik an den verschiedenen Varianten der *Diskursethik* von Habermas, Apel und Kuhlmann (33 ff.) stellt in *sozialer* Hinsicht zunächst auf den »Überhang unverfügbaren Sollens« ab, der konsensuell nicht untergebracht und abgearbeitet werden« kann (33; vgl. 34, 48 f., 114). Der Konsens als Intersubjektivitätsfigur kann in geltungstheoretischer Hinsicht Subjektivität weder ersetzen noch überbieten. Sodann sei die diskursethische Vereinseitigung der Reflexion auf »die Supernormen der universal intendierten Übermoral« auf Gattungsebene und damit eine Vernachlässigung der Explikation, Reflexion und ggf. Regulation ihrer »Konkretisierung durch die Ebene der Gruppenmoralen« zu kritisieren (37). *Sachlich* wird von Krämer die Vernachlässigung »emotiver, volitiver und habitueller Faktoren« angeführt, die zu einer für diesen Theorietypus charakteristischen »kognitivistischen Verkürzung von Moral« führt (35, 182, 203) – wie auch das Kriterium der Wahrhaftigkeit ein primär kognitives Selbstverhältnis akzentuiert. Auf metatheoretischer Ebene ist die Verwischung der Grenzen zwischen Moral einerseits und Politik und Recht andererseits kritisch zu vermerken (34/35): Geltung wird in diesen Zusammenhängen mit Konsens verwechselt. Die Überwölbung des Moralischen durch die Figur des Konsenses bringt es sodann mit sich, daß die »Kategorizität des Sollens so gut wie völlig durch hypothetische Imperative ersetzt« (33, 114) und damit die phänomenale Differenz von eigenorientiertem Selbst- und fremdorientiertem Sozialverhältnis verwischt wird. Diese, mit dem prozeduralistischen Rekonstruktionsansatz einhergehende, prinzipielle Aufhebung des Moraltabus sei »kaum phänomengerecht«, da das Moraltabu nur im »Grenz- und Ausnahmefall« und auch dann nur »temporär und partikulär suspendiert und virtualisiert« werde

(35). Mit Rücksicht auf die *zeitliche* Dimensionierung des ethischen Reflexionshorizontes werden die Defizite der Diskursethik nicht eigens von Krämer thematisiert. Sie lassen sich jedoch relativ umstandslos aus der Grundlegung der *Integrativen Ethik* herleiten. Danach liegen die Schwierigkeiten wesentlich in ihrer Unterbelichtung des Gegenwartshorizonts. Das gilt nicht nur für den Abstand der Diskursethik von konkreten Entscheidungs- und Handlungsprozessen mit der Konsequenz ihrer tendenziellen Ausgliederung aus dem Bereich ethischer Theorie, sondern es gilt ebenso für die Reflexionsfigur des konsensbezogenen Diskurses. Salopp formuliert: Die Diktatur des Sitzfleisches ist gegenwartsignorant. Schließlich ist in *räumlicher* Perspektive der diskursethische »Abstand zu den realen individuellen Entscheidungs- und Handlungsprozessen« festzuhalten (34, 262). Dem entspricht in metatheoretischer Optik, daß die »Normsetzung der praktischen Diskurse« im Nahbereich an die Betroffenen delegiert und damit der Kompetenz der Ethik entzogen wird bzw. diese sich durch den »Rückzug auf formale Diskursprinzipien und [einen] ... Verzicht auf materiale Bestimmungen« auszeichnet (262).

(c) Unter der Umschreibung *Theorien der Gruppenmoral* werden von Krämer so unterschiedliche Ansätze wie die von Hegel und Gehlen, die der Ritter- und Heidegger-Schule, der angloamerikanischen Wittgensteinianer (Anscombe, Austin, Searle) sowie schließlich die Beiträge der sog. Communitarians (der Verweis geht auf Alasdair MacIntyre und Charles Taylor) zusammenfassend verhandelt (37-41, 108 f., 110-112). In dieser generalisierenden Optik lassen sich die kritischen Bezugnahmen in folgender Weise sinndimensional gliedern: In *sozialer* Hinsicht steht die Kritik an der Verabsolutierung der Gruppe gegenüber dem Individuum einerseits und gegenüber gruppenüberschreitenden Sozietäten bis hin zur Gattung andererseits im Zentrum der Kritik. Mit dieser Verabsolutierung der sozietalen Anlage des Menschen (87) wird, so der Einwand, der »Konflikt zwischen Gemeinwohl und Individuum harmonistisch überspielt« (40). Demgegenüber betont Krämer zu Recht, daß die »subjekttheoretische Perspektive ... anthropologisch fundamental« ist (111). In *sachlicher* Hinsicht konzentriert Krämer die Kritik auf die Tendenz gruppenmoralbezogener Ansätze »zur Aufhebung oder doch Einschränkung des Sollens« (38) durch das Postulat einer »prästabilisierten Harmonie zwischen Bedürfnissen, Sollen und Tun« (39) und ihre damit einhergehende »Verkennung der Natur institutioneller Tatsachen« (110). Er erinnert im Gegenzug daran, daß »die kritische Instanz des Universalismus qua Übermoral heute systematisch gesehen nicht mehr eliminierbar« ist (38). Die erforderliche kritische Instanz bringt »Gerechtigkeitskriterien inter- und übersozietärer Art«, also weiterreichende Sollensansprüche zur Geltung (38). Eine Auseinandersetzung mit den Theorien der Gruppenmoral unter dem Gesichtspunkt ihrer *zeitlichen* Dimensionierung findet sich am ehesten unter dem Stichwort »Immobilismus« (39). Damit ist u. a. auf den dominierenden Vergangenheitsbezug dieses Typus ethischer Theorie angespielt. Der in den Begriffen »Wollen« und »Streben« sowie »Planen«, »Entwerfen« und »Projektieren« zum Ausdruck kommende konstitutive Zukunftsbezug verdeutlicht, daß eine praktische Philosophie und Ethik, die – wie die Materiale Wertethik (191) oder ein restitutiver Aristotelismus MacIntyre'scher Prägung – primär auf Tradition setzt, den sinndimensionalen Rahmen des Praktischen in der Zeitdimension verkürzt und als »theoretizistisch depotenziert« einzustufen ist (1990a, 361).[48] Zudem grenzt Krämer sich hier von einer, das lebensgeschichtliche Verhältnis von Vergangenheit, Gegenwart und Zukunft eindeutig zuspitzenden teleologischen Perspektive ab. Abschließend stellt Krämer hinsichtlich der *räumlichen* Dimensionierung heraus, daß in der Gegenwart »von der Einhelligkeit eines geschlossenen Gruppenethos ... kaum mehr ... die Rede sein« kann (39). Einer entsprechenden Vorstellung liegen archaische Modelle einer geschlossenen Gesellschaft lokaler Milieus zugrunde (110). Dieser Kritik korrespondiert geltungstheoretisch eine »Einschränkung ihrer Reichweite« auf den unmittelbar gruppenbezogenen Nahbereich (41). Systematisch gesehen ist für Krämer mit dem in der *Integrativen Ethik* im Vordergrund stehenden Bezug auf die Sozialform der Gruppe eben gerade keine Renaissance einer Gruppenmoral mit ihrer sozio-historischen Geschlossenheit verbunden. Es geht hier lediglich um den Rekurs auf Gruppenphänomene als einer angemessenen sozialen Verortung der Zurechnungspunkte des Sollens und Wollens menschlichen Handelns, nicht jedoch um den Ausweis des Gruppenbezuges als einer geltungstheoretischen *Letzt*größe. Denn es ist der Pluralis-

---

48 Ein entsprechendes Urteil gilt in anderer Form auch für den negativistischen Zukunftsbezug in Heideggers »Sein zum Tode« (197).

mus der Gruppen, der sie in geltungstheoretischer Hinsicht nach ›unten‹ (individuell) und nach ›oben‹ (Gattung) überschreitet und damit in dieser Optik seine kritische Potenz entfaltet.[49]

Diese knappe Zusammenstellung einiger kritischer Abgrenzungen der *Integrativen Ethik* gegenüber konkurrierenden Theorieangeboten vermag m. E. zunächst die analytische Fruchtbarkeit und systematische Kapazität einer sinndimensional angelegten Lektüre wie einer entsprechend strukturierten Kritik aktueller ethischer Theorieentwürfe anzudeuten, ohne daß diese selbst hier noch einmal zum Gegenstand werden könnten. In umgekehrter Reflexionsrichtung läßt sich vermittels dieses Zugriffs die komplexe Anlage der *Integrativen Ethik* auf der Basis eines durchgehend konzentrisch angelegten Argumentationshorizonts kritisch abheben. Auf dieser Grundlage gelingt es ihr insbesondere, in *zeitlicher* Dimensionierung an die erforderliche Gegenwartsorientierung der Ethik zu erinnern, in *sozialer* Dimensionierung sowohl den unhintergehbaren geltungstheoretischen Rekurs auf Individualität, als auch die gruppenbezogene Lagerung ethischer Handlungsmuster herauszustellen, in *sachlicher* Dimensionierung das strebensethisch einzuholende Selbstverhältnis zu integrieren und in *räumlicher* Dimensionierung die sektorielle Graduierung und situative Schattierung des Glücksthemas anzuregen. Damit werden alle konzentrizitätskonträren Reflexionsmuster ethischer Theorie, wie bspw. ein totalisierender Gesamtkalkül, ein diskurstheoretischer Konsentismus und ein gruppenspezifischer Moralpositivismus als der phänomenalen Breite ethischer Handlungsfelder systematisch unangemessen aufgewiesen. Insgesamt ist zu vermuten, daß ein sinndimensionaler Zugriff auf die Kategorien und Kategoriensysteme der Praktischen Philosophie und Ethik sich prinzipiell als hilfreich für die weitere Entwicklung *integrativer* Theorieentwürfe erweisen wird (vgl. 66).

49 Unter diesen Gesichtspunkten ließe sich in einem weiteren Schritt dann auch ein erneuter Rekurs auf das Werk von Schütz denken, dessen spätere materiale Arbeiten insbesondere zu politischen Problemstellungen grundbegrifflich reichhaltiger sind als die frühen Sinnkonstitutionsanalysen.

# Literatur

Durkheim, Emile (1906), Bestimmung der moralischen Tatsache, in: ders., *Soziologie und Philosophie*, übers. v. E. Moldenhauer, eingel. v. Th. W. Adorno, Frankfurt/M.: Suhrkamp 1976, S. 84-117.

Goffman, Erving (1971), *Das Individuum im öffentlichen Austausch. Mikrostudien zur öffentlichen Ordnung*, Frankfurt/M.: Suhrkamp 1982.

Konau, Elisabeth (1977), *Raum und soziales Handeln. Studien zu einer vernachlässigten Dimension soziologischer Theoriebildung*, Stuttgart: Enke 1977.

Krämer, Hans (1976), Prolegomena zu einer Kategorienlehre des richtigen Lebens, in: *Philosophisches Jahrbuch* 83, 1976, S. 71-97.

Krämer, Hans (1978), Selbstverwirklichung, in: G. Bien (Hg.), *Die Frage nach dem Glück*, Stuttgart: frommann-holzboog 1978, S. 21-43.

Krämer, Hans (1983), Antike und moderne Ethik?, in: *Zeitschrift für Theologie und Kirche* 80, 1983, S. 184-203.

Krämer, Hans (1990a), Kategorialität und Praktische Philosophie, in: D. Koch / K. Bort (Hg.), *Kategorie und Kategorialität. Historisch-systematische Untersuchungen zum Begriff der Kategorie im philosophischen Denken*, Würzburg: Königshausen & Neumann 1990, S. 359-380.

Krämer, Hans (1990b), Ethik der Risikoberatung, in: M. Schüz (Hg.), *Risiko und Wagnis. Die Herausforderung der industriellen Welt*, Pfullingen: Neske 1990, Bd. 2, S. 286-303.

Krämer, Hans (1992), *Integrative Ethik*, Frankfurt/M.: Suhrkamp 1992.

Luhmann, Niklas (1967), Soziologie als Theorie sozialer Systeme, in: ders., *Soziologische Aufklärung I*, Opladen: Westdeutscher Verlag 1970, S. 113-136.

Luhmann, Niklas (1971), Die Weltgesellschaft, in: ders., *Soziologische Aufklärung* II, Opladen: Westdeutscher Verlag 1975, S. 51-71.

Luhmann, Niklas (1972) *Rechtssoziologie*, Opladen: Westdeutscher Verlag 1987.

Luhmann, Niklas (1975), Interaktion, Organisation, Gesellschaft. Anwendungen der Systemtheorie, in: ders., *Soziologische Aufklärung* II, Opladen: Westdeutscher Verlag 1975, S. 9-20.

Luhmann, Niklas (1976), Generalized Media and the Problem of Contingency, in: J. J. Loubser / R. C. Baum u. a. (Eds.), *Explorations in General Theory in Social Science. Essays in Honor of Talcott Parsons*, New York / London: Free Press 1976, Vol. II, S. 507-532.

Luhmann, Niklas (1978), Erleben und Handeln, in: ders., *Soziologische Aufklärung* III, Opladen: Westdeutscher Verlag 1981, S. 67-80.

Luhmann, Niklas (1979), Schematismen der Interaktion, in: ders., *Soziologische Aufklärung* III, Opladen: Westdeutscher Verlag 1981, S. 81-100.

Luhmann, Niklas (1984), *Soziale Systeme. Grundriß einer allgemeinen Theorie*, Frankfurt/M.: Suhrkamp 1984.

Luhmann, Niklas (1989) Ethik als Reflexionstheorie der Moral, in: ders., *Gesellschaftsstruktur und Semantik. Studien zur Wissenssoziologie der modernen Gesellschaft*, Frankfurt/M.: Suhrkamp 1989, Bd. III, S. 358-447.

Luhmann, Niklas (1990) Paradigm lost: Über die ethische Reflexion der Moral. Rede anläßlich der Verleihung des Hegel-Preises 1989, in: ders. / R. Spaemann, *Paradigm lost: Über die ethische Reflexion der Moral*, Frankfurt/M.: Suhrkamp 1990, S. 7-48.

Luhmann, Niklas (1992), *Beobachtungen der Moderne*, Opladen: Westdeutscher Verlag 1992.

Luhmann, Niklas (1993), *Gibt es in unserer Gesellschaft noch unverzichtbare Normen?*, Heidelberg: Müller 1993.

Parsons, Talcott (1937), *The Structure of Social Action* (2 Vols.), New York /London: Free Press [7]1982.

Parsons, Talcott (1939), *Aktor, Situation und normative Muster. Ein Essay zur Theorie sozialen Handelns*, übers. u. hg. v. Harald Wenzel, Frankfurt/M.: Suhrkamp 1986.

Parsons, Talcott (1951), *The Social System*, New York / London [11]1985.

Parsons, Talcott (1968), Art. »Interaction: I. Social Interaction«, in: *International Encyclopedia of the Social Sciences* Bd. 7, New York 1968, S. 429-441.

Parsons, Talcott / Shils, Edward A. (1951a), Some Fundamental Categories of the Theory of Action: A General Statement, in: dies. (Eds.) (1951), *Toward a General Theory of Action*, Cambridge/Mass.: Harvard University Press [4]1959, S. 3-27.

Parsons, Talcott / Shils, Edward A. (1951b), Values, Motives, and Systems of Action, in: dies. (Eds.) (1951), *Toward a General Theory of Action*, Cambridge/Mass.: Harvard University Press [4]1959, S. 47-275.

Schütz, Alfred (1932), *Der sinnhafte Aufbau der sozialen Welt. Eine Einleitung in die verstehende Soziologie*, Frankfurt/M.: Suhrkamp [2]1980.

Schütz, Alfred (1940), Parsons' Theorie sozialen Handelns, in: ders. / Parsons, Talcott, *Zur Theorie sozialen Handelns. Ein Briefwechsel*, hg. u. eingel. v. Walter M. Sprondel, Frankfurt/M.: Suhrkamp 1977, S. 25-76.

Schütz, Alfred (1945), Über die mannigfaltigen Wirklichkeiten, in: ders., *Gesammelte Aufsätze I*, Den Haag: Nijhoff 1971, S. 237-298.

Schütz, Alfred (1957), Strukturen der Lebenswelt, in: ders., *Gesammelte Aufsätze III*, Den Haag: Nijhoff 1971, S. 155-170.

Schütz, Alfred (1958), Gliederungsentwurf für die »Strukturen der Lebenswelt« und die Notizbücher, in: ders. / Th. Luckmann, a.a.O. 1984, S. 217-404.

Schütz, Alfred / Luckmann, Thomas (1975), *Strukturen der Lebenswelt I*, Frankfurt/M.: Suhrkamp 1979.

Schütz, Alfred / Luckmann, Thomas (1984), *Strukturen der Lebenswelt II*, Frankfurt/M.: Suhrkamp 1984.

Tugendhat, Ernst (1986), Über die Notwendigkeit einer Zusammenarbeit zwischen philosophischer und empirischer Forschung bei der Klärung der Bedeutung des moralischen Sollens, in: W. Edelstein / G. Nunner-Winkler (Hg.), *Zur Bestimmung der Moral. Philosophische und sozialwissenschaftliche Beiträge zur Moralforschung*, Frankfurt/M.: Suhrkamp 1986, S. 25-36.

# Hans Krämer
## Replik: Die *Integrative Ethik*
## in der Diskussion

### I.

Für die Aufgabe, zu den vorstehenden Beiträgen Stellung zu nehmen und Bilanz zu ziehen, empfiehlt es sich, zunächst einmal die Debatten, die seit dem Erscheinen der *Integrativen Ethik* im Jahre 1992 geführt worden sind, zusammenzufassen, um davon den Fortschritt der hier abgedruckten Arbeiten abheben zu können.

Zur Erläuterung meines Buches *Integrative Ethik* ist einleitend zu sagen, daß es, systematisch und historisch betrachtet, das bei uns, aber auch im Ausland weitgehend herrschende *neukantianische Schema der Ethik* mit seinen Engführungen zu sprengen und zu überschreiten sucht. Die Ethik war demgemäß durch die Einbeziehung einer mit der Moralphilosophie gleichberechtigten Strebensethik, durch eine Spezielle Ethik sowie durch eine Methodologie der Anwendung systematisch zu erweitern. Die Ethik sollte dadurch insgesamt phänomenologisch fundiert und näher an die Lebenswirklichkeit herangeführt werden. Tendenzen, die in der Diskussion der letzten Jahrzehnte in diese Richtung wiesen, sollten dadurch explizit auf den Begriff gebracht und systematisch zum Tragen kommen.

Das treibende Motiv ist keineswegs die Erneuerung der vorkantischen oder gar antiken Ethik gewesen, sondern liegt tiefer in meiner Biographie und insbesondere in der Erfahrung eigener Ratbedürftigkeit begründet.[1] Die Selbstzueignung sollte auf diesen Hintergrund und damit auf die primär systematische, nicht historische, in bloßem Bildungswissen wurzelnde Intention des Bu-

---

1 Im Unterschied zu den zahlreichen philosophischen Lebenskunstbüchern des vergangenen Jahrzehnts gehört die *Integrative Ethik* nicht in die Nachfolge des späteren Foucault. (Man vergleiche die programmatische Abhandlung im *Philosophischen Jahrbuch* der Görres-Gesellschaft von 1976 sowie die Zwischenbilanz im *Plädoyer für eine Rehabilitierung der Individualethik*, Amsterdam: Grüner 1983. Die systematischen Aufzeichnungen reichen bis ins Jahr 1965 zurück.)

ches aufmerksam machen. (Aus Bildungserlebnissen kann meiner Überzeugung nach keine Philosophie erwachsen, die diesen Namen verdient, so wenig wie aus der Kunsthistorie Kunst.)

*Integrative Ethik* kann jedenfalls aus verschiedenen Gründen nicht eine historische Verbindung antiker und neuzeitlicher Ethik sein, wobei unter »neuzeitlich« gemeinhin die Sollensethik kantischer Prägung verstanden ist. So ist zumal für die antike Ethik eine unvermittelte Erneuerung nicht möglich: Eine bloße Wiederholung der Tradition wäre zunächst, da die Texte ja vorliegen, keine philosophische, sondern allenfalls eine publizistische oder philologische Aufgabe; und zweitens: Die umstandslose Übertragung in die Modernität unserer Gegenwart stellt, von Einzelheiten abgesehen, vor unüberwindliche Schwierigkeiten. Die *Integrative Ethik* erneuert daher lediglich analogisch die *Fragestellung* nach einer nicht-deontologischen Ethik, wobei der Differenzpunkt zur Antike zusammenfassend mit dem Stichwort der Entteleologisierung zu umschreiben wäre. Die systematischen Antworten auf eine derart modifizierte Fragestellung und die Ausführung einer zeitgemäßen Strebensethik, Speziellen Ethik und Methodenlehre müssen daher weitgehend anders ausfallen und auch anders begründet werden.

Ähnliches wie für die Strebensethik trifft aber auch für die Moralphilosophie zu. Ganz unabhängig davon, wie man zur Frage einer Postmoderne steht: Die Neuzeit ist selbst in Progression begriffen und kann daher nicht auf eine historische Gestalt wie Kant fixiert werden. Es ist daher jedenfalls ein mehr oder weniger von Kant abweichendes moralphilosophisches Modell zu entwickeln, das den veränderten Verhältnissen besser entspricht. Überdies war die Moralphilosophie zu schwächen, um für die Strebensethik Raum zu schaffen.

Insgesamt markiert der Titel der *Integrativen Ethik* primär ein systematisches und erst sekundär und in der Konsequenz auch ein traditionsbezogenes Programm. Ich habe darum in meinem Buch, um den innovatorischen Anspruch hervorzuheben, versuchsweise von einem *dritten* Ethiktypus gesprochen.

Im übrigen entspricht der postteleologischen Formalisierung eine Denkfigur, die in meinem Buch immer wiederkehrt: Vermeintlich universale und allgemeinverbindliche Grundlegungen der Tradition werden im Zeichen des modernen Pluralismus zu bloßen *Typen* herabgesetzt, das heißt, sie besitzen nur noch eingeschränkte, gruppen- oder epochenspezifische Geltung, sind aber nicht mehr als universal verbindlich anzuerkennen und zu befolgen. Demgegenüber hat sich die kritische Reaktion auf die *Integrative Ethik*, sieht man von den zustimmenden Äußerungen ab[2], begreiflicherweise auf die Verteidigung angestammter Monopole verlegt, verbunden mit einer weitgehenden Verständnislosigkeit für nicht-deontologische Fragestellungen der Ethik.

2.

Als erster Themenkreis sei hier das Verhältnis von Ethik und *Metaphysik* behandelt. So ist argumentiert worden[3], ohne Metaphysik werde Ethik norm- und kriterienlos und falle dem Empirismus anheim. Eine wirklich integrative Ethik müsse daher die Metaphysik einschließen. Doch abgesehen davon, daß dies nicht zu einer integrativen Ethik, sondern zu einer integrativen Philosophie führen würde, müßte ein obligatorischer Rückgang zur Metaphysik die Ethik und Praktische Philosophie faktisch aufheben: Erfahrungsgemäß würde nämlich die Abklärung der vorgelagerten metaphysischen Probleme so viel Zeit und Energie in Anspruch nehmen, daß es zur Rückkehr in die Ethik gar nicht mehr käme und Ethik im Endeffekt durch Metaphysik ersetzt würde. Demgegenüber insistieren wir auf der seit Aristoteles geltenden Trennung zwischen Theoretischer und Praktischer Philosophie, die durch den modernen Pluralismus und die damit verbundene Ausdifferenzierung noch verstärkt wird und zu einer praxiszentrierten, immanenten Betrachtungsweise zwingt. Die Ethik muß heute der postteleologischen Formalität der Moderne voll Rechnung tragen und kann daher nicht mehr auf metaphysische Grundlegungen der Tradition rekurrieren. Insbesondere ist festzuhalten, daß die Metaphysik als theoretische Disziplin keiner

2 E. Jain, in: *International Journal of Comparative Religious Education and Values* 4/2, 1992, 46-56; Chr. v. Wolzogen, in: *Neue Zürcher Zeitung* vom 1. 6. 1992; G. Kalberer, in: *Zürcher Tages-Anzeiger* vom 5. 8. 1992; W. Schmid, in: *Deutschlandfunk*, Büchermarkt, vom 20. 8. 1992; V. Caysa, in: *Deutsche Zeitschrift für Philosophie* 41/1, 1993, 172-175; A. Pieper, in: *Zeitschrift für philosophische Forschung* 47/2, 1993, 312-317; G. Abbà, in: *Salesianum* 55/1, 1993, 199-201.

3 M. Schefczyk, in: *Agora* 12/13, 1992, 40 f.

Normativität fähig ist, ohne daß naturalistische Fehlschlüsse oder kryptotheologische Prämissen in Anspruch genommen werden, die der Philosophie unangemessen sind. Man versteht zwar, daß in der Übergeschichtlichkeit der Metaphysik eine letzte inappellable und unhintergehbare Instanz gesucht wird, die Legitimationsfunktionen versieht und überzeugungsverstärkend wirken soll. Doch steht für die erstrebten übergeschichtlichen Normen keine Evidenz zur Verfügung. Metaphysische Themen können daher nur Gegenstand und Inhalt der Ethik sein, als *ein* Typus von Zielen unter anderen Typen, nicht aber als verbindliche Grundlegung der Ethik. Dies gilt für die Vernunftmetaphysik ebenso wie für die ältere Seinsmetaphysik und speziell für den christianisierten Platonismus der philosophia perennis, an den hier überwiegend gedacht ist, der aber der nicht-westlichen Welt heute schwerlich mehr als verbindlich angesonnen werden kann. Natürlich wird jede Ethik auf der metatheoretischen Ebene einen ontologischen Rahmen voraussetzen, der aber heute eher als moderne Umkehrthese zum traditionellen Platonismus der philosophia perennis zu fassen wäre.

Im übrigen ist spätestens durch die Ansätze unseres Jahrhunderts in Phänomenologie, Philosophischer Anthropologie, Existenzphilosophie und Analytischer Philosophie die Annahme widerlegbar, daß die Philosophie und darum auch die Ethik ohne Metaphysik ihre Eigenständigkeit an die Wissenschaften verliere. Doch selbst wenn die äußere Existenz der philosophischen Ethik an der Metaphysik hängen sollte, könnte sie sich davon nicht abhängig machen, um sich dann durch Unredlichkeit in einem tieferen Sinne aufzuheben, indem sie die vorgeordnete Frage, ob Metaphysik überhaupt möglich sei, verdrängte oder gegen besseres Wissen und Gewissen entschiede.

3.

Mit der metaphysischen Grundlegungsproblematik hängt ein zweiter Themenkreis zusammen, nämlich die Frage nach dem *Geltungsstatus* von Normen, Werten und Zwecken. Nach der Analogie mathematischer und logischer Sachverhalte wird oft weiterhin auf der Objektivität von Normen, Werten und Zwecken insistiert. Ich sehe aber nach wie vor nicht, wo die Geltungsquelle dafür liegen soll, wenn man von jeglicher Art von Subjektivität menschlicher oder göttlicher Provenienz absieht. Nach der neuzeitlichen, postnominalistischen Trennung von Sein und Sollen, Tatsachen und Werten ist ein axiologischer Antirealismus unvermeidlich. Normen, Werte und Zwecke gelten nicht an sich, sondern sind von Subjekten für Subjekte gesetzt, und sie haben außerhalb von Subjektivität keinerlei Geltung. Die oft angerufene Analogie zwischen Mathematik und Logik einerseits und Axiologie andererseits ist daher nicht tragfähig. Daß beispielsweise moralische Sätze auch dann gelten, wenn sie von keinem Glauben und keinem Konsens getragen sind, ist schlechte Metaphysik, die allenfalls als persuasiver Überzeugungsverstärker in Konfliktsituationen entschuldigt werden kann. Auch der gelegentliche Einwand greift nicht, wenn Hitler gesiegt und einen ihm gemäßen Konsens erzwungen hätte, so hätte dieser nicht gültig sein können. Gewiß nicht, aber nur deshalb, weil einerseits ein älterer Konsens untergründig fortbestanden hätte und weil andererseits die moralischen Bedürfnisse sich nach dem Wegfall äußerer Gegner von innen her gewandelt hätten – in eine für uns nicht vorhersehbare Richtung (ähnlich wie nach Stalin, der ja bekanntlich gesiegt *hat*).

Es ist begreiflich, daß von theologischer Seite in besonderem Maße darauf insistiert wird, daß das Normenproblem nur von einem teleologisch verfaßten Naturrecht und einem metaphysischen Guten an sich selbst her gelöst werden könne, das menschlicher Willkür und Kontingenz entzogen sei.[4] Der Theologe muß diesen Standort einnehmen, sich aber zugleich darüber im klaren sein, daß die universal gerichtete, formalisierte philosophische Ethik der Neuzeit es nicht mehr kann. Anders gewendet: Die theologische Ethik kann wie die metaphysische im Rahmen der Moralphilosophie nur noch einen speziellen Typus repräsentieren, der einer zusätzlichen Moral für die Anhänger einer Religionsgemeinschaft zugeordnet ist. Auch über den generellen Primat von Sollens- oder Strebensethik kann daher von dieser Position her nicht entschieden werden. Die *Integrative Ethik* nimmt sich im übrigen in erster Linie der schon immer gegebenen, aber mit der Schwächung der Sollensethik noch stärker hervortretenden Orientierungsvakanzen an, die für die Lebensführung des Einzel-

---

4 Vgl. z. B. R. Leonhardt in der *Theologischen Literaturzeitung* 119/4, 1994, 358 f. oder G. Abbà im *Salesianum* 55/1, 1993, 199-201.

nen heute faktisch bestehen und die der Besetzung und Ausfüllung bedürfen.[5]

4.

Es versteht sich, daß es – um zu einem weiteren Streitpunkt überzugehen – auch nicht an Versuchen gefehlt hat, die Ethik weiterhin als *Moralphilosophie* aufzufassen und dieser zumal in ihrer kantischen Form das Monopol zu sichern. So kritisiert der Verfasser eines Buches über die Ethik Kants meinen Moralbegriff als defizitär, weil er den Fall autonomen Maß-setzens und Maß-nehmens nicht berücksichtige.[6] Indessen haben die Analysen der *Integrativen Ethik* sehr deutlich gezeigt, daß diese Art sollensfreier Autonomie in die *Strebensethik* und nicht in die Moralphilosophie gehört (ein solches Maßnehmen ist ja schon für die antike Strebensethik charakteristisch). Der Kritiker ist dieser fatalen Verwechslung nur deshalb erlegen, weil er der Strebensethik reserviert gegenübersteht und andererseits die Argumente für die Unvereinbarkeit von Autonomie und Moral nicht zur Kenntnis genommen hat. Moralische Freiheit ist eben nicht schon moralische Autonomie, d. h. Selbstgesetzgebung, die konfliktfrei nur unter der Voraussetzung eines einhelligen Natur- und Vernunftrechts zu denken wäre. Diese Voraussetzung ist aber in der pluralistischen Moderne mit ihrem formalisierten und entsubstantialisierten Vernunftbegriff entfallen. Die Vorstellung von einer moralischen Autonomie ist also revisionsbedürftig und ein orthodoxer Kantianismus nicht mehr vertretbar.[7]

---

5 E. Levinas' personalistische Metaphysik ist zwar unorthodox und phänomenologisch begründet, aber zuletzt doch theologisch orientiert. Konsequenterweise gerät die Strebensethik mit den Merkmalen der Selbsterhaltung (conatus essendi), Selbstsorge und Selbstvervollkommnung bei Levinas ins Zwielicht des A- und Immoralischen. Ein solcher Ansatz der Ethik ist nicht-integrativ und verfehlt das Prinzip der *Integrativen Ethik*, daß die Rechtfertigung beider Ethiktypen auf Wechselseitigkeit beruht.

6 U. J. Wenzel, Integrative Ethik?, in: *Süddeutsche Zeitung* vom 6. 11. 1992; ders., in: *Neue Zürcher Zeitung* vom 12. 12. 1992.

7 Daß die Selbstzweckformel des Kategorischen Imperativs für den historischen Kant keine Selbständigkeit besitzt, sondern sich inhaltlich auf

Die *Integrative Ethik* ist auch in die Kontroverse zwischen Kommunitaristen und Liberalen hineingezogen worden (»Die Gesellschaftsanalyse der Kommunitarier erschrickt vor dem, was Hans Krämer mit seiner Strebensethik manifestieren will: Die zunehmende Tendenz zur Individualisierung«[8]). Dazu ist in der *Integrativen Ethik*, wenn auch nicht immer unter den gleichen Titeln, mehrfach Stellung genommen (37 ff., 108 ff.). Die Frage nach dem richtigen Gleichgewicht zwischen Kollektivismus und Individualismus ist nicht generell und in abstracto zu beantworten, sondern hängt von den jeweiligen geschichtlichen und gesellschaftlichen Verhältnissen ab. Fraglos dürfte es indessen sein, daß dem Individualismus heute ein größerer Raum als in früheren Epochen zugestanden werden muß und daß umgekehrt die Ethik auf die veränderte Situation nicht nur mit neuen Restriktionen, sondern auch affirmativ zu reagieren hat. Der Orientierungsbedarf der Einzelnen wird jedenfalls heute von den Moralen in keiner Weise abgedeckt und ist selbst damals, als ihr Einflußbereich größer war, von ihnen nicht ausreichend abgedeckt gewesen. Dabei ist zu berücksichtigen, daß die Moral vorzugsweise in Konfliktfällen akut wird, während die durchschnittliche Lebensführung, das was wir zunächst und zumeist tun, rein quantitativ betrachtet einen viel größeren Raum einnimmt und den weitaus überwiegenden Teil unseres gelebten Lebens ausfüllt. Da es die Lebensführung andererseits auch mit der Daseinsbewältigung in Not- und Krisenlagen zu tun hat, steht sie gegebenenfalls auch qualitativ – in ihrem existenziellen Gewicht – nicht hinter der Moral zurück.

5.

Eine Fixierung auf die neukantianische Tradition begegnet auch dort, wo die philosophische Ethik auf die Ebene der *Prinzipien* beschränkt werden soll, die kraft ihrer metaphysischen Dignität

die Universalisierbarkeit der ersten Formel bezieht, zeigt überzeugend Chr. Schnoor, *Kants Kategorischer Imperativ als Kriterium der Richtigkeit des Handelns*, Tübingen 1989, 46-72 (mit weiterer Literatur).

8 Detlef Horster, Moralische Grundlagen moderner Gesellschaften, in: *Die Neue Gesellschaft, Frankfurter Hefte* 39/10, 1992, 956 ff.; und ders., Die Suche nach der Gerechtigkeit in neuesten Publikationen, in: *Archiv für Rechts- und Sozialphilosophie* 79/4, 1993, 557-561.

die Spezielle Ethik und zumal die Strebensethik als unwesentlich oder als nicht theoriefähig erscheinen lassen. Wir haben demgegenüber gezeigt, daß es nicht schwer fällt, auch die Strebensethik prinzipientheoretisch aufzumachen, wobei meist übersehen wird, daß der Kategorische Imperativ selbst in die Tradition der Telosformeln hineingehört, die die ältere Strebensethik durchweg entwickelt hatte. Wir halten es aber für ganz unergiebig, die philosophische Ethik auf das scholastische Herumbasteln an Alternativformeln für den Kategorischen Imperativ zu reduzieren, die für die Öffentlichkeit und die Regulierung ihrer Praxis ziemlich folgenlos bleiben. (Man hat mit Recht von der Wolkentreterei einer Ein-Satz-Ethik gesprochen.) Kant selbst hatte bekanntlich in der *Metaphysik der Sitten* eine Spezielle Moralphilosophie vorgelegt und andererseits neben die Elementarlehre der Ethik eine Methodenlehre der Didaktik und Einübung gestellt. Erst der Neukantianismus ist zunehmend von beidem abgekommen und Spätere und Heutige haben diese Defizite sogar als Tugenden ausgelegt. Prototypisch dafür ist eine repräsentative Stellungnahme seitens des Frankfurter Neokantianismus.[9] Der Kritiker hält dafür, daß die Individualisierung und existenzielle Vereinzelung der Handelnden objektive Ratschläge unmöglich mache und daß die Topisierung von Beratungsinhalten in einer Speziellen Ethik zu einer wirkungslosen Verdoppelung des realen Lebens führe. Die philosophische Ethik habe es deswegen im wesentlichen mit der Formulierung allgemeiner Prinzipien zu tun. Man bemerkt, daß hier neukantianische und existenzphilosophische Argumentationsformen kombiniert werden, um den prinzipientheoretischen Reduktionismus konservieren zu können. (Dem Kritiker zufolge soll sogar die Angewandte Ethik eher im Dienst der Prinzipien stehen als umgekehrt!) Der Rezensent versäumt jedoch dreierlei: Er müßte nachweisen, daß das ausgedehnte Beratungswesen in allen Lebensbereichen der Gegenwart ineffizient ist (nicht nur in der für die Ethik erst zu erneuernden Form); er müßte ferner dartun, daß die antike, zumal hellenistische Abstufung der Ethik in Telosformeln, Tugendlehre, Pflichtenlehre und Einzelberatung nicht funktioniert hat; und er hätte vor allem zu meinen Ausführungen über Relevanzgrenzen und exemplarische Struktur ethischer To-

---

9 M. Seel, in: *Merkur* 47, Heft 536, 1993, 985-988; vgl. von dems., Der Sinn »angewandter« Ethik, in: *Merkur* 47, Heft 4, 1993, 326-332.

piken Stellung nehmen müssen.[10] Er hätte darüber hinaus den Umstand berücksichtigen sollen, daß in der christlichen Ära die Beratungsdimension weitgehend an die Theologie übergegangen und die philosophische Ethik dadurch wider Willen zur theoretischen Grundlagendisziplin verkürzt worden ist. Im übrigen tangiert die künstliche Aufblähung der Anwendungsproblematik die Prinzipienebene nicht weniger als die Spezielle Ethik, und die Strebensethik nicht mehr als die Moralphilosophie.

Allerdings ist eine künftige Strebensethik darauf angewiesen, einen Zwischenbereich praktischer Rationalität zu kultivieren, der sich von den Extremen des Szientismus (mit dem Kompetenzverlust der Ethik an die Wissenschaften), aber auch der Inkommunikabilität der Existenz (mit der Theorieunfähigkeit der Ethik) gleichermaßen fernhält. Daß dies grundsätzlich möglich sei, ist jedoch am Ende des dritten Kapitels der *Integrativen Ethik* ausführlich dargetan worden.

6.

Um zu einem weiteren Themenkreis überzugehen: Ich habe mich in der *Integrativen Ethik* mit den verschiedenen Konzeptionen einer *Einheitsethik* nachdrücklich auseinandergesetzt, aber damit nicht durchweg überzeugt. Moralität, so wird etwa argumentiert, könne als glückhaft empfunden werden, so daß sich zumindest Überschneidungen ergeben. Indessen gehören solche Fälle der *Positivierung* der Moral zur *Strebensethik*, nicht zur Moralphilosophie, und das gleiche gilt für supererogatorische, d. h. freiwillige, nicht geforderte Leistungen, sowie für sympathetisch motivierte Akte. Faßt man hingegen die Moralphilosophie richtig als *Sollen*sethik auf, dann steht sie der *Strebens*ethik ausschließend gegenüber: Eigenstreben schließt nämlich Sollen als redundante Überdetermination aus, und wo umgekehrt Forderungen nötig sind, ist ein entsprechendes Eigenstreben per definitionem nicht gegeben (sonst bedürfte es keiner Nötigung). *Daß* es ein nötigendes Sollen gibt, liegt darin begründet, daß die Interessen der Ein-

---

10 Integrative Ethik 318-322. Es gibt Hinweise darauf, daß Seel mein Buch nur bis zu einem bestimmten Punkt gelesen hat und damit dem übergreifenden Argumentationsgang nicht gerecht geworden ist.

zelnen und der Sozietät nicht durchweg zur Deckung kommen, und dies auf ganz verschiedenen Ebenen: Zuerst auf Grund eines offenen Immoralismus oder eines Amoralismus der Indolenz; sodann bei abweichenden Moralauffassungen von Minoritäten, die sich dem überwiegenden Konsens der Mehrheit zu beugen haben; schließlich sogar bei genereller Akzeptanz des allgemeinen Moralkonsensus, nämlich kraft des Perspektivenwechsels zwischen den Rollen des Fordernden und des Geforderten, der zum Parasitentum von Nutznießern einer Moral führt, die sie selbst nicht befolgen; oder zur Konstruktion von Sonderregelungen, indem man sich selbst mit der Berufung auf besondere Umstände von der Befolgung ausnimmt (was sehr häufig vorkommt); in einzelnen Handlungssituationen tritt noch die Versuchung zur Unbeherrschtheit hinzu. Es genügt also nicht, selbst allgemein anerkannte moralische Prinzipien zu vertreten, um auch moralisch zu *handeln*. Aus allen diesen und anderen Gründen gibt es ein soziogenes Sollen, das dem Eigenstreben definitionsgemäß entgegensteht. Der modernen Zerfällung und Ausdifferenzierung der verschiedenen Lebensbereiche entspricht es, daß die beiden Perspektiven auch von verschiedenen Teildisziplinen der Ethik wahrgenommen werden. Auch dann wird es zwar gleitende Übergänge und Grauzonen geben, die differenzierender Analyse bedürfen, die aber als Ausnahmefälle keine generelle Einheitsethik begründen können.

### 7.

Das vierte Kapitel über ethische *Anthropologie* ist das Zentralkapitel der *Integrativen Ethik*. Wenn dabei an die klassische Philosophische Anthropologie, zumal an Plessner angeknüpft wird, so bleibt zu beachten, daß es um eine weitere Ausfaltung ihrer theoretischen Ansätze in die Richtung einer praktischen Anthropologie geht, die zur Metatheorie der Praktischen Philosophie und Ethik gehört. Die Definition des Menschen als eines hemmbaren Wesens gilt infolgedessen primär in *praktischer* Hinsicht, ohne andere Aspekte auszuschließen. Sie beansprucht also nicht, erschöpfend zu sein. Auf der anderen Seite setzt sie die Reflexivität und Freiheit voraus, durch die sich der Mensch von anderen Lebewesen unterscheidet. Demgemäß sind die Kategorien von Streben, Hemmung und Können, die auch beim Tier vorkommen, spezifisch human modifiziert aufzufassen und nur darum auf Praxis und Ethik beziehbar. Wir legen allerdings Wert darauf, daß die Kategorie der Hemmbarkeit transzendentalanthropologisch den gesamten praktischen Bereich vollständig abdeckt und keine Ausnahme zuläßt, einerlei, welche inhaltliche Typologie man damit verbindet. Schon für die Rationalität kann man das nicht in vergleichbarem Maß behaupten, denn Moral kann recht irrational sein, und unbewußte Hemmungen sind der Rationalität des Betroffenen weitgehend entzogen. Im übrigen ist praktische Intelligenz selbst eine Art von Können oder – bei Mangelhaftigkeit – von Nichtkönnen qua Gehemmtsein. *Nicht* ein Können ist hingegen das Ich als Bewußthaber und Aktionszentrum, weil dann nochmals nach dem Könner dieses Könnens gefragt werden müßte und so ad infinitum.

Ich habe den Eindruck, daß die Bedeutung der neueingeführten Kategorie von Hemmung und Hemmbarkeit noch bei weitem nicht ausreichend gewürdigt worden ist. Zunächst sei bekräftigt, daß Praktische Philosophie und Ethik, soweit sie praxisregulierende Funktion besitzen, es mit Hemmung oder Enthemmung zu tun haben, und daß diese Disjunktion vollständig ist. Ferner ist noch einmal zu unterstreichen: Daß Hemmung das Welt- und Selbstverhältnis *insgesamt* betrifft und nicht etwa nur moralische und soziogene Hemmungen, die davon nur einen Bruchteil ausmachen. Was sodann das Verhältnis von *Bedürfnis* und Hemmung angeht, so schien mir ein weiteres Ausspinnen des vieltraktierten Bedürfnis-Themas nicht vordringlich zu sein. Dagegen lege ich Wert darauf, daß mit der Hemmungskategorie nicht etwa ein entbehrlicher Zusatz ins Spiel gebracht wird, sondern eine neue und notwendige Stufe der Betrachtung erreicht ist (und gerade dies ist offenbar vielfach mißverstanden worden): Bei allem Reden über Bedürfnisse wird nämlich immer schon von Hemmungsphänomenen und Erfahrungen inhibierter Bedürfnisbefriedigung ausgegangen. Hemmung ist m. a. W. die transzendentale Bedingung, um überhaupt Bedürfnisse zu bemerken und daraufhin sinnvoll zum Thema zu machen. Umgekehrt stellt sich ein transzendentaler Schein ein, wenn ohne Hemmungserfahrungen in abstracto über Bedürfnisse an sich spekuliert und Bedürfniskataloge unkontrolliert konstruiert und proliferiert werden, was wie in der tiefenpsychologischen Trieblehre zu einer Art von Mythologie führt. Für diese Zusammenhänge bezieht sich das vierte Kapitel auf das dritte, wo generell gezeigt ist[11], daß wir unser Selbst, zu dem die Bedürfnisse gehören, erst in der Auseinandersetzung und im Konflikt mit der Welt erfahren, nämlich in Entzugs-, Vermissungs- und Versagungserlebnissen, die enthüllend wirken. Diesem kognitiven und heuristischen Primat und der hermeneutischen Schlüsselfunktion des Hemmungsphänomens entspricht aber weiterhin auch ein Vorrang praktischer Operabilität. Unbefriedigten Bedürfnissen können wir nur dadurch aufhelfen, daß wir die ihnen entgegenstehenden Hemmungen beseitigen. Umgekehrt müssen wir, wo es sich um sozialschädliche Bedürfnisse handelt, im Gegenteil Hemmungen aufrichten. Wo keine Hemmungen vorliegen oder gefordert sind, endet die Zuständigkeit und auch die Wirkungsmöglichkeit der Ethik und der Praktischen Philosophie. Auch bezüglich der Praktikabilität wird also der Bedürfnisbegriff durch den der Hemmung konkretisiert und in gewisser Weise positiv aufgehoben. – Damit ist auch die weitere Frage präjudiziert, ob die *Einheit der Ethik* über ihre Minimalform von Ziel / Handlung / Haltung hinaus anthropologisch mehr durch den Hemmungs- oder den Bedürfnisbegriff gewährleistet sei. Man könnte argumentieren, die Strebensethik arbeite auf die Befriedigung individueller Bedürfnisse in der richtigen Gewichtung hin, während die Moralphilosophie dazu anhalte, die Bedürfnisse *Anderer* zur Erfüllung zu bringen oder doch zu respektieren. Doch einmal ist die Vorstellung einer Moral, die lediglich die *Bedürfnis*befriedigung anderer im Auge hat, zu rationalistisch und irenisch gesehen. Moral hat auch die Aufgabe, sozialschädliche Bedürfnisse Anderer zu unterdrücken, zu hemmen oder ganz auszumerzen; und sie kann sogar als repressive oder asketische Moral allgemeine Ordnungsregeln formulieren, die irrational sind und nicht auf die Bedürfnisbefriedigung von irgendjemand bezogen werden können. Umgekehrt hat die Strebensethik mit glückhaften Widerfahrnissen zu tun, die keine Bedürfnisgrundlage haben. Schließlich fallen in ihren Kompetenzbereich isolierte Handlungen, die zwar einem augenblicklichen Begehren entspringen, aber auf keine dauerhafte Bedürftigkeit verweisen. In *allen* diesen Fällen ist jedoch, was nicht weiter ausgeführt zu werden braucht, Hemmung oder Enthemmung im Spiel, und *diese*

11 *Integrative Ethik* 143-148.

anthropologische Kategorie garantiert darum auch die Einheit einer praktizierenden Ethik jenseits der beiden Teildisziplinen Strebensethik und Moralphilosophie.

Im übrigen müssen wir allen Versuchen, in die ethische Anthropologie unter der Hand doch wieder traditionelle »Grundlegungen« einzuführen, vom Standort einer modernen postteleologischen Formalität aus eine deutliche und unwiderrufliche Absage erteilen. Auch hier tritt der Satz in Kraft, daß solche vermeintlichen Grundlegungen zwar in einer materialen *Typologie* der Ethik und ihrer Anthropologie ihren Platz erhalten mögen, aber ihre angestammten universalistischen Ansprüche nicht konservieren können.

Ich beschließe damit die Bilanzierung der vor der Hohenheimer Tagung geführten Diskussion und wende mich nun in einer kritischen Replik den Beiträgen dieser Tagung selbst zu. Sie zerfallen, grob betrachtet, in drei Gruppen: Solche, die die *Integrative Ethik* interpretierend weiterführen und komplettieren (Ollig, Endreß), solche, die zu einigen ihrer Zentralbegriffe historische Erläuterungen bieten (Schmid: Selbstsorge, von Wolzogen: Hemmung), und schließlich in solche, die eigene Positionen der Autoren kritisch auf die *Integrative Ethik* zu beziehen suchen (Stegmaier, Wimmer, Fleischer). In meiner Replik bemühe ich mich, alle Stellungnahmen primär als Erweiterungen und Ergänzungen und nur notfalls als Gegenpositionen aufzufassen. In keinem Fall ist jedoch darauf verzichtet, die Unterschiede kenntlich zu machen.

8.

Werner Stegmaiers Referat läßt sich auf den Schluß des Moralkapitels der *Integrativen Ethik* beziehen, wo Formen der Toleranz und Liberalität als »Reflexionsstufen« der – sich dadurch selbst einschränkenden – Moral und ihrer weiteren Ausgestaltung »in der gegenwärtigen Situation eine kaum zu überschätzende Bedeutung« zugeschrieben wird, und zwar sowohl im Blick auf »einen Moralpluralismus zwischen verschiedenen und verschieden weit reichenden Moralen, zwischen denen ein Konsens auf der Primärebene nicht erreichbar ist«, wie auch moralintern bei einem gegebenen Konsens, wenn fallweise Ausnahmen »toleriert« werden.[12] Stegmaier hält sich an den ersten, intermoralischen Typ von Toleranz und führt ihn zu einem dynamisch-geschichtlichen Moralpluralismus und -perspektivismus weiter, der ersichtlich von der Nietzsche verpflichteten zeitgenössischen Interpretationsphilosophie geprägt ist. Auch Stegmaier geht es um eine Minderung oder partielle Suspendierung des Sollensbestandes insgesamt, darüber hinaus aber auch um eine Angleichung, wechselseitige Druchdringung und Synthetisierung von Moralen, wie sie durch das Modell einander übergreifender Perspektiven bei Nietzsche vorgezeichnet ist. Moralen repräsentieren hier in der Tat verschiedene Perspektiven der Wertschätzung, die sich miteinander verbinden, einander überlagern und gegenseitig modifizieren können. Dies sind Gesichtspunkte, die nicht erst im Zeitalter einer globalen Zivilisation und interkultureller Migrationsbewegungen von eminenter Bedeutung sind. Hier liegen Aufgaben einer künftigen Moralphilosophie, aber auch der Sozial- und Politikphilosophie, die die von mir projektierten Probleme des Moralwandels ergänzen und zugleich konkretisieren. Beidemale geht es um Veränderungen und Erweiterungen des Moralhorizonts und damit in gewisser Weise um Befreiung von überkommenen Hemmungen. Stegmaier entwickelt in diesem Zusammenhang nicht nur eine vervollständigte Liste von moralkritischen Übertugenden, sondern auch einen Gewissensbegriff höherer Ordnung, der nicht die Erfüllung moralischer Pflichten, sondern die Beunruhigung über die Fragwürdigkeit eigener moralischer Forderungen an andere zum Inhalt hat.

Freilich sollte über einer zeitgemäßen Metamoral und Moral der Moral, für die Stegmaier so engagiert plädiert (er selbst spricht von einer »Moral im Umgang mit der Moral«), nicht die Primärdimension und die Binnenstruktur von Moral in Vergessenheit geraten, neben der die Reflexionsstufe denn doch als abkünftig und sekundär erscheinen muß. Wir finden uns nämlich immer schon in ein gegebenes Ethos »geworfen« vor, dessen Sollensforderungen wir uns stellen müssen, ohne zwischen verschiedenen Moralen wählen zu können. Der Einzelne ist dabei in der Sozietät von vornherein majorisiert und hat daher keine Möglichkeit, eigene Moralvorstellungen durchzusetzen. Dem Individuum kann deshalb streng genommen keine (gültige) eigene Moral zuerkannt

12 *Integrative Ethik* 72-74, vgl. 124.

werden. Demgemäß sind auch die Möglichkeiten einer moralinternen, die Binnenstruktur einer Moral betreffenden Perspektivierung und Individualisierung der Moral sehr begrenzt; dazu gehören in der Regel die sogenannten weiten Pflichten, die Anwendungsdimension oder auch kontroverse Grenzbereiche, die im Fluß und daher normativ nicht eindeutig abgeklärt sind. Auch die von Stegmaier empfohlene Perspektivensynthese kann darum, wenn sie Anerkennung finden soll, nur von der Mehrheit der jeweiligen Gesamtgesellschaft vollzogen werden. Mit der Moral als sozialer Ordnung und Institution verhält es sich darin ähnlich wie mit dem Recht. (Anders steht es dagegen mit der – von Stegmaier nur gestreiften – Strebensethik, die einer weitgehenden Individualisierung und hermeneutischen Perspektivierung offensteht. Nur bleibt auch hier ein Allgemeines festzuhalten, das eine effiziente Kommunikation, praktikable Ratschläge und die Weitergabe von Erfahrungen möglich macht.[13])

Moralische Identität kann bei dieser Sachlage ganz überwiegend nur eine Kollektividentität sein, die sich allerdings in verschiedenen Schichten und Kreisen komplex aufbaut, je nach den Rollen, die der Einzelne in der Sozietät zu spielen hat. Im übrigen muß es offen bleiben, inwieweit die personale Identität primär moralisch geprägt ist (wie Nisan und Stegmaier annehmen). Denn zum einen ist die moralische Identität wertambivalent (es gibt auch negativ besetzte Identitäten!), zum andern verweist ein moralisches Identitäts*ideal* auf eine strebensethische Positivierung der Moral, die atypisch ist und daher nicht die moralische Identität im ganzen tragen kann. Darum können gegebenenfalls auch andere Orientie-

13 Stegmaiers Skepsis gegenüber einer Topisierung von Beratungsgehalten ist entgegenzuhalten, daß die Ausbildung (zunächst individueller) Topiken schon ein Anthropinon ist und daß darum auch Berater nicht ohne Topik auszukommen pflegen; ferner, daß auch in diesem Punkt das Modell der Medizin für die Ethik (insbesondere die Strebensethik) aufschlußreich ist. – Zur begrenzten Tragweite der modernen Interpretations-, Perspektivitäts- und Zeichenphilosophie vgl. im folgenden S. 247 sowie grundsätzlich mein bevorstehendes Buch *Hermeneutik und Metahermeneutik.* (Programmatische Stellungnahmen enthalten die beiden Beiträge: Thesen zur Philosophischen Hermeneutik, in: *Internationale Zeitschrift für Philosophie* 1993/1, 173-188; und: Zur Rekonstruktion der Philosophischen Hermeneutik, in: *Zeitschrift für Allgemeine Wissenschaftstheorie* 26/1, 1995, 169-185.)

rungen bei der Identitätsbestimmung vor der Moral rangieren (Religion, personale Liebe, kreative Leistung u. a.). Jedenfalls gilt es, zu differenzieren und beim Identitätsverständnis eine nötigende Moral, ein moralisches Ideal und schließlich andere Zielsetzungen sowohl von einander zu unterscheiden wie zu einander in Beziehung zu setzen. Auch Stegmaier dürfte mit der von ihm angenommenen Mehrfachmotivation des Handelns in diese Richtung weisen.

9.

Hans-Ludwig Ollig hat meine Subjekttheorie gewinnbringend mit der von Kutscheras verglichen. Obgleich die Resultate beider Theorien nicht allzu weit auseinanderliegen, ist ihr Ansatz doch grundverschieden: Von Kutschera geht es um die Rettung der Person, der Lebenswelt und auch der Humanwissenschaft vor dem Zugriff eines materialistischen Monismus und Physikalismus; mir geht es um eine metatheoretische Grundlegung der Ethik in philosophisch-anthropologischer Absicht, um speziell die *Möglichkeit von Ethik* zu sichern. Diese Fragestellung ist enger und begrenzter als die von Kutscheras, weil ich von der Selbsterfahrung gerade des praktischen Subjekts als einem unhintergehbaren Faktum ausgehe. Theorien wie der Physikalismus werden dabei von vornherein als abkünftig zurückgewiesen. Von Kutschera möchte hingegen objektiv beweisen, daß es Subjekte gibt und daß sie von der materiellen Welt unabhängig sind. Während ich auf eine ontologische Festlegung verzichte, möchte von Kutschera sie leisten. Er tritt damit in den Themenkreis einer Ersten Philosophie ein, den ich bewußt vermeide, weil ich ihn im Blick auf meinen Argumentationsgang für entbehrlich halte.

Ollig hat durch diesen Vergleich meinen Ansatz und vielleicht überhaupt die Theoriebedürftigkeit einer Praktischen Philosophie negativ profiliert. Der Ethiker, der seinen Ansatz von Kontroversfragen einer Ersten Philosophie abhängig macht, setzt sich dem Risiko aus, im Falle der Nichtanerkennung der ontologischen Grundannahmen die Legitimation für seine theoretischen Bemühungen zu verlieren. Eine diesbezügliche Enthaltsamkeit hat also mehr als nur methodische Bedeutung. Ich selbst wünsche mich darum in den ontologischen Grundsatzfragen weiterhin

neutral zu halten und habe auch den Gedanken eines Epiphänomenalismus (etwa nach der Art Putnams) nur discussionis gratia
in die Debatte geworfen. Im übrigen erscheinen mir die Anstrengungen von Kutscheras auch von seinem eigenen Standort aus
gesehen als überzogen: Der epistemologische Antirealismus, mit
dem von Kutschera die Subjektivität aufzuwerten hofft, ist ebenso
unbeweisbar wie sein Gegenteil und trägt daher zur Entscheidung
der Kontroverse nichts bei.

Insgesamt sind die Klärungen, die Ollig mit seinem Referat her-
beigeführt hat, geeignet, meine Aufstellungen zur praktischen
Subjektivität und zur ethischen Anthropologie in einen weiteren
systematischen Zusammenhang zu rücken.

10.

Reiner Wimmer hat die Übereinstimmungen mit der *Integrativen
Ethik* selbst genannt: Die Einheit in der Zweiheit der beiden
Ethiktypen, den Primat des gelungenen Lebens vor der Moral[14],
die Skepsis gegenüber Letztbegründungen, aber auch gegenüber
einer allzu problemlosen Anwendungseuphorie (man kennt das
einschlägige Buch Wimmers), schließlich die Empfehlung indirek-
ter Mitteilung und ihrer Einbettung in die Lebenspraxis.[15] (Die
terminologische Disjunktion von ›ethisch‹ und ›moralisch‹ ist al-

14 Diese beiden Aspekte sind Wimmer zufolge (vgl. oben S. 57) die Dif-
ferenzpunkte meines Ansatzes zu dem von W. Kamlah (*Philosophische
Anthropologie*, 1972). Über diese beiden Punkte hinaus gibt es allerdings noch weitere Unterschiede zwischen Kamlah und mir. So lehnt
sich die inhaltliche Ausführung der Moralphilosophie und der Eudä-
monistischen Ethik bei Kamlah weitgehend an Kant (*MS Tugendlehre*
A 30) und die hellenistische Ethik an, während die *Integrative Ethik*
beide Ethiktypen zeitgemäß zu reformulieren und inhaltlich in neuer
Weise zu bestimmen sucht. Ferner ist die von Kamlahs Kritikern (Böh-
ler, Rentsch) angemahnte Grundlegung der Ethik im Selbstverhältnis
des Handelnden bei mir geleistet (*Integrative Ethik*, Kap. 4: Einleitung, 214-226).

15 Eine weitere Übereinstimmung: Wimmers Gedanke eines ›unbedingten Lebenssinns‹ entspricht meiner Kategorie der Zentralität (*Integrative Ethik* 153, 165 f. neben Extension, Intension u. a. Die Vokabel des
Unbedingten scheint mir für die Strebensethik unglücklich gewählt, da
sie moralphilosophische Assoziationen weckt).

lerdings nicht meine, sondern die von Habermas. Ich verstehe Ethik als philosophische Theorie von Moral wie auch von individueller Lebensführung.)

Meinungsverschiedenheiten bestehen zunächst über die Rationalität und Rationalisierbarkeit von Moral. Wimmer vertritt dabei einen Kognitivismus auch auf der Ziel- und Normebene, während ich eher zum Non-Kognitivismus hintendiere. Ich bin allerdings der Auffassung, daß wir, wenn wir nicht zu einer metaphysischen Teleologie der Zwecke, Normen und Werte zurückkehren wollen, sowohl in der Moral wie in der inividuellen Lebensführung um letzte Optionen aus Freiheit nicht herumkommen. Dies gilt wie für die Ethik für alle präskriptiven und normativen Disziplinen (der Praktischen Philosophie, der Ästhetik u. a.): Es gibt keine Möglichkeit, sich einer letzten Optionalität zu entziehen, weil in der Neuzeit Axiologisches nicht mehr in einer objektiven Teleologie fundiert sein kann, sondern antirealistisch als Setzung aufzufassen ist (vgl. Kants dritte Kritik). Dabei kann zwar die Praktische Intelligenz auch nach meinem Dafürhalten durchaus *mit*wirken (*Integrative Ethik* 169, vgl. 201, 202: »Die moderne Praktische Intelligenz ist mitbeteiligt an der Setzung der Ziele und der Vorzugswahl oder Abwahl von Zielen ... «); es wäre aber eine verhängnisvolle Selbsttäuschung des ethischen Intellektualismus, die kognitiven Momente absolut oder doch vor die emotiven und volitiven zu setzen und damit den optionalen Charakter von Praxis zu verschleiern. Für die Moral kommt hinzu, daß sie auf Grund ihres Immobilismus und ihrer Trägheitsmomente – sie muß auf Dauer gestellt und von der Mehrheit der Glieder einer Sozietät anerkannt sein – weniger leicht zu korrigieren ist als die individuelle Lebensführung. Im übrigen deckt sich die von der zeitgenössischen Moralphilosophie puristisch auf rein rationale oder utilitäre Motive hin rekonstruierte Moral mit der faktisch geltenden Moral keineswegs. Diese ist nämlich stets auch von Beweggründen irrationaler Herkunft durchsetzt – Weltanschaulichem, Herrschaftsinteressen, schicksalhaften Kollektiverfahrungen, Inertialfaktoren –, die auch von einer rational ambitionierten Moralphilosophie immer nur partiell wegrationalisiert werden können.[16] Die Moral ist darum von Hause aus *mehr* denn nur die Summe individueller Bedürfnisstrukturen, als die sie die kogniti-

16 Dazu zusammenfassend *Integrative Ethik* 69/70 sowie oben S. 216.

vistische Moralphilosophie ausgeben möchte, d. h. sie bringt ein qualitatives Novum mit sich. Die Moral besitzt deswegen vor der individuellen Lebensführung auch keinen epistemischen Vorrang. Sie wird ferner nur zum kleinsten Teil durch (rationale) Beschlüsse gesetzt und durch Absprachen sanktioniert; ihr Konsens ist vielmehr ein rein faktischer, der sich in komplexen sozialpsychologischen und mentalitätsspezifischen Prozessen herstellt.

Natürlich kann die Moralphilosophie, soweit sie nicht einfach hermeneutisch Vorgegebenes reflektiert und aufklärt (»meta-optional«), versuchen, die herrschende Moral argumentativ zu beeinflussen und nach »Gründen« zu reformieren (»prim-optional«). Der Moralphilosoph verfügt jedoch in der Sozietät nur über eine einzelne Stimme und muß sich mit seinen Vorschlägen erst einmal durchsetzen. Der Status einer solchen philosophischen »Moral der Moral« ist dann aber prekär: Gültig wird sie erst dann, wenn sie der Ratifizierung durch die Gesamtgesellschaft unterliegt; bis dahin ist sie keine gültige, d. h. durch allgemeinen Konsens getragene Moral und kann im Grenzfall sogar als unmoralisch zurückgewiesen werden, wenn sie an bestimmte Tabus rührt.[17] Man sieht: Eine rational verfahrende Moralphilosophie wird von mir – mit den durch Optionalität und Geschichtlichkeit geforderten Einschränkungen – sehr wohl für möglich gehalten; insofern kann ich mich mit R. Wimmer noch treffen. Was uns trennt, ist die abweichende Einschätzung der Chancen philosophischer Ethik und insbesondere der Moralphilosophie, die sich mir in ihrer kognitivistischen Version in verschiedener Weise zu übernehmen scheint. Ganz aus dem Spiel bleiben sollte die Frage einer rationalen Anthropologie, an deren Möglichkeit ich deshalb nicht zweifle, weil sie für mich nach wie vor primär eine theoretische Disziplin bleibt.

Der Hauptteil von Wimmers Beitrag betrifft die Rolle der *Philosophischen Anthropologie* für die Ethik und setzt sich daher mit dem vierten Kapitel der *Integrativen Ethik* (›Ethische Anthropologie und praktische Subjektivität‹) auseinander. Wimmer möchte die ethische Funktion der Philosophischen Anthropologie in der Anerkennung anthropologischer Invarianten wie etwa der Sterb-

---

17 Geltung und Begründung schließen einander, wohlgemerkt, nicht aus; doch kann Geltung gegebenenfalls ohne Begründung auskommen, aber nicht Begründung ohne Geltung.

lichkeit oder der Unverfügbarkeit des gelingenden Lebens erblikken. Die Allgemeine Ethik hätte es eben mit der prinzipiellen Anerkennung der anthropologischen Grundstrukturen und der damit gesetzten Grenzen des Menschseins zu tun. Dieser als Kritik an der *Integrativen Ethik* gemeinte Vorschlag läuft jedoch offene Türen ein, denn der von Wimmer in diesem Zusammenhang verwendete Begriff von ethischer Anerkennung entspricht inhaltlich weitgehend der Generalregel, in der die *Integrative Ethik* die Allgemeine Strebensethik zusammenfaßt und die ausdrücklich zur Beachtung »der Unverfügbarkeit« und der »Grenzen« der »anthropologischen Struktur« anhält.[18] Die Regel warnt davor, »das Unrealisierbare zu erhoffen, zu versuchen, planend damit zu rechnen oder es andererseits zu verdrängen«, und dies mit unmittelbarem Bezug auf das Selbstverständnis des Menschen im ganzen. (Statt des politisch besetzten Anerkennungsbegriffs verwendet die *Integrative Ethik* die Ausdrücke der Beachtung, des Sichdazuverhaltens oder auch der Gelassenheit.) Diese nicht nur von Wimmer übersehene[19] Generalregel, die die *Integrative Ethik* für die Allgemeine Strebensethik formuliert, ist jedoch für den systematischen Entwurf der *Integrativen Ethik* von zentraler Bedeutung und schließt darum den eigentlichen Grundlegungsteil des dritten Kapitels nicht ohne Grund ab: 1.) Die Generalregel ist als Pendant zum Kategorischen Imperativ eingeführt und soll belegen, daß auch die Strebensethik als Prinzipienethik auftreten und darin der Moralphilosophie durchaus ebenbürtig gegenübertreten kann. 2.) Der im Verlauf des dritten Kapitels zunächst in deskriptiv-anthropologischer Absicht vorgelegte Satz von Zielkategorien, insbesondere die Kategorie des Unverfügbaren, wird hier ins Präskriptive gewendet und damit der Übergang von der anthro-

18 *Integrative Ethik* 190, vgl. 163.
19 Vgl. z. B. A. Pieper in der *Zeitschrift für philosophische Forschung* 47, 1993, 315, 317, die weiterhin von der Moralphilosophie als »Prinzipienethik« im Unterschied zur Strebensethik spricht. – Wimmer hat sich hier offenbar durch meine Kritik an der klassischen Philosophischen Anthropologie, die rein theoretisch bleibt (*Integrative Ethik* 235 f., von Wimmer in extenso zitiert oben S. 63 f.) täuschen lassen und daraus falsche Schlüsse für meine Auffassung von Anthropologie überhaupt gezogen. Vgl. jedoch die Bekräftigung der ethischen Bedeutsamkeit Philosophischer Anthropologie: *Integrative Ethik* 370 f., 372 f. (nach 161 ff., 190).

pologischen Metatheorie zur Ethik in ihrer allgemeinen Form vollzogen (fortgesetzt in der Speziellen Ethik des fünften Kapitels). 3.) Die Regel spezifiziert präzisierend zwischen maximalen und minimalen Grenzwerten und setzt die moderne Strebensethik damit nicht nur von einem unbeschränkten Pluralismus (der sogenannten Postmoderne), sondern auch von der auf einen einzigen optimalen Fall zugeschnittenen traditionellen Ethik (u. a. auch der aristotelischen Mesotes-Lehre) ab. Sie modifiziert zugleich den in der Definition des gelingenden Lebens[20] verwendeten Identitäts- und Korrespondenzbegriff zwischen Selbst und Welt und liberalisiert ihn auf Pluralitäten und Diskontinuitäten hin. 4.) Die Regel bezieht sich zunächst auf die Grenzen menschlicher Möglichkeiten überhaupt, kann und muß aber darüber hinaus nach Typen, Individuen und Situationen spezifiziert und individualisiert werden.

Wird damit Wimmers Kritik am fehlenden Zusammenhang zwischen Philosophischer Anthropologie und praktischer Handlungsorientierung in der *Integrativen Ethik* hinfällig, so bleibt ein weiterer Differenzpunkt bestehen: Wimmer versteht die Philosophische Anthropologie rundum als Selbstaufklärung des Menschen, die immer und notwendig auf sein praktisches Selbstverständnis zurückwirke. Eine rein theoretische Philosophische Anthropologie könne es daher nicht geben; umgekehrt sei anthropologisches Reflektieren immer schon die Sache jedermanns. Ich möchte dem nicht grundsätzlich widersprechen, würde aber zu bedenken geben, daß für eine Theorie der Subjektivität und schließlich für die Philosophie im ganzen – als Weltorientierung, die immer auch Selbstorientierung ist – grundsätzlich das gleiche zutrifft. Gerade deshalb scheint mir aber eine Differenzierung der Zielsetzungen und Funktionen geboten, um die Eigenart einer der Praktischen Philosophie und Ethik zuarbeitenden Philosophischen Anthropologie nicht im Vagen und Unspezifischen verschwimmen zu lassen. Die Anthropologie hat – in der Nachfolge der rationalen Psychologie – in der Tradition zur Theoretischen Philosophie gehört, und demgemäß haben die Klassiker der Philosophischen Anthropologie in unserem Jahrhundert ihre Aufgabe primär als eine theoretisch-deskriptive aufgefaßt, ohne den Zusammenhang mit der Praktischen Philosophie anders als okka-

20 *Integrative Ethik* 149.

sionell zu suchen. Von dieser sich theoretisch verstehenden Fundamentalanthropologie war eine *primär* als Grundlegung Praktischer Philosophie und Ethik intendierte Anthropologie abzuheben. Dies entspricht genau der Ausgliederung philosophischer Spezialanthropologien aus der Fundamentalanthropologie, die sich in der zweiten Hälfte des 20. Jahrhunderts allenthalben vollzieht: Man spricht zunehmend von einer politischen, ökonomischen, sozialen oder von einer Religions- oder Kunstanthropologie.[21] Die Thematisierung einer Spezialanthropologie der Ethik, die die Ansätze der Fundamentalanthropologie gezielt weiterführt, ergibt sich daraus folgerichtig und ist schwerlich aufzuhalten. Umso weniger möchte ich die darin sich abzeichnende Differenzierung und Akzentuierung verwischt wissen. Ich halte die überwiegend theoretische Einstellung der Fundamentalanthropologie für legitim, sei es nun im Blick auf eine Metaphysik wie bei Scheler, eine Naturphilosophie wie bei Plessner und Gehlen oder eine Ontologie wie beim frühen Heidegger (zu dem Jaspers das kritische Pendant abgibt). Das entspricht ferner dem Umstand, daß das Menschenbild der Philosophischen Anthropologie für das theoretische wie für das praktische Welt- und Selbstverhältnis gleichermaßen offenstehen muß (mit der Konsequenz einer doppelten Selbstverortung der Philosophischen Anthropologie). Daraus ergibt sich zugleich eine Selbsteinschränkung der praktisch intendierten Anthropologie, die nicht den gesamten Fragenkreis Philosophischer Anthropologie abzudecken oder zu präjudizie-

---

21 Vgl. schon K. Löwith, *Das Individuum in der Rolle des Mitmenschen. Ein Beitrag zur anthropologischen Grundlegung der ethischen Probleme*, 1928, [2]1981 (Sämtliche Schriften Bd. I); H. Ryffel, Zum menschenrechtlichen Gehalt des Eigentums in philosophisch-anthropologischer Sicht, in: J. Schwartländer / D. Willoweit (Hg.), *Das Recht des Menschen auf Eigentum*, 1983, 61 ff.; ders., Philosophisch-anthropologische Aspekte der Arbeit im Hinblick auf ein Recht auf Arbeit, in: *Das Recht des Menschen auf Arbeit*, 1983, 211 ff.; G. Böhme, *Anthropologie in pragmatischer Hinsicht*, 1985; O. Höffe (Hg.), *Der Mensch – ein politisches Tier? Essays zur politischen Anthropologie*, Stuttgart: Reclam 1992; G. Frey, *Anthropologie der Künste*, Freiburg 1994; H. Krämer, *Überlegungen zu einer Anthropologie der Kunst*, Tübingen 1994; ders., Überlegungen zu einer Religionsanthropologie, in: *Philosophisches Jahrbuch* 102/1, 1995, 156 ff.

ren beanspruchen kann.[22] Wimmer bestätigt das auf seine Weise selber, wenn er für die anzuerkennenden anthropologischen Invarianten die Beispiele der Unverfügbarkeit und Sterblichkeit anführt, die in der Tat zu einer praktisch orientierten Anthropologie gehören; für die von Wimmer anderwärts[23] benannten Anthropina der Kulturalität oder der Sprachlichkeit hingegen würde dies, wenn überhaupt, nur in einem sehr viel geringeren Maße zutreffen.

Doch selbst innerhalb einer pragmatischen oder praktisch intendierten Anthropologie empfiehlt es sich, noch einmal zu differenzieren zwischen solchen Theoriebeständen, die (nach Art der Wimmerschen) direkt auf das Handeln der Akteure durchschlagen, und anderen, die dem ethischen Berater oder gar dem Theoretiker der Ethik vorbehalten bleiben können. Begriffsanalysen, kategoriale Unterscheidungen oder fundamentalanthropologische Argumentationen und Herleitungen müssen und können ebensowenig jedermanns Sache sein wie die Specialissima der ästhetischen Theorie für den Kunstliebhaber oder – mit Abstand – die Technik oder Metatheorie der Psychotherapie oder Psychologie für die Patienten oder Klienten. Dies bedeutet keineswegs, daß solche Theoreme nicht *mittelbar* auf die Praxis Einfluß nehmen können – sie sollen ja gerade zur *ethischen* Anthropologie gehören –, doch sind ihre Adressaten zunächst nicht die Akteure selber, sondern ihre Berater und die ihnen vorarbeitenden Theoretiker der Anthropologie und Ethik. Mit anderen Worten: Die faktisch bestehende Rollenverteilung zwischen Theoretikern, Beratern und Handelnden läßt es nicht als ratsam erscheinen, die verschiedenen Niveaus und Strata von vornherein zu konfundieren, anstatt durch geeignete Differenzierung ihre angemessene Kooperation zu ermöglichen und in die Wege zu leiten. Auch wenn man mit Wimmer von einem originären anthropologischen Interesse des Menschen ausgeht, folgt daraus noch nicht, daß jedermann den Theoriebildungen der Fachphilosophen im ganzen und im einzelnen zu folgen fähig und willens ist oder gar für seine eigene Lebensführung darauf angewiesen wäre. Umgekehrt muß der

---

22 Vgl. oben S. 214.
23 R. Wimmer, Zur Eigenart moralischer Beurteilungen und ihrer anthropologischen Begründung, in: J.-P. Wils (Hg.), *Orientierung durch Ethik?*, 1993, bes. 158, 165.

Theoretiker auch als pragmatisch orientierter Anthropologe so weit von seinen privaten Problemen abstrahieren können, daß er zu tendenziell allgemeingültigen und intersubjektiv verbindlichen Aussagensystemen gelangen kann. Dies schließt nicht aus, daß man Praktische Philosophie und Ethik als Reflexionsstufe von lebensweltlicher Praxis auffassen und damit von den Einzelwissenschaften abgrenzen kann.[24]

Im übrigen hätten Wimmers Schwierigkeiten mit meinem Begriff von *Metatheorie* unter Bezugnahme auf das siebte Kapitel der *Integrativen Ethik* leicht behoben werden können, das die ethische Metatheorie in extenso (370-380) diskutiert und auch definiert (nämlich negativ durch die Absenz normativer und präskriptiver Funktionen, aber in einem Subsidiär- und Prolegomenaverhältnis zur Präskriptiven Ethik, nach dem Muster der sprachanalytischen Metaethik).[25] Dabei kann man mit Wimmer eine engere Metatheorie als Theorie der ethischen Theorie(n) und ihres inneren Aufbaus noch einmal herausheben und damit die metatheoretische Selbstverortung der *Integrativen Ethik* (dazu ebendort 373 f.) präzisieren. – Wimmers Vorstellungen von der *Methode* der Philosophischen Anthropologie sind, wie sich im vorigen zeigte, andere als die der *Integrativen Ethik*. Das reicht aber nicht aus, um dieser die methodologische Reflexion in anthropologicis schlechthin abzusprechen. An die einschlägigen Abschnitte in den Kapiteln 1 (64-66), 3 (161 f.) und 4 (254-258) sei erinnert, ebenso an die Verweise auf zahlreiche Vorarbeiten zur Methodologie der Anthropologie und zur Phänomenologie der Ethik.[26]

Inhaltlich unterscheidet sich Wimmer von der Anthropologie der

24 Dazu ausführlich *Integrative Ethik* 199-208, 358-365.
25 *Integrative Ethik* 370, mit Einordnung der Philosophischen Anthropologie 370, 372 f., 374.
26 Prolegomena zu einer Kategorienlehre des richtigen Lebens, in: *Philosophisches Jahrbuch* 83, 1976, bes. 73-76; Selbstverwirklichung, in: G. Bien (Hg.), *Die Frage nach dem Glück*, Problemata 74, 1978, bes. 21 f.; Kategorialität und Praktische Philosophie, in: D. Koch / K. Bort (Hg.), *Kategorie und Kategorialität*, FS f. Klaus Hartmann, 1990, bes. 365, 371; Rezension zu: Thomas Rentsch, Die Konstitution der Moralität, in: *Allgemeine Zeitschrift für Philosophie* 17, 1992, 83-87. Einschlägig sind ferner die oben Anm. 21 aufgeführten Arbeiten des Verfassers zur Kunst- und Religionsanthropologie, die jeweils methodologische Reflexionen enthalten.

*Integrativen Ethik* vor allem dadurch, daß er deren Zentralbegriff der *Hemmbarkeit* nicht als anthropologische, sondern lediglich als ethische Kategorie gelten läßt, ähnlich wie auch Glück und Unglück oder gelingendes und mißlingendes Leben nicht zur Anthropologie, sondern zur Ethik gehören sollen. Der Zusammenhang mit der Anthropologie ist nach Wimmer in diesen Fällen allein auf dem Umweg über ethische Akte der Anerkennung anthropologischer Konstanten – Hemmung wäre der negative Modus, d. h. das Ausbleiben solcher Anerkennung – oder allenfalls durch eine empirische (nicht-transzendentale) Anthropologie herstellbar. Diese Einschätzung fordert jedoch zu verschiedenen systematischen und philosophiehistorischen Einwänden heraus, die sich teils aus dem Argumentationsgang der *Integrativen Ethik* ergeben, teils zu dessen Erläuterung nachzureichen sind. Zunächst bleibt die anthropologische Basis der Ethik entschieden zu schmal und dürftig, wenn sie sich auf einen zusammenhanglosen Katalog trivialer Anthropina wie Leiblichkeit, Geschlechtlichkeit, Sozialität, Kulturfähigkeit, Sprachlichkeit, Geschichtlichkeit und Sterblichkeit beschränkt, die auch für die Handlungsorientierung wenig hergeben.[27] Zum wenigsten wäre eine kategoriale Gliederung anzustreben – nach den Prinzipien der Differenzierung und der Koordination –, wie sie von der Philosophischen Anthropologie (Plessner in Anlehnung an Dilthey, Gehlen in Anlehnung an Nicolai Hartmann) und der Existenzialphilosophie (Heideggers Existenzialien in Fortführung von Kierkegaard und Dilthey) verfolgt worden ist. Dazu gehören bereits Ansätze zu einer Fokussierung in gewissen ausgezeichneten Grundkategorien, die methodisch an die analogia attributionis der aristotelischen Tradition erinnern. In diesem Sinne sind bei Heidegger die Existenzialien des Inderweltseins, der Möglichkeit und der Endlichkeit, bei Plessner die exzentrische Positionalität und bei Gehlen die Entlastung herausgehoben. Davon umschreiben die beiden letzteren wie die

27 An die eigene Sterblichkeit braucht normalerweise niemand erinnert zu werden, wohl aber an die Ungewißheit und mögliche Nähe des Zeitpunkts (mors certa, hora incerta). An die einschlägige Heidegger-Kritik von D. Sternberger, J.-P. Sartre und R. Marten sei erinnert. Noch wichtiger für den Menschen ist es, dem »Absterben« von Lebensmöglichkeiten *innerhalb* des Lebensganges zuvorzukommen, was zu einer speziellen Zeitethik hinführt, wie sie in der *Integrativen Ethik* (vgl. 299-318) in Umrissen entwickelt ist.

Möglichkeit Heideggers[28] das Anthropinon der Freiheit, dem in einer ethischen Anthropologie eine zentrale Bedeutung zukommt. Die *Integrative Ethik* sucht diese Grundkategorie unter dem Titel des Könnens[29] für die praktisch-ethische Anthropologie fruchtbar zu machen. Ebenso wichtig ist dafür das Inderweltsein, das stets ein »befindliches«, d. h. qualifiziertes ist und sich damit als Dimension des gelingenden oder mißlingenden Lebens erweist (beide sind als Modi des Verhältnisses zwischen Selbst und Welt und des damit einhergehenden Selbstverhältnisses definierbar[30]). Das Weltverhältnis als einheitliches ist jedoch eine generalisierende Abstraktion, die in der Wirklichkeit isoliert gar nicht vorkommt. Es gibt streng genommen nur eine Reihe verschiedener Weltstellungen, die in der *Integrativen Ethik* (Kap. 3) typologisch erfaßt und zu einander in Beziehung gesetzt sind. Sie haben anthropologischen Rang, auch nach den Maßstäben strikter Invarianten, da wir von ihnen allen in unserem wachen Leben jederzeit Gebrauch machen oder sie erfahren. Auf der anderen Seite umreißen sie die Zieldimension der Güter- oder Strebensethik.

Die Philosophische Anthropologie und die Existenzialphilosophie haben darüber hinaus die Gebrochenheit der conditio humana durch antithetische Formeln einzufangen versucht, so Plessner mit der konstitutionellen Verschränkung von Exzentrizität und Zentrizität, Weltoffenheit und Umweltgebundenheit sowie durch die Spezifikation der Exzentrizität in der natürlichen Künstlichkeit, der vermittelten Unmittelbarkeit oder im »utopischen« Standort, Heidegger mit der Rede vom geworfenen Entwurf, von Eigentlichkeit und Uneigentlichkeit[31], Reden und

28 Vgl. dazu G. Figal, *Martin Heidegger, Phänomenologie der Freiheit*, ²1991, 38 ff., 91 ff., 157 u. ö.

29 Francisco J. Varela, *Ethisches Können*, 1994, versteht demgegenüber Können sehr speziell als okkasionale Offenheit und nicht etwa als Habitus, und ferner ausschließlich moralisch.

30 Näheres *Integrative Ethik* 149 ff.

31 Daß beide gleichen Ranges sind, zeigt im Zuge einer immanenten Heidegger-Korrektur überzeugend K. Hartmann, The logic of deficient and eminent modes in Heidegger, in: *Journal of the British Society for Phenomenology* 5, 1974, 118 ff. Vgl. ferner grundsätzlich H.-G. Gadamer, Anmerkungen zum Thema »Hegel und Heidegger«, in: *Natur und Geschichte*, FS f. K. Löwith, 1968, 123 ff., dann in: Gadamer, *Kleine Schriften* III, 212 ff. sowie in: Gadamer, *Heideggers Wege*, 1983, 61 ff.

Schweigen, Entdecken und Verbergen u. ä. Diese dualen Strukturen haben anthropologischen, ja (bei Heidegger) ontologischen Rang, führen aber andererseits an praktische Unterscheidungen heran, die in ihnen fundiert sind. Auf der anthropologischen Ebene fordern die Korrelate einander, während sie auf der praktisch-ethischen scheinbar auch isoliert auftreten können. Unter ethischen Gesichtspunkten ist die Verflechtung von Freiheit und Unfreiheit besonders aufschlußreich, wie sie bei Heidegger[32] (geworfener Entwurf) und Plessner (Ineinander von Zentrizität und Exzentrizität) in verschiedener Weise umschrieben wird. Die Anthropologie der Hemmung und Enthemmung in der *Integrativen Ethik* versteht sich als dieser Tradition zugehörig. Sie geht davon aus, daß wir als Menschen immer schon und jederzeit irgendwie gehemmt und andererseits ungehemmt sind. Insbesondere sind die Anthropina der Unverfügbarkeit (mit der Geworfenheit als Spezialfall) und der Endlichkeit / Sterblichkeit als Weisen der Gehemmtheit aufzufassen, von der sie übergriffen werden. Umgekehrt sind alle unsere Verfügbarkeiten und Könnensweisen als Formen der Nichthemmung aufzufassen, darunter auch solche, die als Anthropina dem Menschen als Menschen gegeben sind, wie die Entscheidungs-, Kultur- und Sprachfähigkeit. Beidemale ist es deutlich, daß die Kategorien der Hemmung und Nichthemmung einen hohen anthropologischen Status beanspruchen können, da sie andere Anthropina übergreifend einschließen. Sie erweisen sich damit, in Wimmers Formulierung, ihrerseits als anzuerkennende Anthropina und nicht etwa nur als Modi der Anerkennung selber.

Wer vollends mit einer Bedürfnis-Anthropologie rechnet (Kamlah, Koppe u. a.), kommt, wie im vorigen zu zeigen war[33], um die Kategorie der Hemmung nicht herum, die Bedürfnisse erst erschließt und überdies weiter reicht. In der Tat führt die Analyse praktischer Subjektivität mit einiger Folgerichtigkeit über die Annahme einer modalen Differenz zwischen Ist- und Soll-Zuständen zu einem Grundstreben, das jeweils überwiegend entweder gehemmt bleibt oder hemmungsfrei erfüllt wird, ohne der Verkopplung der beiden Gegensätze jemals ganz zu entgehen.

32 G. Figal, a.a.O. 25, 28, 157, 284, u. ö.
33 Oben S. 215 f.

Das gleiche trifft aber nun auch für die im qualifizierten Weltverhältnis anthropologisch grundgelegten Fälle des gelingenden und mißlingenden Lebens zu. Da die Disjunktion vollständig ist, kann es sich nicht um (unerreichbare) Grenzwerte, sondern nur um ein Überwiegen nach der einen oder anderen Seite handeln[34], bei dem der Gegenpart nie ganz auszuschalten ist. Insofern spiegelt die ethische Praxis das auf der anthropologischen Ebene grundgelegte kategoriale Verhältnis wechselseitiger Implikation wie im Falle von Gehemmtheit und Hemmungsfreiheit wider. Auf der anderen Seite hebt sich die Praxis und die ihr gewidmete ethische Theorie von der anthropologischen Basis dadurch ab, daß sie ein Kontinuum verschiedenster Typen und Grade der Kombination des Kategorienpaares entfaltet, indem sie es auf die Mannigfaltigkeit realer Lebensverhältnisse gleichsam anwendet. Erst auf dieser Ebene kann von – Allgemeiner oder Spezieller – Ethik die Rede sein, wobei im Falle der Hemmung und Nichthemmung noch zusätzlich und gegenläufig zwischen Strebens- und Sollensethik zu unterscheiden ist.[35] Man kann die Variabilität des praktischen Feldes dadurch begrifflich hervorheben, daß man zusammenfassend von Hemm*barkeit* (und entsprechend von Glücks*fähigkeit*) spricht. (Wer einer dualen Kategorialität skeptisch gegenübersteht, mag darüber hinaus diese vereinfachende Terminologie auch auf die anthropologische Ebene übertragen, wie dies in der *Integrativen Ethik* vorsorglich geschehen ist; notwendig ist dieser Schritt aber nicht und ferner mit dem Nachteil verbunden, daß die Grenze zwischen anthropologischen Invarianten und praktischen Variablen unscharf wird.)

Zusammenfassend ist festzuhalten, daß der (Ent-)Hemmungsbegriff als Implikat, Korrelat oder Komplement anthropologischer Grundbegriffe wie Freiheit, Unverfügbarkeit, Endlichkeit oder Bedürftigkeit auszuweisen und darum auch für eine praktische *Anthropologie* unentbehrlich ist – und nicht nur für eine Ethik, deren Aufgabe allerdings nur darin bestehen kann, Hemmungen entweder zu etablieren (als Moralphilosophie) oder zu destruieren (als Strebensethik) und die deshalb in ihrem Selbstverständnis wesentlich auf den Hemmungsbegriff angewiesen ist.

*Systematisch gesehen bedeutet die Einführung der (Ent-)Hem-*

---

34 *Integrative Ethik* 149, 256 u. ö.
35 *Integrative Ethik* 242 ff.

*mungskategorie zuletzt eine Umakzentuierung des fundamenta-*
*len Anthropinons der Freiheit (der das Korrelat der Unfreiheit*
*stets wie ein Schatten folgt), durch die sie von der Unfreiheit qua*
*Hemmung her negativ eingegrenzt und so in verschiedener Weise*
*näher an die humane Praxis herangeführt wird*: Individuelle Freiheit wird als das der Unfreiheit Abzuringende praktisch konkretisiert und profiliert und dadurch für Praxis und Ethik operabel
gemacht; und zweitens: Freiheit muß selbst durch Reduktion von
Komplexität bewältigt werden und erweist sich damit ihrerseits
als von Unfreiheit durchsetzt; schließlich wird auch Moral als
Hemmungssystem adäquater erfaßt und läßt sich dann gezielter
einsetzen. *Eine solche Umformulierung der Aufgaben von Praxis*
*und Ethik von der Negativität her ist eines der zentralen systema-*
*tischen Anliegen der Integrativen Ethik.* Sie ist ohne Ausgriff in
die anthropologische Dimension nicht zu bewerkstelligen. Demgegenüber führt Wimmer keine Gründe dafür an, weshalb er in
diesem Zusammenhang einerseits die anthropologische Dimension fernhalten und andererseits von der einschlägigen Tradition
Philosophischer Anthropologie abweichen möchte. –
Wimmer schätzt im übrigen die Anerkennung transzendentalan-
thropologischer Grundstrukturen, die er der Allgemeinen Ethik
zuweist, so hoch ein, daß damit nach seinem Dafürhalten im wesentlichen über das Gelingen und insbesondere – beim Ausbleiben
solcher Anerkennung – das Scheitern des Lebens entschieden ist.[36]
Mir leuchtet es nicht ein, der Allgemeinen Ethik innerhalb der
Lebenspraxis eine solche Tragweite einzuräumen und sie von den
spezielleren Weltverhältnissen und -erfahrungen zu isolieren. Gelingendes Leben ist gegeben in der Übereinstimmung mit der Welt
im ganzen und im einzelnen, nicht lediglich mit seinen transzendentalen Bedingungen. Praxis ist immer konkret und an bestimmte Weisen des jeweiligen Selbst und seiner Welt gebunden,
an denen sich die Qualifizierung des Lebens zuletzt entscheidet.
Die von Wimmer im Rahmen seines Beitrags zitierten eigenen
Arbeiten[37] zeigen, daß bei seiner Konzeption auch ein theologi-
sches Modell ins Spiel kommt, das Kierkegaard, Heidegger und
Wittgenstein verpflichtet ist. Die philosophische Ethik ist zwar in
der Lage, ein solches Modell als Grenzfall in ihre Typologie auf-

36 Vgl. oben S. 229.
37 Vgl. oben S. 64 Anm. 3.

zunehmen, kann es aber nicht als grundlegend akzeptieren. Sie bedarf vielmehr, um allgemeingültig zu bleiben, der Differenzierung, sei es nun im Blick auf die Mehrdeutigkeit des Terminus Anerkennung, der ganz Heterogenes besagen und von recht unterschiedlicher Tragweite sein kann, sei es in der Abhebung quietistischen Anerkennens des Unveränderlichen von aktiver Weltgestaltung oder vom glückhaften Zufallen, die beide die Grenzen zwischen Verfüg- und Unverfügbarem unvorhersehbar verschieben können. Ein erfülltes Leben ist jedenfalls mit der »Anerkennung« humaner Grenzen noch nicht gegeben; allenfalls lassen sich damit gewisse Risiken ausschließen, infolge unbedachten Handelns eine minimale Lebensqualität zu unterschreiten.

Trotz aller Divergenzen ist Wimmers Beitrag ein aufschlußreiches Beispiel dafür, wie an den durch die *Integrative Ethik* eröffneten Problem- und Themenfeldern produktiv weitergearbeitet werden kann.[38]

II.

Wilhelm Schmid, einer der besten zeitgenössischen Foucault-Kenner, hat dessen Zentralbegriff der *Selbstsorge* in Wort und Schrift propagiert und verteidigt. Er legt nun hier in systematischer Absicht eine historische Rehabilitierung des Begriffes vor. Der Zusammenhang mit der *Integrativen Ethik* ist dadurch gegeben, daß die Wörter Selbstsorge oder Selbstbekümmerung das Anliegen der Strebensethik formelhaft zusammenfassen.[39] Schmid ist es gelungen zu zeigen, daß Selbstsorge in ihren ältesten Formen in der antiken Polisethik oder in der stoischen Philosophie die Fürsorge für andere ein- und nicht ausschließt und daß sie dies auch in einer modernen Praktischen Philosophie und Ethik nicht zu tun braucht. Dem immer wieder zu hörenden Vorwurf, die Strebensethik sei ja unmoralisch, wird damit durch die historische Analyse eines ihrer Kernbegriffe der Boden entzogen. Hinzu kommt natürlich das systematische Argument, daß die Strebens-

---

38 Vgl. auch die positive Würdigung der *Integrativen Ethik* durch R. Wimmer in: H. Hastedt / E. Martens (Hg.), *Ethik. Ein Grundkurs*, 1994, 171-173.
39 *Integrative Ethik* 84, 226 u. ö.

ethik innerhalb der *Integrativen* Ethik durch die Moralphilosophie in Schach gehalten wird, wie umgekehrt diese von jener weitgehend ihre Inhalte bezieht, so daß mit dem Wegfall der Strebens-
dimension auch die Moral und Moralphilosophie zum Erliegen
käme.

Wichtig ist zweitens, daß Schmid für die Strebensethik gerade
Kant als Kronzeugen gewinnen will. Die Prediger der reinen
Selbstlosigkeit können sich von der *Grundlegung zur Metaphysik
der Sitten* und der *Anthropologie in pragmatischer Hinsicht* her
gesehen nicht auf Kant berufen, so wenig wie übrigens auf das
Neue Testament (»Du sollst Deinen Nächsten lieben *wie Dich
selbst*«). Dieses Resultat konvergiert mit den im vorigen[40] ge-
machten Bemerkungen zur Speziellen Ethik und zur ethischen
Methodologie Kants, die ihn näher an die *Integrative Ethik* her-
anrücken als an die Seite des nachfolgenden und noch heute herrschenden Neukantianismus. Da Schmid Gelegenheit haben wird,
seine Resultate demnächst auch im ›Historischen Wörterbuch der
Philosophie‹ vorzulegen, darf man eine langfristige Korrektur und
Berichtigung eingerasteter Vorurteile der philosophischen Zunft,
aber auch der Öffentlichkeit mit einiger Zuversicht erhoffen.

Im einzelnen entwickelt der facettenreiche Beitrag einleuchtend,
welchen geschichtlichen Wandlungen das unruhige Gleichgewicht
zwischen Selbst- und Fremdsorge unterworfen war. Wo der weitere Kreis der Polis entfiel und das Individuum weitgehend auf
sich selbst gestellt war (wie im Hellenismus), überwog die Selbstsorge. Doch konnte auch dann noch der engere Kreis (der Ver-
wandten und Freunde) Gegenstand der Fürsorge bleiben. Viel
einschneidender war der Bruch, den die Patristik mit der einseitigen Bevorzugung der Fremdsorge und der Verdammung der
Selbstsorge herbeiführte und der das Gleichgewicht von Selbst-
und Fremdzuwendung gründlich zerstörte. »Seelsorge« konnte
von da an nicht mehr die eigenständige Sorge des Individuums um
sich selbst sein, sondern nur noch die Betreuung der übrigen Ge-
meindeglieder durch den kirchlichen Kurator. Von dieser Diffa-
mierung hat sich die Selbstsorge ebenso wie die Selbstliebe bis
heute nicht erholt. Übrig blieb lediglich, wie Schmid treffend
zeigt, die isolierte Selbsterkenntnis im Agentenstatus der fremd-
gesteuerten Selbstüberwachung und Selbstzensur. Die Tradition,

40 Oben S. 212.

gegen die die Rehabilitierung der Strebensethik und ihrer grundlegenden Begriffe ankämpfen muß, wird hier im Detail greifbar. In systemtheoretischer Perspektive ist anzumerken, daß Selbsterkenntnis, Selbstliebe und Selbsterhaltung (als tätige Selbstsorge) in der stoischen Oikeiosis- (»Verselbstungs-«)Lehre als Momente eines einheitlichen anthropologisch-praktischen Zusammenhangs verbunden gedacht waren, den die frühneuzeitliche Profanethik stückweise wiederzubeleben versucht hat. Die darin enthaltenen sozialen und altruistischen Elemente (Zugehörigkeit der Anderen zum Selbst in konzentrischen Kreisen) war ebenso geeignet, das originäre Gleichgewicht zwischen Selbst- und Fremdsorge wieder zur Geltung zu bringen, wie die Unterscheidung (etwa bei Rousseau, ähnlich bei Kant) zwischen einer moralisch erlaubten (amour de soi-même) und einer verwerflichen Selbstliebe (amour propre im Sinne der Selbstsucht und des Egoismus). Während die Konzepte der Selbstliebe, Selbstachtung u. dgl. bereits durch die (Tiefen-)Psychologie eine gewisse Rehabilitierung erfahren haben, bedarf die Selbstsorge auch nach Heidegger und Foucault im Rahmen einer zeitgemäßen und künftigen integrativen Ethik noch einer gründlichen semantischen und phänomenologischen Analyse sowie einer Neuformulierung ihrer anthropologischen und strebensethischen Funktionen.

12.

Christoph von Wolzogen, der seinerzeit die Rezeption der *Integrativen Ethik* mit großem Verständnis für die darin verfolgten systematischen und historischen Intentionen eingeleitet hat[41], leistet im vorliegenden Bande eine philosophiehistorische Situierung ihres zentralen anthropologischen Grundbegriffs der Hemmung. In überraschender Weise werden dabei Parallelen in der Moralphilosophie von E. Levinas und andererseits beim frühen Heidegger erkennbar, die im weitgehend äquivalenten Begriff der »Störung« zentriert sind.

Levinas hat zweifellos das Grundphänomen der Moral am konkretesten und eindringlichsten beschrieben. (Ich habe dies auch in

41 *Neue Zürcher Zeitung* vom 1. 6. 1992 (vgl. oben Anm. 2).

der *Integrativen Ethik*[42] andeutend zum Ausdruck gebracht). Die Forderung, die nach Levinas aus der Begegnung mit dem Anderen erwächst, belegt zunächst die Externalität der Moral. Sie wird ferner mit Ausdrücken der Obsession, der Verfolgung oder des Traumas verbunden, die von Wolzogen mit Recht als Modi der (metaphysischen) Störung, d. h. mit anderer Formulierung der Hemmung des eigenen Macht- und Selbstverwirklichungsstrebens versteht. In der Tat spricht Levinas gelegentlich selbst davon, daß »in einem gewissen Sinne nichts störender ist als der Nächste«.[43] Diese Störung ist vorrational, vordialogisch und asymmetrisch; sie trägt insofern einen unbedingten Charakter.

Legt Levinas die Quelle der Moral frei, so liefert der Heidegger von *Sein und Zeit* dazu das strebensethische Pendant, wie man denn vom frühen Heidegger, wenn man von Foucault absieht, in unserem Jahrhundert wohl am meisten über strebensethische Phänomene erfahren kann. Auch bei Heidegger kommt die Hemmung qua Störung ausdrücklich vor: Wie die theoretische Einstellung aus der »Störung«[44] alltäglichen Besorgens hervorgeht, so erwächst die Moral aus Störungen menschlicher Interaktion. Andererseits ist das Entwerfen eigentlicher Möglichkeiten ständig von der Störung des »Absturzes« in die Uneigentlichkeit bedroht. Da die Uneigentlichkeit jedoch einen existenzialen Primat besitzt, liegt die prototypische Störung umgekehrt im Herausgerissenwerden aus der Vertrautheit des Alltäglichen. Von Wolzogen interpretiert diese Erfahrung als metaphysische Srörung, auf die die phänomenologische Destruktion der Daseinsanalyse hinführen soll.

Wenn diese Ausnahmesituationen als Eigentlichkeit angesprochen werden, so setzt Heidegger damit allerdings nicht die antike und vorkantische Ethik fort, sondern eher Kierkegaard und die hinter ihm stehende religiöse Tradition. Dennoch ist auch bei Heidegger exakt der Ursprung und die Quelle der Strebensethik, aber auch der Moral und moralischen Reflexion angegeben: Ethik ist immer dann gefragt, wenn Selbstverständlichkeiten und Üblichkeiten zerfallen und der Mensch seine gewohnte Orientierung verliert.

Insgesamt hat von Wolzogen mit seinem Beitrag die *Integrative*

---

42 *Integrative Ethik* 46.
43 E. Levinas, *Jenseits des Seins oder anders als Sein geschieht*, 1992, 197.
44 *Sein und Zeit* § 16, S. 74.

*Ethik* sowohl bestätigt wie systematisch und historisch vertieft. Ihre Grundkategorie der Hemmung ist auf maßgebende Philosophien des 20. Jahrhunderts beispielhaft anwendbar und zwar – gegenläufig – ebenso für die Moral wie für die individuelle Lebensführung.

Dies schließt allerdings nicht aus, daß man kritisch feststellen muß, daß die Grundphänomene, die bei Levinas und Heidegger beschrieben werden, nicht die ganze Ethik ausmachen können und daß man dafür (jeweils) über beide hinauszugehen hat. Es wäre verhängnisvoll, wenn man Ethik mit den Urerfahrungen selbst identifizieren und dadurch reduktionistisch verkürzen wollte. Dies gilt im Falle von Levinas für die Ausklammerung und Verleugnung des Allgemeinen – samt der zugehörigen Fernethik – und ebenso für die Verdrängung der Selbstsorge der Strebensethik, die in der Nachfolge der Traditionen des religiösen Ideals der Selbstlosigkeit und des philosophischen Moralismus ungebührlich verketzert wird. – Im Falle Heideggers wiederum kommt es darauf an, die »metaphysische Störung« in die reale Praxis hineinzuverfolgen und als handlungsbestimmend darzutun. Dann wird es aber unvermeidlich sein, der Normalität und ihrer Wiederherstellung durch eine »Entstörungs«ethik ihr angestammtes Eigenrecht in vollem Umfang zuzuerkennen.


13.


Es ist zu bedauern, daß mir für meine Bemühungen in der Ethik gleichwertige Interessen und Kompetenzen in den übrigen Disziplinen der Praktischen Philosophie, nämlich in der Sozial-, Politik- und Rechtsphilosophie vorläufig abgehen. In der *Integrativen Ethik* habe ich, da entsprechende Verzahnungen zumal bei einer systematisch intendierten Ethik unabweisbar sind, notgedrungen intuitiv manches vorausgesetzt, was der Nachprüfung durch die Nachbardisziplinen, aber auch durch die zugehörigen Einzelwissenschaften bedarf. Martin Endreß, Sozialphilosoph und Soziologe in einem, hat mich in seinem Beitrag mit einer ganzen Reihe von Gesichtspunkten überrascht, die mir aus meiner Schütz- und Luhmann-Lektüre zwar dunkel in Erinnerung standen, aber bei der Abfassung der *Integrativen Ethik* keinerlei Rolle gespielt haben. Die zu meinem eigenen Argumentationsgang zuweilen querstehende Analyse und Systematisierung, die Endreß nach dem Gesichtspunkt von Sinndimensionen vornimmt, empfinde ich als höchst instruktiv, weil sie mir sowohl die Schwachstellen und Defizite wie auch manche Vorzüge meiner Position, aber auch meiner Terminologie, erst zum Bewußtsein bringt. Ich werde sie bei meinen künftigen Arbeiten zu berücksichtigen haben. Die vier übergreifenden Sinndimensionen von Raum, Zeit, Sache und Sozialem sind in der Tat auch von der Metatheorie der Ethik angemessen zu thematisieren, wobei sich die Frage nach ihrer anthropologischen Verortung stellt. Das von der Sozialtheorie erarbeitete Instrumentarium sollte also in der Ethiktheorie sein Pendant finden, ähnlich wie das der Rechtstheorie speziell in der Moralphilosophie, während mir das der Politiktheorie ferner zu liegen scheint.

Im einzelnen leuchtet mir die Kritik an meiner mangelnden Differenzierung der verschiedenen Sozialniveaus ein, ebenso die an der ungenügenden Ausnützung der Chancen, die die Adaptation der Goffmanschen Figur von den ›Territorien des Selbst‹ für die Strebensethik möglicherweise hätte haben können. Freilich bin ich mir bewußt, daß die Strebensethik auch von anderen Wissenschaften als den Sozialwissenschaften, etwa der Psychologie, noch mehr hätte profitieren können, wenn ich die Zeit gefunden hätte, die einschlägige Literatur systematisch durchzuarbeiten oder doch wenigstens früher Rezipiertes noch einmal zu vergegenwärtigen. Unbefriedigend ist es jedenfalls, daß in der *Integrativen Ethik* die dyadische Dimension nicht auch terminologisch gekennzeichnet ist, obwohl sie der Sache nach durchaus und in verschiedenen Zusammenhängen gemeint war (nämlich als engster Moralhorizont zwischen Forderndem und Gefordertem, daher gelegentlich doch »Zweiergruppe« genannt; dann auch im Blick auf Levinas, oder in der Freundschaftsbeziehung). Auch die Differenzierung zwischen Nah- und Fernethik (räumlich) und Gegenwarts- und Zukunftsethik (zeitlich) scheint mir notwendig zu sein. Nicht ganz glücklich, weil wenig spezifisch, dünkt mich der Titel einer »sachlichen« Sinndimension (neben Raum, Zeit, Sozialem).

Das von Endreß herangetragene begriffliche Raster ist geeignet, die Kategorisierung und Systematisierung der Ethiktheorie sowie ihre Interrelation mit den übrigen Disziplinen Praktischer Philosophie weiter voranzutreiben. Dies ist um so mehr der Fall, als es

Endreß selbst – in der wechselseitigen Korrektur von Simmel, Luhmann, Parsons, Schütz – um einen integrativen sozialtheoretischen Rahmen zu tun ist. Der wichtigste Gewinn für mich selbst ist die Bestätigung meiner Bemühung um Breite und Synthese in der Ethik, kurz: um eine *integrative* Ethik, die keinen Aspekt der Lebenswirklichkeit vernachlässigt oder gar ausschließt.

## 14.

Helmut Fleischer vertritt eine Ethikkonzeption, die in der *Integrativen Ethik* unter dem Titel der Gruppenmoral, des gelebten Ethos oder der substantiellen Sittlichkeit mehrfach kritisiert oder doch relativiert worden ist.[45] Fleischer entwickelt seine an anderer Stelle[46] ausführlicher dargestellte Position aufs neue und differenziert in der Auseinandersetzung mit anderen Ethikkonzepten – auch mit der *Integrativen Ethik* – genauer. Dabei ergeben sich trotz verschiedener Präferenzen auch Konvergenzen und Gemeinsamkeiten.

Fleischers Grundansatz ist derjenige von der Immanenz der Normen und des Ethischen im wirklichen Ethos, das unhintergehbar ist und an dem daher auch gegenüber allen Abstraktionen und postulierten externen Instanzen im Sinne einer »Radikalintegration« festzuhalten bleibt. Normen haben ihren Ort in der interpersonalen Praxis und nirgendwo sonst. Dies bedeutet die Anerkennung eines prinzipiellen Moralpluralismus und die Absage an jeden – überzeitlichen oder geschichtlichen – Universalismus und ferner eine Minimalisierung des Sollens, das allenfalls zwischen praktischen Subjekten wirksam sein kann. Die Ethik ist demgegenüber normativ und präskriptiv ohnmächtig und hat darum nur den Status einer hermeneutischen Reflexions- und Explikationsinstanz, die das vorgegebene Ethos begrifflich repräsentiert und analysiert. Die Philosophie kann es immer nur zu einer metaethischen Grundlagentheorie bringen, die die Inhalte des Ethos »aus-

---

45 *Integrative Ethik*, S. 37-41, 65, 110, 121 f. Anm. 12.
46 H. Fleischer, *Ethik ohne Imperativ. Zur Kritik des moralischen Bewußtseins*, 1987; vgl. von dems., Reflexionen über politisches Ethos, in: Nickel / Roßnagel / Schlink (Hg.), *Die Freiheit und die Macht – Wissenschaft im Ernstfall*, FS f. A. Podlech, 1994, 93-114.

legt« und seine formalen Kommunikationsweisen untersucht, freilich auch bei der Herausbildung eines neuen Ethos heuristisch mitwirken kann. Damit verbindet sich die Forderung nach konzeptueller Diszipliniertheit.

Fleischers Funktionsbestimmung der Ethik verbindet die Hegelnachfolge mit Gesichtspunkten der analytischen Metaethik. Was den Vergleich mit der *Integrativen Ethik* angeht, so ist es zunächst offenkundig, daß sie ein Pendant in der hermeneutischen Meta-Optionalität der Ethik in der *Integrativen Ethik* findet.[47] Dagegen scheint deren dort zusätzlich ins Auge gefaßte Prim-Optionalität[48] – die Beeinflussung und Regulierung der Praxis durch eigene Vorschläge der Ethiker – bei Fleischer ausgeschlossen zu sein, da dafür allein die Praxis selber zuständig ist. Immerhin wird anerkannt, daß die ethische Theorie individuellen und privaten Optionen der Ethiker unterliegt, wobei Fleischer allerdings die zunftinternen Kontroversen und Konkurrenzen als praktisch unerheblich beiseitelassen möchte. Wohl aber kann und muß die Ethik nach Fleischer in den realen Antagonismen der Sittlichkeit, wo Ethos gegen Ethos und insbesondere Sollens- gegen Strebensethik steht, Partei ergreifen. Hier stellt sich aber auch für die hermeneutisch-explikativ verfahrende Ethik die Frage, ob ihre Funktion eine rein theoretisch-kontemplative bleibt und nicht vielmehr die Klärungsleistung – die Asymmetrie der Relation einschränkend – konfirmierend und verstärkend auf die Praxis zurückwirkt. Eine Garantie dafür gibt es freilich nicht, und insofern ist die Praxis mit Fleischer prinzipiell als autonom zu betrachten. Dies trifft selbst dann zu, wenn man die Ethik als Ausdruck immer wiederkehrender Orientierungskrisen der Praxis auffaßt, denn es gibt keine Gewähr dafür, daß die Ethik der jeweiligen Krise auch wirkungsvoll abhelfen kann. Natürlich würde Fleischer a fortiori der in der *Integrativen Ethik* vertretenen Auffassung zustimmen, daß die philosophische Ethik über die faktische Geltung von Normen gar nicht befinden kann, da dafür die Ratifizierung durch die Majorität der Ethosträger erforderlich ist. Vollends gilt dies, wie sich versteht, für Fragen der Letztbegründung, wo sich Fleischer mit der Skepsis der *Integrativen Ethik* begegnet.Ein weiterer Konvergenzpunkt tritt in der von Fleischer angenommenen Aufstruktu-

---

47 *Integrative Ethik* 55, 110, 201 f.
48 *Integrative Ethik* 56, 201 f., 262, 265, 321.

rierung eines Ethos mit dem Primat des Wollens vor dem Sollen hervor. Dieses Dependenzverhältnis ergibt sich bei Fleischer wie in der *Integrativen Ethik* durch den Standort der Immanenz, der sich auf interpersonale Verhältnisse beschränkt und daher für ein subjektfreies Sollen keinen Raum läßt. (Unklar bleibt allerdings, ob Fleischer das Sollen immer konsequent externalistisch versteht und nicht auch den an Kant orientierten »autonomen« Sinn von Sollen einfließen läßt.) Generell trifft sich Fleischers ›Ethik des Ethos‹ mit der *Integrativen Ethik* in der Abwehr der Tendenz, die Ethik mit der Praxis und insbesondere die Moralphilosophie mit der Moral zu verwechseln oder gar zu konfundieren.

Die Divergenzen beginnen mit der verschiedenen Einschätzung des Sollens und in der Folge auch der präskriptiven Möglichkeiten philosophischer Ethik. Es handelt sich zwar beidemale nur um graduelle Differenzen auf der Basis einer gemeinsamen Überzeugung vom strukturellen Primat der Praxis vor der philosophischen Theorie. Doch verbirgt sich darin die systematisch zentrale Frage nach dem Ort des kritischen Moments in der Moral und nach ihrer damit zusammenhängenden Aufstufung in verschiedenen Horizonten. Auch hier besteht wieder Übereinstimmung darin, daß die Horizonte entweder schon lebensweltlich praktiziert oder doch wenigstens antizipativ-heuristisch projektiert sein müssen, um reale Geltung zu haben. Andererseits wird damit auch eine kritische, nicht nur widerspiegelnde und konfirmierende, Rolle der Ethik plausibler, insofern sie den einen Horizont (in der Regel den weiteren) gegen den anderen stärker gewichten kann, und sei es auch nur dadurch, daß sie ihn intensiver reflektiert und beleuchtet. Ich würde dabei, unbeschadet der argumentativen Beiträge philosophischer Ethik, die Effizienz ihres persuasiven, protreptischen und rhetorischen Elements nicht unterschätzen wollen.

Trotz seiner »radikalintegrativen« Tendenz unterscheidet Fleischer im Einklang mit der *Integrativen Ethik* konzeptuell Sollen, Wollen und Können sowie sollens- und strebensethische Momente der Praxis. Was dabei exemplarisch an Hand des kategorischen Sollens entwickelt wird, trifft mutatis mutandis auch für das hypothetische Sollen des Ratschlags zu. Es bedarf indessen weiterer systematischer Überlegungen, inwieweit sich eine zunehmend spezialisierte und individualisierte Strebensethik heute noch auf ein gemeinsames Ethos beziehen läßt.

## 15

›Integrative Ethik‹ ist ein mehrdeutiger Ausdruck. Er bezeichnet zunächst generell eine komplettierte, nicht-auschließende und nicht-restriktive, nicht-reduktionistische Ethik, die alle Chancen und Möglichkeiten einer Ethik wahrzunehmen und auszuschöpfen sucht. Das Programm der *Integrativen Ethik* wendet sich, wie erläutert, gegen das herrschende Schema der neukantianischen Ethik, das nicht nur wie schon bei Kant die Strebensethik, sondern auch die Spezielle Ethik und die Methodenlehre der Anwendung, Einübung und Beratung aus der Ethik ausgeschieden hat. Nach dem vom Neukantianismus geprägten allgemeinen Sprachgebrauch wird Ethik in der Regel verstanden als die philosophische Theorie von Moralprinzipien, die angibt, was jedermann verbindlich zu tun oder zu unterlassen hat, und zwar primär in sozialen Bezügen. Die *Integrative Ethik* sucht die Einseitigkeit dieses Ansatzes zu vermeiden und nach verschiedenen Richtungen hin zu korrigieren. Die Ethik ist nach unserer Überzeugung durch die Einbeziehung einer mit der Moralphilosophie gleichberechtigten *Strebensethik*, durch eine *Spezielle Ethik* sowie durch eine *Methodologie der Anwendung* systematisch zu erweitern. Sie soll dadurch insgesamt näher an die Lebenswirklichkeit herangeführt werden. Das Programm einer integrativen Ethik ist in verschiedener Weise sowohl von der Tradition wie von zeitgenössischen Tendenzen abzugrenzen und dadurch negativ zu profilieren:

1. Ein Monopol der *Moralphilosophie* ist mit den seit Kant geläufigen methodologischen und epistemologischen Argumenten nicht mehr zu verteidigen, ebensowenig mit der Unterstellung der Irrelevanz der Strebensethik für das Leben. – Aber auch der umgekehrte Monopolanspruch einer reinen *Strebensethik*, wie er etwa von den angelsächsischen Neonaturalisten oder von Foucault vorgetragen wird, ist als illusionär abzuweisen, da er die soziale Verfaßtheit des Menschen und die damit gegebene Konfliktsituation zwischen individuellen und sozietären Interessen überspringt. Das Gleiche gilt im übrigen für die gesamte antike Ethik, weil sie unter dem Eindruck der sophistischen Kritik an der traditionalen Moral alles auf das Eigeninteresse des Einzelnen gestellt, die Belange der Sozietät darunter subsumiert und den Konflikt künstlich abgespannt hat. (Es gibt hier ja gar keine kategorischen Imperative.)

2. Die *Integrative Ethik* wendet sich aber auch gegen die heute gängigen Formen einer *Einheitsethik*, die Moral und Glück mit einem Male abzudecken vorgibt. Die Auffassung jedoch, daß Moral das eigentliche Glück sei, oder daß umgekehrt Glücksstreben an sich schon Moral einschließe, ist eine postulatorische Wunschvorstellung, die einer kritischen Phänomenanalyse nicht standhält. Wo Moralität wirklich konfliktfrei und gleichsam glückhaft positiviert auftritt, fällt sie in die Zuständigkeit der Strebensethik, nicht der Moralphilosophie, und das gleiche gilt für supererogatorische, d. h. freiwillige, nicht geforderte Leistungen, sowie für sympathetisch motivierte Akte. Daß und warum Sollens- und Strebensethik einander ausschließend gegenüberstehen, ist im vorigen[49] über die *Integrative Ethik* hinaus klargestellt worden. Um der Handlungsorientierung und der theoretischen Eindeutigkeit willen ist darum das Konfliktsmodell dem harmonistischen Modell vorzuziehen. Die einheitsethischen Ansätze in der Gegenwart sind als Übergangsphase auf dem Wege zu einer integrativen Ethik aufzufassen. Wir müssen lernen, die irreduzible Mehrdimensionalität der Ethik anzuerkennen, wenn wir nicht die Probleme verunklären, die Handlungsträger desorientieren und die Ethik unterbestimmt lassen wollen. Die Ethik gleicht weder einem Kreis mit einem einzigen Mittelpunkt noch einem polyzentrischen Gebilde, sondern einer Ellipse mit zwei Brennpunkten. Die duale Verfaßtheit der Ethik kann nicht durch eine rationalistische Ethik unterlaufen werden, weil Moral vom Einzelnen her grundsätzlich nicht rationalisierbar ist. Versuche, die Moral vom Eigeninteresse des Handelnden her rational zu begründen, führen – wie schon die Frage »Warum sollte ich moralisch sein?« (Bradley 1876) – zu moralexternen Lösungen und Antworten, die Moralität in ihrer Souveränität aufheben und nur noch Legalität übriglassen. Alle Versuche dieser Art gelangen zuletzt auf eine reine Strebensethik hinaus, wie dies der Neonaturalismus und seine deutschen Nachfolger exemplarisch zeigen. Moralität als phänomenales Datum gibt es aber – sie muß also anders erklärt werden, nämlich durch Konditionierung in der Sozialisation und tiefer noch: Durch anthropologische Determinierung des Sozialwesens Mensch. Diese Deutung, die von M. Weber, Bergson, Gehlen, Mackie u. a. vertreten wird, wird dadurch belegt, daß wir vielfach auch dann mo-

49 Oben S. 213 f.

ralisch handeln, wenn das Risiko der Entdeckung und damit des sozialen Achtungsverlustes im Fall der Unmoral ausgeschlossen ist (z. B. bei Auskünften über eigene Gedanken oder Träume, die unkontrollierbar sind). Externe Begründungen sind hier weder nötig noch möglich.[50] Aber auch eine Sympathieethik ist einer solchen Vermittlung nicht fähig, weil Akte der Sympathie, der Liebe, des Wohlwollens entweder geboten oder nur verdienstlich sind; sie fallen dann entweder unter die Moralphilosophie oder – im zweiten Fall – unter die Strebensethik. Diese Disjunktion ist vollständig, tertium non datur. Im übrigen gibt es viele Handlungen, die weder sympathetisch noch antisympathetisch motiviert sind.Es gilt also festzuhalten, daß das Konzept der *Integrativen Ethik* weder eine funktional vereinheitlichte noch gar eine materialiter unifizierte Ethik meint. Eine solche Einheitsethik ist ebenso unmöglich wie die Quadratur des Zirkels oder die Zirkulatur des Quadrats in der Mathematik. Kooperationsmöglichkei-

50 Der Einwand, eine solche Konditionierung oder Determinierung hebe die Entscheidungsfreiheit auf, ist mehrfach ungerechtfertigt: a) Beidemale handelt es sich nur um Tendenzen, die sich jedoch, wie die Fälle unmoralischen Handelns zeigen, nicht immer durchsetzen (vgl. »Geneigtheit« *Integrative Ethik* 254, neben dem Anthropinon der Selbstbestimmungskompetenz 93, 249 ff.). Ist aber der Unmoralische frei, wird man sich auch den moralisch Handelnden, zumal wenn er sich unter Konflikterfahrungen entscheidet, prinzipiell nicht unfrei vorstellen können. b) Dies bestätigt sich dadurch, daß Entscheidungsfreiheit auch innerhalb der Moral gefordert ist, sei es zwischen generellen (universalen) oder partikulären Geboten und allgemein bei innermoralischen Konflikten, sei es bei der Ausfüllung weiter Pflichten oder auch bei verantwortungsethischen Entscheidungen. c) Einerlei, ob und inwieweit man in der Moral mit einer Mehrfachmotivierung der Handelnden rechnet: Man wird dem Fall des Gebotsgehorsams und der Pflichttreue keinen geringeren Entscheidungscharakter zuschreiben können als anderen Motiven, die in ihrer Art nicht weniger »determiniert« sind. – Man gewinnt den Eindruck, daß die »Legalisierung« der Moralität tout court eine zeitgemäße Ökonomisierung und Merkantilisierung der Moral nach dem Modell des Tauschhandels betreibt, ohne daß bedacht wird, daß die Modalitäten des Tausches selbst wieder (externen) Normen der Gerechtigkeit unterliegen und daß Legalität auf längere Sicht durch Internalisierung in Moralität überzugehen pflegt. Sollen ist zwar auf Wollen zurückzuführen, aber eben nicht primär das eigene, sondern das der Anderen (und nur indirekt und umwegig auch auf das Eigenwollen).

ten zwischen den beiden Teilethiken bestehen nur in der allgemeinen Bedeutung, daß die Moralphilosophie die Strebensethik beschränkt und limitiert, während die Strebensethik der Moralphilosophie die Inhalte und gleichsam das Material in Gestalt der Güterwelt vorgibt.

3. Die *Integrative Ethik* widerspricht der neukantianischen Tradition auch darin, daß sie es ablehnt, die Ethik auf *prinzipielle Sätze* zu reduzieren, seien es nun solche der Moralphilosophie oder der Strebensethik. Mehr noch als schon die ältere Tugend- und Pflichtenlehre es geleistet hat, bedarf die moderne Welt mit ihrer zunehmenden Ausdifferenzierung der Lebensbereiche eines sach- und themenbestimmten Normen- und Regelpanoramas, das weder allein aus Prinzipien ableitbar ist noch auch von Fall zu Fall neu formuliert werden kann. Das Übergewicht der prinzipientheoretischen Perspektive drückt sich auch noch in der irreführenden Rede von der »*angewandten* Ethik« aus (als ob die prinzipiellen Sätze die anzuwendende Ethik wären). Tatsächlich handelt es sich hier um die *Spezielle* im Unterschied zur Allgemeinen Ethik, und die Anwendung der Ethik beginnt erst *unterhalb* der Speziellen mit der Methodenlehre. – Auf der anderen Seite bliebe die Ethik unvollständig, wenn sie wie bei manchen Kommunitaristen und Vertretern einer Ethik der substantiellen Sittlichkeit ganz in der Speziellen Ethik aufgehen wollte und die Formulierung möglicher Generalnormen und Grundregeln verschmähte. Solche Grundsätze können jedoch eine kriterielle und indirekte regulative Funktion versehen und als solche den Kern einer *allgemeinen* präskriptiven Ethik ausmachen. ›Integrative Ethik‹ heißt in *diesem* Zusammenhang, allgemeine Prinzipienethik und Spezielle Ethik fruchtbar mit einander zu verbinden.

4. Ein ähnliches Verhältnis zeichnet sich im Blick auf die *Anwendungsdimension* der Didaktik, Beratung, Einübung und Ausführung ab. Kant und Fichte hatten dafür noch eine Methodenlehre der Ethik angenommen und sie der gesamten Elementarlehre gegenübergestellt; die neukantianische Tradition hat sie dann fallengelassen und als psychologisch aus der Philosophie entfernt. Erst die neuere Philosophische Praxis oder die Erneuerung »geistiger Übungen« bei Hadot und Foucault schickt sich an, diese Lücke zu schließen und damit Anschluß zu gewinnen an einzelwissenschaftliche Beratungsformen in der Psychologie, Psychotherapie, Theologie und Pädagogik. Eine Ethik ohne die Anwendungsdi-

mension und die ihr zugewandte Methodenlehre bleibt machtlos und ineffizient und tendiert in paradoxer Selbstaufhebung zum Status einer Theoretischen Disziplin der Philosophie hin.[51] – Auf der anderen Seite versucht die zeitgenössische Interpretationsphilosophie und Philosophie des hermeneutischen Perspektivismus, die Anwendungsdimension als Einfallstor für eine unbegrenzte Individualisierung und Okkasionalisierung des praktischen Bereichs zu benutzen. Ethik löst sich dabei ganz in die Kontingenz und Emergenz unwiederholbarer Einzelsituationen auf, ohne daß die Momente der Erfahrung, das Regelhaften und Topischen noch eine nennenswerte Rolle spielten. – Es versteht sich, daß sich auch gegenüber dieser scheinbaren Alternative ein mehrstufiger, *integrativer* Aufbau der Ethik empfiehlt, der sich von der dogmatischen Undifferenziertheit, ja Weltfremdheit beider Positionen gleichermaßen fernhält.

5. Innerhalb der Moralphilosophie entspricht dem integrativen Programm der Vorschlag, die vermeintliche Alternative zwischen Gruppen- und Gattungsmoral, »Sittlichkeit« und »Moralität« in einer übergreifenden Moraltheorie konzentrischer Geltungshorizonte aufzuheben. Der Gegensatz zwischen der Theorie partikulärer Moralen und Theorien einer universalistischen Moral verflüchtigt sich weitgehend, weil in der *Integrativen Ethik* beide Moralformationen in einen gemeinsamen Funktionszusammenhang eingehen, in dem sie jeweils ihren notwendigen Part spielen. (Genauer betrachtet muß man sogar eine ganze Reihe von Moralhorizonten annehmen, die einander konzentrisch fortschreitend übergreifen und so ein Kontinuum bilden.) – Im Rahmen der

51 Auch der pädagogische Anspruch der Schule erfordert für das Fach Ethik über die didaktische Aufbereitung hinaus bis zu einem gewissen Grade die Einbeziehung der gesamten Anwendungsdimension, nämlich auch die bedarfsindizierte Anleitung und Beratung und gegebenenfalls sogar die zugehörige Haltungsbildung. Es wäre eine kognitivistische Verkürzung von Ethik, wenn man den Ethikunterricht von vornherein auf Didaktik und Diskussion reduzieren wollte. Hier liegen die Chancen zu einer weitreichenden philosophischen Praxis, die die Wirklichkeit und auch die Möglichkeiten gegenwärtiger Erwachsenenberatung unvergleichlich übersteigen, insbesondere dann, wenn man Ethik als integrative, d.h. die gesamte Lebensführung in ihrer vollen Breite abdeckende philosophische Disziplin anzuerkennen bereit ist.

Strebensethik korrespondiert dem in etwa das integrative, teils komplementäre, teils im Zeichen der Repräsentation stehende Verhältnis zwischen hedonistischen und güterethischen Momenten.

### 16.

Die *Integrative Ethik* ist ein progressives Programm, das der weiteren Entfaltung fähig und bedürftig ist. So habe ich im Buch mehrfach darauf hingewiesen[52], daß von der Speziellen Strebensethik neben den Themenfeldern des Selbst-, Welt- und Sozialbezugs oder der Zeitethik auch exemplarische *Operationstypen*, d. h. Vorzugsordnungen von Zielen und Mitteln, Argumenten und Kriterien zu entwickeln sind, die als Modelle der Beratung, Selbstberatung oder der analogen Übertragung zur Verfügung stehen sollen. Hier ist also ausdrücklich eine Theorielücke offen gehalten, die zu schließen die Strebensethik auf längere Sicht nicht wird umhin können. Vermutlich wird dabei mit den ausgeprägtesten Operationstypen, nämlich den Lebensformen in der traditionellen Terminologie, einzusetzen sein. Im übrigen ist streng genommen auch der Katalog der *Sachthemen* für die Strebensethik im Buch nur exemplarisch behandelt, wie der Hinweis auf die *Kulturethik* und ihre verschiedenen Spezies am Ende des fünften Kapitels zeigt. Es versteht sich, daß auch die *behandelten* Themenfelder viel weiter ausgeführt werden müssen.[53] Das vordringliche Beweisziel war im Buch zunächst nur dies, zu zeigen, *daß* es eine zeitgemäße Spezielle Strebensethik geben kann, die der bisher in der Ethik fast ausschließlich behandelten Speziellen Moralphilosophie in nichts nachsteht. – Die Spezielle Moralphilosophie selbst habe ich demgemäß ausdrücklich nur eklektisch auf aktuelle Themen hin behandelt, ohne auch nur systematische Repräsentanz oder gar Vollständigkeit anzustreben. Was mir hier in der

52 *Integrative Ethik* 130, 186 f., 265.
53 Einen besonders ergiebigen Themenkreis, der sowohl die Zeit- wie die Sinndimension übergreift, bietet die Erfahrung der *Langeweile* in der modernen Gesellschaft (Monotonie der Arbeitswelt, Probleme der Ausfüllung der Freizeit u. a.). Der Langeweile steht gegenüber einmal die »Kurzweiligkeit«, andererseits das Gegenextrem des allzu kurzen Weilens und der Überfüllung der Zeiträume.

Konsequenz meiner eigenen Moraltheorie für die Zukunft besonders am Herzen liegt, ist die Analyse des Moral*wandels* in seinen Auswirkungen auf die Entscheidung moralischer Subjekte zwischen alten und neuen Normbeständen, mit einer Typisierung der wichtigsten Entscheidungssituationen und der zugehörigen Lösungsmöglichkeiten.[54]

Man könnte in dem Bild, das ich von der nichtmoralischen Lebensführung entwerfe, die Züge der Selbstbeherrschung und Selbstüberwindung, wie sie etwa die Ethik Nietzsches ins Zentrum rückt, unterrepräsentiert finden. Sie kommen zwar vor, sind aber nicht zentral. Dies hat zwei Gründe: Die Formalisierung der Moderne zwingt auch in der Strebensethik zu einem ausgewogenen Gesamtbild, das zwar die Dramatisierung des Selbstverhältnisses als Spezialfall enthält, aber nicht darin aufgeht. Zum andern war von der Moralphilosophie und jedem falschen Schein einer Legitimierung der Strebensethik durch eine Annäherung an die Moral Distanz zu wahren. Ähnliches gilt im übrigen für den Eindruck, die Strebensethik sei hier trotz aller Berücksichtigung menschlicher Grenzsituationen doch zu sehr aufs Rational-Kalkulatorische und Aktivistische gestellt, ohne der religiösen, kontemplativen, metaphysischen oder mystischen Tiefendimension des Menschen oder seiner perspektivischen Interpretativität gerecht zu werden. Auch in diesem Fall habe ich die damit angesprochenen Weltverhältnisse ausdrücklich als Typen eingeordnet, aber ihre Ausführung zurückgestellt, einmal, um keine überholten Grundlegungserwartungen zu wecken, zum andern, um im Gegenzug zur repressiven Moral oder zum Passivismus der Existenzphilosophie und des Interpretationismus die Spontaneität aktiver und schöpferischer Weltbewältigung zu stimulieren.

Diskussionen im engeren Kreis haben mir schließlich bestätigt, daß manche Grundbegriffe der *Integrativen Ethik* noch der Präzisierung und Erläuterung bedürfen, so die Konzepte der Positivierung, der Internalisierung oder der lebensweltlichen Quasi-Teleologie, die trotz der prinzipiellen Entteleologisierung der Neuzeit in der Strebensethik eine näher zu bestimmende Rolle spielt (etwa als Quasi-Teleologie der Bedürfnisstruktur oder der Güterwelt).

54 Dazu vorläufig *Integrative Ethik* 71 f.

# Bibliographie der Schriften von Hans Krämer

Zusammengestellt von
Martin Endreß

Gliederung:
A) Selbständige Publikationen
B) Aufsätze
C) Kleinere Beiträge und Rezensionen

## A) Selbständige Publikationen

1959　Areté bei Platon und Aristoteles. Zum Wesen und zur Geschichte der platonischen Ontologie (Abhandlungen der Heidelberger Akademie der Wissenschaften, Phil.-hist. Klasse, Jg. 1959, Nr. 6), Heidelberg: Winter 1959; Neuausgabe Amsterdam: Schippers 1967.

1964　Der Ursprung der Geistmetaphysik. Untersuchungen zur Geschichte des Platonismus zwischen Platon und Plotin, Amsterdam: Schippers 1964, [2]1967.

1971　Platonismus und hellenistische Philosophie, Berlin / New York: de Gruyter 1971.

1982　Platone e i fondamenti della metafisica. Saggio sulla teoria dei principi e sulle dottrine non scritte di Platone, Milano: Vita e Pensiero 1982, [2]1987, [3]1989, [4]1993, [5]1994 [Übersetzungen: engl.: 1990; span.: 1994].

1983a　Die Ältere Akademie, in: Grundriß der Geschichte der Philosophie. Philosophie der Antike, Bd. I/3: Ältere Akademie – Aristoteles – Peripatos, hg. v. H. Flashar, Basel / Stuttgart: Schwabe 1983, S. 1-174.

1983b　Plädoyer für eine Rehabilitierung der Individualethik, Amsterdam: B. R. Grüner 1983.

1986　La nuova immagine di Platone, Neapel: Bibliopolis 1986.

1989　Dialettica e definizione del Bene in Platone. Interpretazione e commentario storico-filosofico di »Repubblica« VII. 534 B3-D2, Milano: Vita e Pensiero 1989 [erweiterte Fassung von B/1966].

1991　Il paradigma romantico nell'interpretazione di Platone, Neapel: Istituto Suor Orsola Benincasa 1991 [wiederabgedruckt in: Verso una nuova immagine di Platone, a cura di Giovanni Reale, Milano: Vita e Pensiero 1994, S. 71-91].

1992　Integrative Ethik. Frankfurt/M.: Suhrkamp 1992.

1994　Überlegungen zu einer Anthropologie der Kunst, Tübingen: Musarion 1994.

# B) Aufsätze

1964a Die platonische Akademie und das Problem einer systematischen Interpretation der Philosophie Platons, in: Kant-Studien 55, 1964, S. 69-101 [wiederabgedruckt in: Das Platonbild. Zehn Beiträge zum Platonverständnis, hg. v. K. Gaiser, Hildesheim: Olms 1969, S. 198-230].

1964b Retraktationen zum Problem des esoterischen Platon, in: Museum Helveticum 21, 1964, S. 137-167.

1965 Die Sage von Romulus und Remus in der lateinischen Literatur, in: Synusia. Festgabe für Wolfgang Schadewaldt zum 15. März 1965, hg. v. H. Flashar / K. Gaiser, Pfullingen: Neske 1965, S. 355-402.

1966 Über den Zusammenhang von Prinzipienlehre und Dialektik bei Platon. Zur Definition des Dialektikers Politeia 534 B-C, in: Philologus 110, 1966, S. 35-70 [wiederabgedruckt in: J. Wippern (Hg.), Das Problem der ungeschriebenen Lehre Platons. Beiträge zum Verständnis der Platonischen Prinzipienphilosophie, Darmstadt: Wissenschaftliche Buchgesellschaft 1972, S. 394-444; erweiterte italienische Fassung A/1989].

1967a Das Problem der Philosophenherrschaft bei Platon, in: Philosophisches Jahrbuch 74, 1966/67, S. 254-270.

1967b Zur geschichtlichen Stellung der aristotelischen Metaphysik, in: Kant-Studien 58, 1967, S. 313-354.

1968a Die grundsätzlichen Fragen der indirekten Platonüberlieferung, in: Idee und Zahl. Studien zur platonischen Philosophie, hg. v. H.-G. Gadamer / W. Schadewaldt, Heidelberg: Winter 1968, S. 106-150.

1968b Grundbegriffe akademischer Dialektik in den biologischen Schriften von Aristoteles und Theophrast, in: Rheinisches Museum N. F. 111, 1968, S. 293-333.

1968c Nachtrag 1968, in: J. Wippern (Hg.), Das Problem der ungeschriebenen Lehre Platons. Beiträge zum Verständnis der Platonischen Prinzipienphilosophie, Darmstadt: Wissenschaftliche Buchgesellschaft 1972, S. 445-448.

1969a ΕΠΕΚΕΙΝΑ ΤΗΣ ΟΥΣΙΑΣ. Zu Platon, Politeia 509 B, in: Archiv für Geschichte der Philosophie 51, 1969, S. 1-30.

1969b Grundfragen der aristotelischen Theologie – Erster Teil: Die Noesis noeseos bei Aristoteles, in: Theologie und Philosophie 44, 1969, S. 363-382.

1969c Grundfragen der aristotelischen Theologie – Zweiter Teil: Xenokrates und die Ideen im Geiste Gottes, in: Theologie und Philosophie 44, 1969, S. 481-505.

1971 Die Denkbewegung der aristotelischen ersten Philosophie und ihr geschichtlicher Hintergrund, in: Akten des 14. Internationalen

Kongresses für Philosophie Wien 1968, Wien: Herder 1971, Bd. VI, S. 355-360.

1972    Das Verhältnis von Platon und Aristoteles in neuer Sicht, in: Zeitschrift für philosophische Forschung 26, 1972, S. 329-353.

1973a   Aristoteles und die akademische Eidoslehre. Zur Geschichte des Universalienproblems im Platonismus, in: Archiv für Geschichte der Philosophie 55, 1973, S. 119-190.

1973b   Zum Standort der »Metaphysik« Theophrasts, in: Zetesis. Album amicorum, door vrienden en collega's aangeboden aan Prof. Dr. E. de Strycker ter gelegenheid van zijn vijfenzestigste verjaardag, Antwerpen / Utrecht: De Nederlandsche Boekhandel 1973, S. 206-214.

1974    Zur Ortsbestimmung der historischen Wissenschaften, in: Zeitschrift für allgemeine Wissenschaftstheorie 5, 1974, S. 74-93.

1976    Prolegomena zu einer Kategorienlehre des richtigen Lebens, in: Philosophisches Jahrbuch 83, 1976, S. 71-97.

1977    Die Grundlegung des Freiheitsbegriffs in der Antike, in: Freiheit. Theoretische und praktische Aspekte des Problems, hg. v. J. Simon, Freiburg / München: Alber 1977, S. 239-270.

1978a   Selbstverwirklichung, in: G. Bien (Hg.), Die Frage nach dem Glück, Stuttgart: frommann-holzboog 1978, S. 21-43 [gekürzter Vorabdruck in: Stuttgarter Zeitung vom 13. Mai 1978].

1978b   Grundsätzliches zur Kooperation zwischen historischen und systematischen Wissenschaften, in: Zeitschrift für philosophische Forschung 32, 1978, S. 321-344.

1980a   Neues zum Streit um Platons Prinzipientheorie, in: Philosophische Rundschau 27, 1980, S. 1-38.

1980b   Anmerkungen zur Philosophischen Hermeneutik, in: Kulturwissenschaften. Festschrift für Wilhelm Perpeet zum 65. Geburtstag, hg. v. H. Lützeler, Bonn: Bouvier 1980, S. 263-274.

1980c   Epikur und die hedonistische Tradition, in: Gymnasium 87, 1980, S. 294-326.

1981a   Zum neuen Platon-Bild, in: Deutsche Vierteljahrsschrift für Literaturwissenschaft und Geistesgeschichte 55, 1981, S. 1-18.

1981b   Flüchtige Gegenwart? Zur Phänomenologie der Zeiterfahrung, in: Im Gespräch: der Mensch. Ein interdisziplinärer Dialog. Josef Möller zum 65. Geburtstag, hg. v. H. Gauly / M. Schulte / H. P. Balner / S. Daugelmayr, Düsseldorf: Patmos 1981, S. 24-28.

1981c   Schubart und Ludwigsburg, in: Ludwigsburger Geschichtsblätter 33, 1981, S. 25-40.

1982    Kritische Bemerkungen zu den jüngsten Äußerungen von W. Wieland und G. Patzig über Platons ungeschriebene Lehre, in: Rivista di Filosofia neoscolastica 74, 1982, S. 579-592.

1983    Antike und moderne Ethik?, in: Zeitschrift für Theologie und Kirche 80, 1983, S. 184-203.

1984  Zum Problem einer hedonistischen Ethik, in: Allgemeine Zeitschrift für Philosophie 9, 1984, S. 11-30.

1985a  Funktions- und Reflexionsmöglichkeiten der Philosophiehistorie. Vorschläge zu ihrer wissenschaftstheoretischen Ortsbestimmung, in: Zeitschrift für allgemeine Wissenschaftstheorie 16, 1985, S. 67-95.

1985b  Neue Wege der philosophischen Ethik, in: Salzburger Jahrbuch für Philosophie 30, 1985, S. 87-96 [Übersetzungen: ital.: 1985, engl.: 1985, span.: 1985, poln.: 1987].

1985c  Sind zwei Ethiktypen notwendig? Zum Verhältnis von Sollensethik und Strebensethik, in: Universitas 40, 1985, S. 995-1002.

1985d  Neue Wege der philosophischen Ethik, in: Universitas 40, 1985, S. 1159-1166.

1985e  Zur ethischen Tragweite des Machtbegriffs, in: J. Simon (Hg.), Nietzsche und die philosophische Tradition, Würzburg: Königshausen & Neumann 1985, Bd. I, S. 34-45.

1986a  Moralisches Sollen, Autonomie und gutes Leben. Zur neueren Ethik-Diskussion, in: Perspektiven der Philosophie 12, 1986, S. 295-322.

1986b  Mutamento di paradigma nelle ricerche su Platone. Riflessioni intorno al nuovo libro su Platone di Giovanni Reale, in: Rivista di Filosofia neoscolastica 78, 1986, S. 341-352.

1987a  Ein denkwürdiges Konzert im Ludwigsburg des vorigen Jahrhunderts. Franz Liszt spielte am 17. November 1843 im Ludwigsburger »Waldhorn«, in: Ludwigsburger Geschichtsblätter 40, 1987, S. 191-196.

1987b  In quale misura la concezione aristotelica dell'etica è ancor oggi attuale?, in: Museum Patavinum 4, 1987, S. 235-249.

1988a  Plädoyer für eine Philosophie der Lebenskunst, in: Information Philosophie 16, 1988, Heft 3, S. 5-17 [gekürzter Vorabdruck in: Die Welt vom 3. September 1988].

1988b  Aktualität und Obsoleszenz der aristotelischen Ethik, in: prima philosophia 1, 1988, S. 284-300.

1988c  zu: Thomas Alexander Szlezák, Platon und die Schriftlichkeit der Philosophie, in: Perspektiven der Philosophie 14, 1988, S. 417-439.

1988d  Fichte, Schlegel und der Infinitismus in der Platondeutung, in: Deutsche Vierteljahrsschrift für Literaturwissenschaft und Geistesgeschichte 62, 1988, S. 583-621.

1989a  Das Verhältnis von Philosophie und Philosophiehistorie. Vorschläge zur systematischen Ortsbestimmung der Philosophiehistorie, in: Dialektik Bd. 18: Philosophie als Geschichte. Probleme der Historiographie, Köln: Pahl-Rugenstein 1989, S. 144-163 [gekürzte Fassung von B/1985a].

1989b  Neue Literatur zum neuen Platonbild, in: Allgemeine Zeitschrift für Philosophie 14, 1989, S. 59-81.

1990a Kategorialität und Praktische Philosophie, in: Kategorie und Kategorialität. Historisch-systematische Untersuchungen zum Begriff der Kategorie im philosophischen Denken. Festschrift für Klaus Hartmann zum 65. Geburtstag, hg. v. D. Koch / K. Bort, Würzburg: Königshausen & Neumann 1990, S. 359-380.

1990b Zur aktuellen Diskussion um den Philosophiebegriff Platons, in: Perspektiven der Philosophie 16, 1990, S. 85-107.

1990c Ethik der Risikoberatung, in: M. Schüz (Hg.), Risiko und Wagnis. Die Herausforderung der industriellen Welt, Pfullingen: Neske 1990, Bd. 2, S. 286-303.

1992a L'interpretazione di Platone della scuola di Tubinga e della scuola di Milano. A propositio della decima edizione del libro di Giovanni Reale su Platone, in: Rivista di Filosofia neo-scolastica 84, 1992, S. 203-218.

1992b Betrachtungen zu Erich Fechners rechtsphilosophischem Spätwerk, in: Zum Gedenken an Professor Dr. phil. Dr. iur. Erich Fechner, Tübingen: Attempto 1992, S. 101-106.

1992c Ethik und Risikoberatung, in: Bausteine zur Philosophie Bd. 6: Risiko. Interdisziplinäre Schriftenreihe des Humboldt-Studienzentrums der Universität Ulm 1992, S. 46-59.

1993a Thesen zur philosophischen Hermeneutik, in: Internationale Zeitschrift für Philosophie 2, 1993, S. 173-188.

1993b Altes und neues Platonbild, in: Méthexis VI, 1993, S. 95-114 [span.: 1993].

1993c La noesis noeseos e la sua posizione nella Metafisica di Aristotele, in: Rivista di Filosopfia neo-scolastica 85, 1993, S. 309-323 [wiederabdruckt in: Aristotele. Perché la Metafisica, a cura di Adriano Bausola e di Giovanni Reale, Milano: Vita e Pensiero 1994, S. 171-185].

1994a Das neue Platonbild, in: Zeitschrift für philosophische Forschung 48, 1994, S. 1-20.

1994b Die Bewährung der historischen Kritik an der Geschichte der antiken Philosophie: Eduard Zeller und Albert Schwengler, in: Historisch-kritische Geschichtsbetrachtung. Ferdinand Christian Baur und seine Schüler. 8. Blaubeurer Symposium, hg. v. U. Köpf, Sigmaringen: Jan Thorbecke 1994, Tübinger Beiträge zur Universitäts- und Wissenschaftsgeschichte Bd. 40, S. 141-152.

1995a Integrative Ethik, in: Materialien aus der Lehrerfortbildung für das Fach Ethik, hg. v. Landesinstitut für Erziehung und Unterricht Stuttgart, Heft Eth 30, S. 1-21.

1995b Zur Rekonstruktion der Philosophischen Hermeneutik, in: Zeitschrift für allgemeine Wissenschaftstheorie 26, 1995, S. 169-185.

1995c Überlegungen zu einer Religionsanthropologie, in: Philosophisches Jahrbuch 102, 1995, S. 156-161.

1995d Die platonisch-akademische Prinzipienlehre in der hellenistischen Philosophie, in: Perspektiven der Philosophie 21, 1995, S. 1-33.

## C) Kleinere Beiträge und Rezensionen

1966 Aristoxenos über Platons Περὶ τἀγαθοῦ, in: Hermes 94, 1966, S. 111-112.

1968 zu: E. Dönt, Platons Spätphilosophie und die Akademie. Untersuchungen zu den platonischen Briefen, zu Platons »Ungeschriebener Lehre« und zur Epinomis des Philipp von Opus, in: Anzeiger für die Altertumswissenschaft 21, 1968, S. 221-225.

1974 zu: Werner Beierwaltes, Proklos. Grundzüge seiner Metaphysik, in: *Gnomon* 46, 1974, S. 449-462.

1980 zu: Enrico Berti, Aristotele: Dalla Dialettica alla Filosofia Prima, in: Archiv für Geschichte der Philosophie 62, 1980, S. 199-204.

1982 zu: M. Isnardi Parente, Studi sull'Accademia platonica antica, in: Archiv für Geschichte der Philosophie 64, 1982, S. 76-82.

1984 Art. »Noesis Noeseos«, in: Historisches Wörterbuch der Philosophie Bd. VI, 1984, Sp. 871-873.

1985 zu: Bernhard Taureck, Die Zukunft der Macht. Ein philosophisch-politischer Essay, in: Philosophische Rundschau 32, 1985, S. 310-312.

1986a Neue Versuche der Moralbegründung, in: Allgemeine Zeitschrift für Philosophie 11, 1986, S. 31-35.

1986b Geleitwort zu: E. Jain, Erfahrung des Seins. Reflexionen zur Philosophie Karl Alberts, Sankt Augustin: Verlag Hans Richarz 1986, S. 9.

1987a Was ist Philosophische Praxis? Kurze Beantwortung der Frage, was das philosophische Interesse der Philosophie an der Philosophischen Praxis ist, in: AGORA. Zeitschrift für philosophische Praxis, Heft 1, November 1987, S. 5 [Vorabdruck von C/1990a].

1987b zu: R. Ferber, Platos Idee des Guten, in: Philosophisches Jahrbuch 94, 1987, S. 196-201.

1988 zu: Marcello Gigante, La Bibliothèque de Philodème et l'Épicurisme Romain, in: Philosophischer Literaturanzeiger 41, 1988, S. 380-382.

1990a Was ist Philosophische Praxis? Kurze Beantwortung der Frage, was das philosophische Interesse der Philosophie an der Philosophischen Praxis ist, in: Einheit und Vielheit. XIV. Deutscher Kongreß für Philosophie, Gießen: 21.-26. September 1987, hg. v. Odo Marquard, Hamburg: Meiner 1990, S. 309-310.

1990b zu: Robert Spaemann, Glück und Wohlwollen, in: Information Philosophie 18, 1990, Heft 2, S. 44-46 [gekürzter Vorabdruck in: Evangelische Kommentare 22, 1989: Heft 9, S. 51].

1990c Prefazione, in: Maurizio Migliori, Dialettica e Verità. Commentario filosofico al »Parmenide« di Platone, Milano: Vita e Pensiero 1990, S. 9-10.

1991a zu: Pierre Hadot, Philosophie als Lebensform, in: AGORA. Zeitschrift für philosophische Praxis 11/12, 1991, S. 28-30.

1991b Prefazione, in: Giancarlo Movia, Apparenze, essere e verità. Commentario storico-filosofico al »Sofista« di Platone, Milano: Vita e Pensiero 1991, S. 13-14.

1992a zu: Thomas Rentsch, Die Konstitution der Moralität. Transzendentale Anthropologie und praktische Philosophie, in: Allgemeine Zeitschrift für Philosophie 17, 1992, S. 83-87.

1992b zu: Christian Schnoor, Kants kategorischer Imperativ als Kriterium der Richtigkeit des Handelns, in: Rechtstheorie 23, 1992, S. 142-145.

1993 Einleitung, in: Giovanni Reale, Zu einer neuen Interpretation Platons. Eine Auslegung der Metaphysik der großen Dialoge im Lichte der »ungeschriebenen Lehren«, Paderborn u. a.: Schöningh 1993, S. 11-15.

1994a zu: Annemarie Pieper (Hg.), Geschichte der neueren Ethik. Bd.1: Neuzeit / Bd. 2: Gegenwart, in: Zeitschrift für philosophische Forschung 48, 1994, S. 161-163.

1994b zu: R. M. Dancy, Two Studies in the Ancient Academy, in: Gnomon 66, 1994, S. 630-632.

1994c Erwiderung: »Autistisches« oder parasitäres Philosophieren?, in: Ethik und Sozialwissenschaften 5, 1994, Heft 4, S. 629-630.

1994d Introduzione, in: Konrad Gaiser, La dottrina non scritta di Platone, Milano: Vita e Pensiero 1994, S. XI-XVIII.

# Hinweise zu den Autoren

*Endreß, Martin,* geb. 1960; Studium der Philosophie, Soziologie und Theologie in Frankfurt/M. und Tübingen; Promotion 1993 in Tübingen; 1990-1993 Freier Mitarbeiter der Akademie der Diözese Rottenburg-Stuttgart, 1992-1993 Wissenschaftlicher Mitarbeiter am Soziologischen Seminar der Universität Tübingen, seit 1994 Redakteur der Werkausgabe der Schriften von Alfred Schütz am Institut für Soziologie der Universität Erlangen-Nürnberg. Veröffentlichungen zur politischen Philosophie und soziologischen Theorie.

*Fleischer, Helmut,* geb. 1927; Studium der Philosophie, neueren Geschichte und Psychologie in Erlangen; Promotion 1955 in Erlangen; 1961-1969 Mitarbeiter an den Osteuropa-Instituten in Fribourg und Berlin; Habilitation 1971 in Berlin; 1972-1995 Professor für Philosophie an der TH Darmstadt; 1994/95 Gastprofessur an der Humboldt-Universität Berlin.
Veröffentlichungen: *Marxismus und Geschichte,* Frankfurt/M. 1969, [6]1977; *Marx und Engels. Die philosophischen Grundlinien ihres Denkens,* Freiburg / München 1970, [2]1974; *Sozialphilosophische Studien. Kritik der marxistisch-leninistischen Schulphilosophie,* Berlin 1973; *Ethik ohne Imperativ. Zur Kritik des moralischen Bewußtseins,* Frankfurt/M. 1987; *Epochenphänomen Marxismus,* Hannover / Frankfurt 1993. Zahlreiche Abhandlungen zur politischen Philosophie, Philosophie in der Sowjetunion, Geschichtstheorie und Ethik u. a.: Marx und die Perspektive einer »Negativen Ethik«, in: *Zeitschrift für Evangelische Ethik* 17, 1973, S. 302-311; Parteilichkeit und Objektivität im Geschichtsdenken nach Marx, in: *Theorie der Geschichte,* München 1977, Bd. 1, S. 337-361; Zur Analytik des Geschichtsprozesses bei Marx, in: *Theorie der Geschichte,* München 1978, Bd. 2, S. 157-185; Moralisierung der Geschichte – Historisierung des Moralischen, in: *Universitas* 41, 1986, S. 1276-1289; Zur Kritik des Historikerstreits, in: *Aus Politik und Zeitgeschichte* Heft 40-41, 1988, S. 3-14; Autorität ohne Hegemonie. Soziokulturelle Autoritätsformen im 20. Jahrhundert, in: R. Kray (Hg.), *Autorität. Spektren harter Kommunikation,* Opladen 1992, S. 92-102.

*Krämer, Hans,* geb. 1929; Studium der Philosophie, Klassischen Philologie und Germanistik in Tübingen, München, Wien, Rom und Paris; Promotion 1957 in Tübingen; Habilitation 1963 in Tübingen; 1969-1994 Professor für Philosophie in Tübingen, 1995 Gastprofessur in Wien.
Zahlreiche Veröffentlichungen: s. Bibliographie in diesem Band.

*Ollig, Hans-Ludwig*, geb. 1943; Studium der Philosophie und Theologie in Münster, Pullach, Frankfurt/M. und Freiburg; Promotion 1978, Habilitation 1983, seit 1985 Professor für Philosophie an der Philosophisch-Theologischen Hochschule St. Georgen in Frankfurt/M.
Veröffentlichungen: *Religion und Freiheitsglaube. Zur Problematik von H. Cohens später Religionsphilosophie*, Königstein 1979; *Der Neukantianismus*, Stuttgart 1979; (Hg.) *Materialien zur Neukantianismus-Diskussion*, Darmstadt 1987; (Hg.) *Philosophie als Zeitdiagnose. Ansätze der deutschen Gegenwartsphilosophie*, Darmstadt 1991. Aufsätze vor allem zu Fragen der deutschen Gegenwartsphilosophie u. a.: Umstrittene Philosophie. Zur neueren Selbstverständnisdiskussion in der deutschen Gegenwartsphilosophie, in: *Theologie und Philosophie* 56, 1981, S. 161-203; Die Vernunft auf dem Prüfstand. Anmerkungen zur jüngsten Rationalitätsdiskussion, in: *Theologie und Philosophie* 58, 1983, S. 363-394; Perspektiven des Historismusproblems, in: W. Löser u. a. (Hg.), *Dogmengeschichte und katholische Theologie*, Frankfurt 1985, S. 37-77; Der Streit um die Moderne. Positionen der deutschen Gegenwartsphilosophie, in: *Theologie und Philosophie* 63, 1988, S. 1-33; Das unerledigte Metaphysikproblem. Anmerkungen zur jüngsten Metaphysikdiskussion im deutschen Sprachraum, in: *Theologie und Philosophie* 65, 1990, S. 31-68; Philosophische Zeitdiagnose im Zeichen des Postmodernismus, in: *Theologie und Philosophie* 66, 1991, S. 338-364; Das Problem der Religion und die Philosophie des Neukantianismus, in: E. W. Orth / H. Holzhey (Hg.), *Neukantianismus. Perspektiven und Probleme*, Würzburg 1994, S. 113-135.

*Schmid, Wilhelm*, geb. 1953; Studium der Philosophie und Geschichte in Berlin, Tübingen und Paris; Promotion 1990 in Tübingen; lehrt Philosophie an der Universität Lettlands in Riga und an der Pädagogischen Hochschule Erfurt.
Veröffentlichungen: *Die Geburt der Philosophie im Garten der Lüste. Michel Foucaults Archäologie des platonischen Eros*, Frankfurt/M. 1987, NA Frankfurt/M. 1994; *Auf der Suche nach einer neuen Lebenskunst. Die Frage nach dem Grund und die Neubegründung der Ethik bei Foucault*, Frankfurt/M. 1991, ²1992; *Was geht uns Deutschland an? Ein Essay*, Frankfurt/M. 1993, ²1995; (Hg.), *Wege zu Edgar Degas*, München 1988; (Hg.), *Denken und Existenz bei Michel Foucault*, Frankfurt/M. 1991; (Mithrsg.), *Nach der Postmoderne*, Düsseldorf / Bensheim 1992. Abhandlungen u. a.: Ethik im Sinne einer Ästhetik der Existenz, in: J.-P. Wils (Hg.), *Orientierung durch Ethik? Eine Zwischenbilanz*, Paderborn u.a. 1993, S. 123-130; Die Philosophie des Rucksacks und das böse Gelächter. Diogenes, der Kyniker, in: V. Caysa / K. D. Eichler (Hg.), *Praxis, Vernunft, Gemeinschaft. Auf der Suche nach einer anderen Vernunft*, Weinheim 1994, S. 387-415.

*Stegmaier, Werner*, geb. 1946; Studium der Philosophie, Germanistik und Latinistik in Tübingen und Wien; Promotion 1974 in Tübingen, 1978-1984 Lehrauftrag an der Universität Stuttgart, 1984-1989 Wissenschaftlicher Mitarbeiter an der Universität Bonn und Redaktion der Allgemeinen Zeitschrift für Philosophie, Habilitation 1990 in Bonn, 1991-1994 Lehrstuhlvertretung und Gastprofessur an der Kirchlichen Hochschule Berlin und an der Universität Greifswald, seit 1994 Lehrstuhl für Philosophie (Schwerpunkt Praktische Philosophie) an der Universität Greifswald.
Veröffentlichungen u. a.: *Substanz. Grundbegriff der Metaphysik*, Stuttgart - Bad Cannstatt 1977; (mit K. Ulmer und W. Häfele) *Bedingungen der Zukunft. Ein naturwissenschaftlich-philosophischer Dialog*, Stuttgart - Bad Cannstatt 1987; *Philosophie der Fluktuanz. Dilthey und Nietzsche*, Göttingen 1992; *Wirtschaftsethik als Dialog und Diskurs*, Stuttgart 1992; *Nietzsches »Genealogie der Moral«. Werkinterpretation*, Darmstadt 1994; (Mithrsg.) *Zur Philosophie des Zeichens*, Berlin / New York 1992; (Mithrsg.) *Der Rat als Quelle des Ethischen*, Stuttgart 1993. Abhandlungen zur Metaphysik, Ontologie, Kosmologie, zum Zeit- und Orientierungsbegriff, zu Platon, Kant, Hegel, Nietzsche, Whitehead, Levinas, Derrida u. a.

*Wimmer, Reiner*, geb. 1939; Studium der Philosophie, Theologie und Psychologie in Frankfurt/M., München, Heidelberg, Oxford und Konstanz; Promotion 1979 in Konstanz; Habilitation 1988 in Konstanz; seit 1988 Professor für Philosophie an der Universität Tübingen.
Veröffentlichungen: *Universalisierung in der Ethik. Analyse, Kritik und Rekonstruktion ethischer Rationalitätsansprüche*, Frankfurt/M. 1980; *Kants kritische Religionsphilosophie*, Berlin / New York 1990; *Vier jüdische Philosophinnen: Rosa Luxemburg, Simone Weil, Edith Stein, Hannah Arendt*, Tübingen 1990, ³1995. Philosophische Beiträge in Nachschlagewerken, Handbüchern und Zeitschriften vor allem zur Anthropologie, Ethik und Religionsphilosophie.

*Wolzogen, Christoph von*, geb. 1948; Studium der Philosophie, Germanistik und Kunstgeschichte in Frankfurt/M.; Promotion 1982 in Frankfurt; freier Mitarbeiter am Feuilleton der NZZ.
Veröffentlichungen: *Die autonome Relation. Zum Problem der Beziehung im Spätwerk Paul Natorps*, Würzburg / Amsterdam 1984. Zahlreiche Abhandlungen u. a.: »Es gibt«. Heidegger und Natrops »Praktische Philosophie«, in: A. Gethmann-Siefert / O. Pöggeler (Hg.), *Heidegger und die praktische Philosophie*, Frankfurt/M. 1988, S. 313-337; Intention, Ereignis und der Andere. Gespräch mit Emmanuel Levinas am 20.12.1985, in: E. Levinas, *Humanismus des anderen Menschen*, Hamburg 1989, S. 131-150; Nachwort, in: J.-F. Lyotard, *Die Phänomenologie*, Hamburg 1993, S. 165-179.

# suhrkamp taschenbücher wissenschaft
## Philosophie

# suhrkamp taschenbücher wissenschaft
## Philosophie

# suhrkamp taschenbücher wissenschaft
## Philosophie

201/5/8.92

# suhrkamp taschenbücher wissenschaft
## Philosophie

## suhrkamp taschenbücher wissenschaft
## Philosophie

# suhrkamp taschenbücher wissenschaft
## Philosophie

Über sämtliche bis Mai 1992 erschienenen suhrkamp taschenbücher wissenschaft (stw) informiert Sie das Verzeichnis der Bände 1 – 1000 (stw 1000) ausführlich. Sie erhalten es in Ihrer Buchhandlung.

201/12/8.92